社會福利概論

以老人福利為導向

（第二版）

黃旐濤・戴章洲・黃梓松・辛振三

徐慶發・官有垣・黃志隆　著

作者簡介

黃旐濤 （第三、八章）

- 學歷：中國文化大學中山學術研究所博士
- 考試：公務人員乙等特考（高考）考試及格
- 經歷：玄奘大學社會福利學系系主任、明新科技大學老人服務事業管理系系主任、
  親民技術學院健康照護學程主任、台灣老人暨身心障礙福利學會理事長
- 現任：育達商業技術學院副教授

戴章洲 （第一、四、十一、十二、十三、十四章）

- 學歷：玄奘大學管理學碩士
- 考試：公務人員丙等、乙等、高等檢定考試及格
- 經歷：地方基層公務員，曾任里幹事、課員、股長、專員、科長、社會局長
  內政部早療推動委員會委員、玄奘大學社會福利發展中心副主任
  明新科技大學、親民技術學院、育達商業技術學院兼任講師
- 現任：新竹市政府簡任秘書

黃梓松 （第五、七章）

- 學歷：國立中正大學社會福利研究所碩士
- 考試：公務人員乙等特考（高考）考試及格
- 經歷：苗栗縣政府社會局課長、明新科技大學兼任講師
- 現任：苗栗縣政府勞動及社會資源處科長、育達商業技術學院兼任講師

辛振三 （第十章）

- 學歷：玄奘大學管理學碩士
- 經歷：新竹市政府社會局課長、明新科技大學兼任講師、新竹市東區戶政事務所主任、台灣老人暨身心障礙福利學會常務理事、赴日研修高齡者福趾
- 現任：新竹市政府秘書

徐慶發 （第九章）

- 學歷：中國文化大學社科院博士、台灣師範大學政治學研究所
- 考試：公務人員乙等特考（高考）考試及格
- 經歷：弘光科技大學、育達商業技術學院財經法律系兼任助理教授
- 現任：明新科技大學老人服務事業管理系助理教授

官有垣 （第六章）

- 學歷：美國密蘇里大學（聖路易校區）政治學博士
- 經歷：國立中山大學中山學術研究所講師、國立空中大學公共行政學系副教授、國立中正大學社會福利學系副教授
- 現任：國立中正大學社會福利學系教授

黃志隆 （第二章）

- 學歷：國立中正大學社會福利研究所博士
- 經歷：國立中正大學社會福利學系兼任講師、大葉大學人力資源暨公共關係學系、共同科教學中心兼任講師
- 現任：義守大學公共政策與管理學系助理教授

推薦序

著名的管理大師彼得‧杜拉克（Peter F. Drucker）在其名著《下一個社會》書中大膽預測：人口老化會是 21 世紀人類社會最大的挑戰。如何因應高齡社會的到來，已成了世界各國共同的課題。聯合國也在 1991 年通過《聯合國老人綱領》，提出獨立、參與、照顧、自我實現、尊嚴等五個要點，作為宣示老人基本權益保障的共同目標，並以之作為 1999 年國際老人年之後的各項觀念與行動之指導原則。

在台灣，從 1994 年 65 歲以上老年人口占全人口比例超過 7 ％，達到所謂「高齡化社會」之後，老人相關課題已成為學術、政府以及業界共同關注的議題。1980 年訂頒的《老人福利法》，雖然經過數次的修訂，但隨著時代進步與社會變遷，老人福利發展已漸感不足以適應社會的需要；老人照顧服務的需求也呈現出多元複雜且不可分割的態樣。政府在 2007 年大幅度修訂《老人福利法》，以力求達到促進尊嚴、獨立、自主的老年生活為主要目標，條文更從原來的 34 條增加到現在的 55 條。值得一提的是，新的《老人福利法》引進先進國家老人福利服務之觀念，採取全人照顧、在地老化、多元連續服務的原則，作為老人照顧服務之規劃方向，使我國對於高齡老年人口的福利輸送，得以更接近先進國家的水準。

本校黃旐濤教授，長期致力於各項社會福利議題的教學與研究，去年由他邀集一群學術界及實務界人士所策劃編寫的《社會福利概論——以老人福利為導向》一書，經心理出版社出版後，由於內容豐富、可讀性高，獲得許多大專相關科系做為教學及參考使用，難得的是，此次再版更將最新的國民年金制度列入，讓讀者能夠先一步清楚了解，攸關我國未來老人經濟安全的最新福利措施。渠等之認真態度，令人感佩，而本書之實用價值，尤值推薦。爰樂於再版付梓之際，特綴數語以為之勉。

育達商業技術學院

校長 劉三錡 謹識

2007 年 11 月於苗栗造橋

第二版代序

　　這本書的誕生，是當時我在明新科技大學兼課時，由系主任黃旋濤教授所發起策劃的，我有幸應邀加入作者群參與寫作的行列；雖然在整個編寫過程中，我們也邀請了許多學術界的先進前輩一起參與，但是後來因為部分作者工作太忙碌以致於中途退出，我只好硬著頭皮承擔起所有未完成的章節，在書籍出版後，當時只是想終於完成了，鬆了一口氣，就沒有再想其他的問題了。

　　不過，接著卻有一些奇妙的事情發生了。例如：有幾位同學告訴我，他們去報考研究所，發現這本書對他們幫助很大；也有一些同學將本書做為參加公職考試的參考資料，當然這也是我們始料未及的。因為我們原先的規劃是以科技大學相關科系的同學，以及對社會福利議題有興趣的初學者為對象。同時，我也再應親民技術學院之邀請前往兼課。

　　當心理出版社林敬堯總編輯告訴我們，這本書已經銷售一空準備再版時，當時的確感到有點驚訝，第一個感覺是：不會這麼快吧！同時也覺得我們有責任將這本書的內容更加充實，所以馬上聯繫原作者群，於再版前配合法令的修改將部分內容做一次的調整及修訂，尤其是在今年《老人福利法》大幅度的修訂，內容上從原來的 34 條增加到現在的 55 條；《國民年金法》的制定頒布也是攸關民眾福利與權利的重大事項。因此，為讓讀者對我國國民年金制度有初步的認識，我們也建議增加專章介紹《國民年金法》。

　　因為國民年金制度在我國雖然是新的制度，但我國卻是繼世界 170 餘國之後才實施，這個法案在 90 年代就已經開始受到重視並提出規劃，但其制定過程可說是歷經波折，耗時十餘年才將國民年金的財務籌措方式定位於以社會保險的方式來進行，在內容上也經歷無數次的溝通協調才產生共識。無論如何，這個法案的實施對於國民經濟安全的保障，可以說是邁向重要的一大步，也是得之不易的新的社會福利措施，當然也是大家所亟需瞭解的。

　　本書能夠這麼快的再版，除了是所有作者認真的編寫外，也要非常感謝黃旋濤教授正確的策劃，還有徐慶發教授在整個再版編排過程中，提供了許

多寶貴的意見，同時我們最感謝的是心理出版社在力求完美的前提之下，不惜成本，同意於再版時增加許多內容，尤其是林敬堯總編輯的支持與鼓勵，以及心理出版社所有為本書盡心盡力的優質團隊，再次的感謝您們。當然，因為作者群學識有限，如果內容上有疏漏或不足之處應該由作者負責，也衷心期盼各界先進不吝指正。（奉本書總策劃黃旂濤教授指示代為作序）

戴章洲

謹識於台灣新竹市

2007 年 11 月 20 日

初 版 序

社會福利一詞大家耳熟能詳，有關「社會福利概論」的書籍，在許多前輩的耕耘之下也非常豐富。但近年來我國人口老化的速度高居全世界第二位，高齡人口的快速成長，使得我國的社會結構也面臨重大的調整轉型之中，在此背景之下，老人的議題不但與每個家庭息息相關，也是政府、學術界乃至於社會大眾，無不期望未來的老人能夠生活在無虞的環境中，因此，在大學校院方面，有關老人服務事業的學系也開始受到重視而逐步的增設中。

本書作者均有從事老人福利實務或教學經驗，大部分也任教於明新科技大學老人服務事業管理學系，基於教學與研究之便，希望在廣泛的社會福利體系中以老人福利做為導向，結合社會福利與社會工作的相關內容，編寫屬於探索老人福利為主要面向的「社會福利概論」一書，以提供有志者參考。

本書共計十三章，其編著分工分別由黃旎濤負責總策劃（第三、八章）、戴章洲（第一、四、十一、十二、十三章）、黃梓松（第五、六章）、辛振三（第十章）、徐慶發（第九章）、官有垣（第七章）、黃志隆（第二章），其中除官有垣和黃志隆兩位教授分別任教於中正大學和義守大學外，其他老師均於明新科技大學老人服務事業管理學系忝任教席，並有擔任公職相關職務數十年之經驗，唯因社會福利的範圍甚為廣泛，筆者才疏學淺，疏漏或不足之處，衷心期盼各位先進專家學者及各界惠予指正。

本書能夠付梓，首先要感謝心理出版社林敬堯副總經理和李嘉浚副總經理的支持與鼓勵，以及家人默默的支持，讓我們能夠無後顧之憂的完成此書。

黃旎濤、戴章洲、黃梓松、辛振三、徐慶發、官有垣、黃志隆　謹誌
2006 年 9 月於新竹市

目錄

第 一 章

緒論

學習目標

研讀本章內容後，學習者應能：

一、瞭解社會福利與社會行政的意義。

二、瞭解社會福利的相關理論。

三、瞭解社會行政的範圍。

四、瞭解社會行政體系和管理。

五、瞭解社會工作的意義。

六、瞭解社會工作的目的與功能。

社會福利（Social Welfare）是社會安全的重要環節，所謂的社會安全包括有：社會保險、社會救助，以及福利服務等三個體系。《憲法》在第 13 章第 4 節關於「社會安全」的條文有：

第 152 條　人民具有工作能力者，國家應予以適當之工作機會。

第 153 條　國家為改良勞工及農民之生活，增進其生產技能，應制定保護勞工及農民之法律，實施保護勞工及農民之政策。婦女兒童從事勞動者，應按其年齡及身體狀態，予以特別之保護。

第 154 條　勞資雙方應本協調合作原則，發展生產事業。勞資糾紛之調解與仲裁，以法律定之。

第 155 條　國家為謀社會福利，應實施社會保險制度。人民之老弱殘廢，無力生活，及受非常災害者，國家應予以適當之扶助與救濟。

第 156 條　國家為奠定民族發展之基礎，應保護母性，並實施婦女、兒童福利政策。

第 157 條　國家為增進民族健康，應普遍推行衛生保健事業及公醫制度。

另外，依據《憲法》增修條文第 10 條第 8 項規定，社會福利包括：社會救助、福利服務、國民就業、社會保險，以及醫療保健等工作。

由以上《憲法》及其增修條文的相關規定，可知社會福利的主要內容包括有：充分就業、勞工及農民保護、勞資關係、社會保險、社會救濟、兒童及婦女福利、衛生保健，以及醫療等七項。

社會福利是透過公部門或私部門來實現社會責任、社會正義，以及個人權利的工具。欲達成社會福利的目的，必須要考量社會上的實際需求，透過建立法律與制度來落實。社會福利的需求常受人口結構的變化、衛生醫療，以及貧富差距的影響；我國自 1993 年起，老人人口超過總人口比率 7 % 以上，進入高齡化社會，老人族群也成為社會福利服務的重要族群。因此，本書乃以老人議題作為主要的論述對象。

第一節　社會福利的概念

◆ 一、社會福利的意義

「社會福利」（Social Welfare）一詞，根據美國社會工作人員協會（National Association of Social Workers，簡稱 NASW）的解釋認為：社會福利在一般情況是指，政府與民間機構為尋求防止、減輕、解決社會問題或改善個人、團體、社區之福利的各種有組織的活動。

社會福利一詞也可以從理念和服務的內容來加以瞭解，所謂理念上，就是指它是一個解決社會問題，維護社會安全的一種制度，藉由社會福利的推動，讓社會上弱勢族群可以得到生活上的照顧，以防止社會的不安；而其內容，依性質可區分為財稅福利、職業福利和社會性的福利；在實務上，社會福利部門所服務的對象涵蓋甚廣，幾乎是從出生到死亡，從搖籃到墳墓，只要跟人民生活問題有關的事情，都看得到社會福利的蹤影，例如：兒童福利、婦女福利、身心障礙者福利、青少年福利、老人福利、急難救助等等。

因此，社會福利是有關歷史性、現實性的社會福利政策與實務活動措施，也就是與國民生活有所關連的一切政策與措施。

從廣義的社會福利而言，社會福利涵蓋意識型態和實際服務二個層面；也就是社會福利觀念和社會福利內容，涵蓋一般國民生活有關的一切政策和措施，或人類潛能發展的綜合性責任。

但就狹義的社會福利而言，它的服務對象，則侷限於對特定的社會弱者或者不幸的國民，給予物質或金錢上的救助，並不包括一般的國民。其具體的服務內容包括：生活照顧與輔導、就業與更生輔導、醫療保健服務、住宅

或家庭服務、教育服務、社會參與服務、喪葬服務……等等。

◆ 二、社會福利的主體

社會福利的主體可以分爲政策主體、經營主體以及實踐主體，說明如下：

1. **政策主體**：國家是社會福利的政策主體，也是執行社會政策的機關；在工業資本主義時代，執行機關或民間團體也常被視爲是主體，但這些單位對於處理社會不安和維持社會秩序，在獨占資本主義的情況之下是不可能達成的，因此國家不得不成爲社會福利的政策主體。

國家做爲政策的主體，依據雷維恩（E. Devine）的說法是爲了消除「三D」，亦即消除貧窮（Destitution）、疾病（Disease）、偏差行爲（Delinquency）。對此，貝佛里奇（W. H. Beveridge）也提出要消滅：貧窮、疾病、無知、不潔、懶惰等「五巨人」。

2. **經營主體**：包括以全體國民爲服務對象的公家社會福利事業體和由民間所設立的社會福利事業體。

3. **實踐主體**：就是社會福利的執行者，通常是指專業的社會工作者。

（江亮演、洪德旋、林顯宗、孫碧霞，2003）

◆ 三、社會福利的基本原則

1. **平等原則**：是社會福利的中心思想；因爲社會福利是國家藉由財富重分配的手段，來縮短貧富差距，保障國民的最低生活水準和需求。

2. **公平原則**：就是讓社會上的弱勢族群，藉由福利政策與措施得到適當的照顧，使之得以合理的享受公共的資源。

3. **正義原則**：就是調合社會上經濟弱勢族群，彌補其先天或後天的差距，使之能夠有尊嚴的與一般國民得到國家或社會相等的照顧。

第二節　社會福利的理論

社會福利的發展與一國的政治、經濟、文化等的發展情形息息相關，不同的學派往往會有不同的主張，其中與社會福利有關理論，茲擇要介紹如下。

◆ 一、馬克思經濟學理論

馬克思（Karl Marx）認為資本的累積與人口法則的組合暴露出貧窮的本質。馬克思主張資本應該公有化，馬克思認為資本愈集中，大資本家將消滅小資本家，形成托拉斯（Trust）。於是富有者愈來愈少，而貧窮者愈來愈多，勞動階級勢必起來革命，非推翻資本家的政權不可。馬克思雖然主張廢除私有財產制度，但是對政府的態度又認為「政府是資本家的走狗」，必須由無產階級掌握政權，將土地及資本收歸國有，但「國家的角色由社會體系決定」，使生產變成有計畫的。

◆ 二、新馬克思主義

第二次世界大戰後出現新馬克思主義，為馬克思青年時代的著作下了新的詮釋，其主要論點為：

1. 馬克思主義未完全脫離黑格爾（Hegel）的唯心主義思想，傳統的辯證唯物論、唯物辯證法及歷史唯物論，是俄國馬克思主義者建構出來的。

2. 馬克思主義具有人道主義精神。

3. 認為社會的建構和發展並不是以單一的經濟為基礎。

4. 要求對馬克思的思想，應採取一種批判態度來理解。新馬克思主義代

表人物有盧卡奇（Lukacs）、弗洛姆（Fromm）、馬孤哲（Marcuse）。

◆ 三、古典學派

古典學派為近代西方資本主義經濟思潮的源流。英國的亞當斯密（Adam Smith）著有《國富論》，為古典經濟學派奠定理論基礎，使經濟學成為一種社會科學，教世人稱亞當斯密為「經濟學之父」。古典學派是近代經濟思潮的發軔，其理論乃建立於「自由主義及個人主義」之上，亞當斯密所主張的放任自由及重視自由競爭的精神，對促進英國在十九世紀經濟的快速發展有很大的貢獻。

◆ 四、凱恩斯（Keynes）主義的社會福利論

1930 年代美國物價上漲，失業問題嚴重，並且發生經濟大恐慌，凱恩斯學派在 1936 年以後形成，第二次大戰之後在美國大放異彩。凱恩斯認為：未達充分就業是常態、應擴大政府的職能、財政政策重於貨幣政策、奠定總體經濟基礎、反對古典學派的自由放任，主張國家應適度干預經濟，以補救自由經濟的弊病；他認為如果要克服經濟恐慌，國家就必須實施管制經濟，設法把「儲蓄」變成「消費」，使整個社會的有效需求增加。因此，主張由國家進行公共投資，凱恩斯的經濟理論著眼於整個經濟的國民生產與所得，對總體經濟理論體系的建立貢獻頗多。此外，凱恩斯經濟學派更認為可用福利手段來解決資本主義所帶來的社會問題。

◆ 五、新自由主義

新自由主義經濟思潮亦稱為新保守主義經濟思潮，是 1930 年代後在反凱恩斯主義的過程中逐漸形成和發展起來的西方經濟學說。1929 至 1933 年，資本主義世界經濟危機對古典自由主義經濟學造成了巨大的衝擊，古典自由主

義經濟學的統治地位被凱恩斯主義所取代；然而，仍有少數經濟學家堅持自由主義經濟的信條，並與凱恩斯主義對抗，主張回到自由放任的市場經濟，反對國家干預。

到了 1970 年代，發生兩次石油危機，導致油價暴漲及經濟重挫，特別是在 1974 至 1975 年的經濟危機以後，資本主義國家普遍出現了失業與通貨膨脹並存的「滯脹」局面，使凱恩斯主義陷於重重矛盾的境地。在這樣的背景下，新自由主義的經濟思潮又重新抬頭，並獲得一定的市場。

新自由主義經濟思潮的主要學派有：倫敦學派、現代貨幣學派、理性預期學派、供給學派、弗萊堡學派、公共選擇學派、產權經濟學派。其中，倫敦學派是最澈底的自由主義，現代貨幣學派是新自由主義中影響最大的學派。這些學派，在一些基本思想方面具有下列共同點，即：

1. 反對國家調控化：崇尚市場原則，反對國家干預。
2. 主張財產私有化：宣揚私有財產權，反對財產公有制。
3. 主張全球化以維護美國主導下的自由經濟，反對建立國際經濟新秩序。
4. 反對福利國家，主張福利個人化，強調保障的責任應由國家轉向個人。

◆ 六、女性主義理論

女性主義是指一個主要以女性經驗為來源與動機的社會理論與政治運動。歐美國家經由兩次婦女運動浪潮，第一次婦女運動爭取到選舉投票權及教育、就業及社會福利權；第二次婦女運動則強調由婦女的身分與價值之基礎出發。女性主義理論的發展與社會政策之關連，即在尋求解釋婦女面對問題與原因，透過社會政策改變處境。近年來，女性主義之批評因此也擴及到婦女與福利制度的關係，檢視社會保障、住宅、教育醫療及社會服務政策等是如何塑造婦女在家庭與社會的地位。

　　女性主義有不同的派別，而從自由女性主義（Liberal Feminism）到激進女性主義（Radical Feminism）都是解決女性困境與壓迫根源的反省與策略；其中，自由女性主義強調對一切女性歧視形式的消除，透過打破性別偏見與刻板分工以爭取社會公平的對待，因此應於教育與法律上爭取婦女權益。至於激進女性主義認為，父權制度之壓迫為透過社會、文化生活場域，同時跨越階級、種族文化及歷史。因此強調婦女應面對最根本的壓迫來改變父權制度，而政府常代表父權制度之利益、價值與取向，婦女除應爭取擁有自主權，並應建立非官僚及以婦女為中心的組織為婦女提供福利。我國與婦女相關的法律，有《性侵害犯罪防治法》、《家庭暴力防治法》、《兩性工作平等法》等，皆是保障婦女權益之相關法令。行政院所組成跨部會，邀請學界、婦女團體代表所組成之婦女權益促進委員會，制訂社會政策加強兩性平權都是受到女性主義的影響。

◈ 七、福利國家理論

　　1929 年爆發世界性的經濟大恐慌，歐洲各國受到美國的經濟危機影響，面臨了空前的經濟衰退，不但失業人口激增，國民所得也大幅下降 40 ％以上，發生嚴重的通貨膨脹危機。

　　瑞典社民黨的重要理論指導家韋格佛斯（Wigfors）比凱恩斯所提出的相近理論名著──《一般經濟理論》還早 6 年，在 1930 年他參考了凱恩斯早期的經濟理論，並綜合了傳統的馬克思主義理論，在社民黨內提出「擴大公共部門投資，以解決失業問題」，這項建議不久便成為瑞典社民黨的正式失業政策。1932 年，瑞典社民黨再次執政，便採用韋格佛斯的「擴大公共投資理論」，以挽救經濟危機。其在社會安全方面具體內容包括有：瑞典的老人年金、免費健康醫療照顧、低收入住宅政策及失業金制度等；而在英國，工黨也實施了「公醫制度」、住宅政策等，即使工黨在 1951 年下台，但是接著執

政的保守黨也未取消這些制度，成為英國人民的基本權利了。

英國的工黨在 1939 年，即有黨內理論家主張採行凱恩斯的充分就業理論，並且在 1945 年工黨執政後，正式施行並對外宣揚英國是「福利國家」。

社會民主主義轉向福利國家的方向發展，具有幾項重要的意義：

1. 代表了社會民主黨將自己的角色重新定位為：調整市場力量的運作，而不是直接國有化。

2. 代表一種新的再分配方式，它不是直接針對薪資所得進行再分配，而是藉由賦稅改革與建立社會安全制度，間接進行再分配。

3. 它更重要的意義在於：這是一種「去商品化」的過程，使消費領域受到商品市場的控制而能夠降低。

福利國家的模式，不僅有效地化解了經濟危機，更進一步創造出一種新的社會民主成功的典範，也成為其它國家效法的對象。

◆ 八、費邊主義的社會福利論

費邊社（Fabian Society）是在 1883 至 1884 年成立於倫敦的社會主義團體，其宗旨是在英國建立民主的社會主義國家。費邊社者信仰漸進社會主義，不主張革命。他們利用舉辦會議、演講、研究和出版來教育民眾。早期重要成員包括蕭伯納（Shaw）和韋伯（Weber）夫婦，他們起初試圖以社會主義思想滲透自由黨及保守黨，後來轉而協助成立勞工代表委員會，該委員會於 1906 年改組成工黨（Labour Party），自此費邊社即隸屬於工黨。

費邊社會主義者認為：福利是為彌補資本主義的弊端而來，國家介入福利措施的價值在於創造一個穩定和諧的社會，因此強調全面的福利制度，舉凡社會保險、社會救助與福利服務都應該由國家統籌來辦理。

◆ 九、新保守主義

二十世紀中葉以後，傳統保守主義蛻變爲「新保守主義」（The New Cos-ervatism）；所謂「新保守主義」，乃是一種保守的政商精英勢力，他們對大眾民主沒有信心，相信商業利益有最高的價值位階，而國家機器即應爲商業利益服務，新保守主義不僅保留了古典保守主義的基本信念，也吸收古典自由主義的思維。新保守主義在政治主張上的最大特色，就是「最小國家職權與最大個人自由」。新保守主義者的福利政策爲：國家應大規模刪除沒有必要的社會福利，僅提供基本必要的服務，同時鼓吹在個人自主負責的理念下，每個人應對其處境負責，新保守主義者提倡重視機會平等與施展才能的自由市場體制，重視機會平等而非結果的平等。新保守主義經濟政策，最著名的就是「供給面經濟學」，主張削減政府支出及社會福利支出、放寬不必要的企業管制與行政命令、實行減稅計畫、鼓勵企業增加投資等。1979 年英國新保守主義的柴契爾（Thatcher）夫人出任英國首相，1980 年美國新保守主義的雷根當選爲總統，開啓戰後美、英「新保守主義革命」。

◆ 十、第三路線

1998 年倫敦政治經濟學院院長紀登斯（Anthony Giddens）出版《第三路線：社會民主主義的更新》（*The Third Way: The Renewal of Social Democracy*）一書。紀登斯認爲福利國家的弊病包括：缺乏民主基礎、減少個人自由、體制內過於官僚化、缺乏效率、導致政府財政困難、製造福利依賴和利益團體出現對改革造成障礙等弊病；但是紀登斯也不是主張破除福利國家制度，而是對於上述弊病及新轉化的社會需求進行改造。紀登斯對於社會福利的主張有：積極性福利、社會投資型國家、新型混合經濟，以及包容性的平等。

第三節　社會行政

◈ 一、社會行政的意義

　　社會行政（Social Administration）簡單的說，就是指一個國家的政府部門推行有關社會福利工作的行政事務（江亮演等，2003）。一個國家的社會行政，通常是依照各該國的歷史文化背景以及參考人口結構、政治經濟等因素來訂定該國的社會政策，並以立法的方式做爲實行的準則。廣義的社會行政除了從事建立福利社會外，還須致力奠定社會公共秩序、發展人力資源潛能及推行各種社會建設工作，即社會行政的人、事、物等，凡是與社會行政有關的一切均包含在內；狹義的社會行政僅指督導公、私立機構推行社會福利事務而言。目前大部分國家都採取折衷的意義。

◈ 二、社會福利政策與立法

㈠ 社會福利政策

　　社會福利政策（Social Welfare Policy）就是國家或政府處理社會問題的對策，目的在增進人民的社會福利。台灣的社會福利政策發展大略可以分爲下列三個階段：

1. 經濟軍事導向時期（1949 年至 1973 年）

　　1949 年政府遷台，面臨通貨膨脹、失業問題嚴重、貧富不均的落後農業社會，當時政府以「反攻大陸」爲主要優先政策，在社會福利方面並未受到太多重視，除了延襲 1941 年以前所頒訂的各種慈善團體法或救災有關的法令

和《社會救濟法》外，一直到 1964 年才通過《民生主義現階段社會政策》，1969 年通過《現階段社會建設綱領》做為政策宣示，其他完成立法的福利法律僅有 1953 年的《軍人保險條例》和 1958 年的《勞工保險條例》、《公務人員保險法》等寥寥幾種。

2. 社會福利立法時期（1973 年至 1987 年）

1973 年至 1979 年發生兩次世界石油危機，台灣面臨退出聯合國、中美斷交等事件衝擊，已故總統　蔣經國先生大力推動十大建設等公共投資政策，社會的發展也從傳統的農業社會邁向工商業社會，傳統的大家庭開始式微，核心小家庭興起，教育提升，婦女就業激增，整個社會面臨較大的轉型，也造成家庭的功能失調，兒童、身心障礙者、老人等弱勢族群的照顧問題，成為社會上嚴重的問題，政府為解決這些問題，開始訂定各種社會福利法令，如 1973 年頒布《兒童福利法》，1979 年的《復興基地重要建設方案》，1980 年頒布「社會福利三法」，也就是《老人福利法》、《殘障福利法》以及《社會救助法》，社會福利經費大幅成長，也開始大量充實社會工作專業人力；以及 1981 年的《貫徹復興基地民生主義社會經濟建設方案》。其中《殘障福利法》於 1997 年更名為《身心障礙者保護法》。

3. 福利政策落實時期（1987 年以後）

1987 年政府宣布「解嚴」，社會上各種社會運動蓬勃發展，社會福利機構也開始大量立案，許多民意代表及地方政府民選首長都以「提高社會福利措施」做為重要訴求，社會福利的觀念普遍落實於民眾生活，使台灣的社會福利發展邁向成熟時期。

1990 年代，我國的社會福利發展在政治民主化、民間社會的倡導、新知識的引進，以及國民社會權利意識覺醒等因素的影響下，蓬勃發展，包括新的社會立法的修正與通過增訂各種保護性的立法和促進社會工作專業制度的

建立，社會福利預算持續成長，以及社會福利方案的推陳出新，而有社會福利「黃金十年」之稱。

社會政策的制定，通常依據下列步驟：

1. 瞭解社會問題及民眾的需求。

2. 蒐集相關資料。

3. 分析所蒐集到的資料。

4. 研擬各種解決問題的方案。

5. 意見徵詢：與有關的專家、團體或個人諮詢相關意見，力求周延。

6. 選擇最佳方案，或分析各種方案以提供決策參考。

7. 完成行政程序：提付有關會議討論定案，或簽請主管首長核定。

根據行政院經建會出版之《社會福利支出對總體經濟發展之影響》所述，我國未來的社會福利政策發展方針為：

1. 注重社會均衡發展，考量政府財政狀況，以權利義務對等之社會保險制度，做為社會福利政策的核心。

2. 強調個人責任，以社會救助為輔助措施，本諸自助人助的精神，使受益的民眾自立自強，逐漸減少對社會的依賴。

3. 福利服務應以民眾迫切福利需求為導向，並著重城鄉服務資源的均衡分配。

4. 我國社會福利措施已初具規模，短期內應在現有體制內，充實內涵，提升服務品質為優先。

5. 建構以家庭為中心之社會福利政策，以宏揚家庭倫理，提升家庭關係，維護成員間相互扶持。

6. 結合民間力量，共同推動社會福利措施，以提升服務品質與工作效率。

7. 社會福利資源取自於社會，移轉供社會福利運用，必須量力而為，不

能損及經濟的活力與正常運作，必要時當增闢稅源，以免社會福利措施的推行難以為繼。

8. 社會福利支出應做精確的評估與嚴格的考核，務使有限資源用於真正有需要的民眾，並維持國民正常的工作意願。政府對社會保險的補助，亦應力求合理化。

(二) 社會福利法制

社會福利立法也稱為社會立法，社會福利法制就是與社會福利有關的法律性評價之總稱，社會福利相關的法律與其他法律相同，都是屬於國家的法律。其最高指導原理是《憲法》的生存權保障權。影響社會福利立法的主要因素為一國之社會、政治、經濟狀況。法律依《中央法規標準法》第二條規定稱之為：法、律、條例、通則。而在廣義的社會福利法制尚包括有命令和行政規則；各主管機關亦可依照其職權發布命令和行政規則；命令得依其性質，稱為規程、規則、細則、辦法、綱要、標準或準則。行政規則，則係指上級機關對下級機關，或長官對屬官，依其權限或職權為規範機關內部秩序及運作，所為非直接對外發生法規範效力之一般、抽象之規定。行政規則包括有：關於機關內部之組織、事務之分配、業務處理方式、人事管理等一般性規定以及為協助下級機關或屬官統一解釋法令、認定事實、及行使裁量權，而訂頒之解釋性規定及裁量基準。

法律的立法的過程需經過下列步驟：

1. **提案**：主要是由行政院相關部會或立法委員（15 人以上連署）草擬法案條文後提請立法院審議。

2. **審議及表決**：行政院相關部會或立法委員向立法院提出法律案後，由立法院主持開會的主席（通常是立法院長）於開會時將議案宣付朗讀後交付

有關委員會審查；但依立法院議事規則規定，如有出席委員提議，20人以上連署或附議，經表決通過得逕付二讀。

法律案經有關委員會審議完畢後，必須將審議報告提付全院會議討論，進行三讀會的程序。完成三讀會的程序後，應將全案交付表決，獲得通過後即完成立法的程序。

3. **公布**：三讀通過的法律案，依憲法規定應移送總統及行政院，由總統於收到後10日內公布之。行政院對於立法院決議之法律案，如認為有窒礙難行時，得經總統之核可，於該決議案送達行政院10日內，移請立法院覆議。覆議時，如經出席立法委員三分之二維持原案，行政院院長應即接受該決議或辭職。

社會福利法制依服務對象、所得、功能區分如下：

1. **依服務對象區分**：又區分為與兒童、青少年、婦女、老人、身心障礙者、貧戶、發生急難者有關的法律。

2. **依所得區分**：又區分為與所得有關的法律、非與所得有關的法律、與營運有關的法律。

3. **依功能區分**：又區分為與保健、教育、營養、僱用、社會安全制度、住宅建設與都市計畫、司法制度有關的法律。

◆ 三、社會行政的範圍

社會行政在性質上是社會工作的一部分，我國的社會行政範圍，從內政部社會司所負責之社會福利業務視之，主要包括農民保險、國民年金規劃、社會救助、老人福利、身心障礙者福利、婦女福利、社區發展、社會工作、合作事業、社團輔導、社會役及綜合性社會福利政策，並負責行政院社會福利推動委員會及行政院婦女權益促進委員會幕僚工作。

另外如果以其他行政部門或公、私機構的工作內容之涉及社會福利性質者，來做廣義的分類，則社會行政的範圍尚有：

1. 行政院勞委會及各級勞工行政部門的勞工福利、就業安全、就業輔導等。

2. 行政院衛生署、醫療單位的國民健康計畫、營養及家政計畫、傷殘重建、社區心理衛生工作、精神病理的社會工作、醫院所屬的社會服務部門。

3. 行政院退除役官兵輔導委員會的榮民福利服務。

4. 警政部門的犯罪矯治工作，例如：少年輔育、少年觀護等。

5. 原住民委員會的原住民福利。

6. 行政院農委會的農、漁民福利。

◆ 四、社會行政體系

世界各國社會行政部門的設置並沒有一致的做法，其主要組織方式如下：

1. 有完整的獨立組織者：如希臘、法國、澳大利亞、挪威。

2. 與衛生單位合併者：如加拿大、韓國、英國、日本。

3. 與勞工行政合併者：如敘利亞、約旦、沙烏地阿拉伯、德國、義大利、墨西哥。

4. 與勞工行政及其他行政混合於內政部：如泰國內政部下設公共福利司。

5. 特殊複合體制者：如美國的衛生教育福利部。

至於我國現行社會行政體制，係在內政部之下，由內政部設置社會司，掌理下列事項：

1. 關於社會福利之規劃、推行、指導及監督事項。

2. 關於社會保險之規劃、推行、指導及監督事項。

3. 關於社會救助之規劃、推行、指導及監督事項。

4. 關於社區發展之規劃、推行、指導及監督事項。

5. 關於社會服務之規劃、推行、指導及監督事項。

6. 關於殘障重建之規劃、推行、指導及監督事項。

7. 關於農、漁、工、商及自由職業團體之規劃、推行、指導及監督事項。

8. 關於社會團體之規劃、推行、指導及監督事項。

9. 關於社會運動之規劃、推行、指導及監督事項。

10. 關於合作事業之規劃、推行、管理、調查、指導及監督事項。

11. 關於社會工作人員調查、登記、訓練、考核及獎懲事項。

12. 關於社會事業之國際合作及聯繫事項。

13. 關於其他社會行政事項。

　　內政部社會司設置 14 科，北部維持 7 科，分別辦理綜合規劃、身心障礙者福利、老人福利、婦女福利、社會救助、社會保險、社會團體等業務；中部辦公室（社政）設置 5 科，分別辦理職業團體、社會發展、社區及少年福利、身心障礙福利機構輔導及老人福利機構輔導等業務；台中黎明設 2 科，辦理合作事業輔導及合作行政管理等業務。

　　1999 年 11 月 20 日內政部兒童局成立，兒童福利業務劃歸該局辦理，兒童局之業務組計有綜合規劃組、保護重建組、福利服務組及托育服務組 4 組；內政部中部辦公室（社政）之兒童及少年福利科改為社區及少年福利科（內政部社會司，2006）。

　　另內政部依據《性侵害犯罪防治法》及《家庭暴力防治法》，分別於 1997 年 6 月及 1999 年 4 月成立內政部性侵害防治委員會及內政部家庭暴力防治委員會，合署辦公；2002 年 7 月 24 日，2 委員會合併成立家庭暴力及性侵害防治委員會。2000 年 7 月，農漁民團體輔導業務移撥行政院農業委員會辦理。

　　2003 年 5 月 28 日總統公布《兒童及少年福利法》，第 6 條規定，中央應設兒童及少年局，社會司少年福利（含兒童及少年性交易防治法制工作）自 2003 年 9 月 1 日起移撥兒童局辦理。

　　社會福利之中央主管機關除內政部外，主要還有行政院勞工委員會、行政院衛生署、行政院退除役官兵輔導委員會、行政院農業委員會、行政院原住民委員會等機關。地方政府方面，主要是負責執行中央所訂之政策：直轄市及縣市政府設置不同層級的社會局來負責社會行政業務，在鄉、鎮、市公所設置社會課負責社會行政業務，如未設有社會課之地方政府，則由民政課兼辦社會行政業務。目前有許多地方政府為兌現民選首長競選承諾，亦透過地方議會自行立法增加福利措施。

◆ 五、社會行政的管理

　　社會行政的管理與一般的行政管理大同小異，主要的區別在於社會行政的管理應該把握社會政策的精神和社會福利工作的專業性。社會行政管理亦屬於社會福利間接服務的一環。其主要的事項包括有：人事管理、財務管理、事務管理、文書管理以及資訊管理。

㈠ 人事管理

　　主要的事項包括人員的任用、待遇、考績、獎懲、進修、訓練，以及工作的增進等。目前政府機關在社會福利部門所晉用的人員主要是透過考試的途徑，另外部分地方社會工作（督導）員則是透過約聘僱的方式進用；在人事管理方面，主要應該注意工作人員素質的提升，充實工作人員的專業知識、提高工作士氣，以留才用才。

(二) 財務管理

應以量入為出的原則，有效的分配與運用有限的預算經費，使需要使用福利服務的對象能夠公平、合理的受到照顧。

(三) 事務管理

包括有辦理財物採購、營繕工程、車輛、財產管理、工友管理及福利、環境整理、出納及上級臨時交辦事項等工作。出納管理必須做到安全與合法；廳舍管理需注意安全、衛生，以及合理分配；車輛管理應依公務需要及重視保養；員工福利主要包括有住宅輔購、福利互助、急難貸款、生活津貼、福利品供應、消費合作、文康活動、膳食管理，以及其他福利事項。

(四) 文書管理

主要工作有收文作業、承會辦作業、公文製作，以及檔案掃描等。目前一般單位自總收發收文開始至歸檔，都已採取電腦化作業；經電腦編配收文號建檔後，送各部門簽收，經主管分文後，交承辦員進行公文處理。其次，在承會辦作業方面，各單位公文處理之會辦等收送件作業，大都透過電腦簽收，並且詳實記錄文件處理流程，對於公文案件辦理情況及有無延誤等情形，進行追蹤考核。在公文製作方面，為避免公文繕寫打字資源重複浪費及提高行政績效，乃使用公文製作系統。各承辦員在網路上製作公文完成後，除列印公文送主管批可後，須將該檔案經由網路傳遞至公文交換區，打字人員經由網路擷取該檔案後，僅須針對公文修改部分進行改正，即可快速發文，爭取時效。最後進行檔案掃描，亦即管理文書檔案，使用影像掃描系統，公文檔案，掃描建立電腦檔案，提供上線查詢公文原件內容，節省調閱檔案時間。

(五) 資訊管理

目前各機關或社政機構都會逐步建置業務電腦化系統公文管理系統、公文製作系統、公文檔案影像系統、圖書管理系統、財產管理系統、薪資管理系統、零用金及單位出納管理系統、技工工友管理等系統。業務資訊化提供迅速便捷的工作工具，但是對於服務對象的隱私權仍需依照業務倫理來做規範。

第四節　社會工作

◆ 一、社會工作的意義

社會工作（Social Work）就是一種幫助人們處理生活上遭遇困難的專業性工作，照顧（Caring）、治療（Curing）及改變社會（Changing the Society）是社會工作存在的三個主要使命與宗旨，其意義依照學者所下的定義如下：

美國社會工作人員協會（National Association of Social Workers，簡稱NASW）認為：社會工作是一種專業活動，用以協助個人、團體、社區去強化或恢復能力，以發揮其社會功能，並創造有助於達成其目標的社會條件。

Friedlander 和 Apte（1980）認為：社會工作是一種專業服務，也是一種助人的過程。

廖榮利（1996）認為：社會工作是現代社會中一種獨特的專業領域，它運用社會和心理的科學原則，以解決社區生活中的特殊問題，並減除個人的生活逆境或壓力。

Skidmore、Thackeray 及 Farley（1994）認為：社會工作是一種藝術、一種科學，也是一種專業，其目的在協助人們解決其個人、團體（尤其是家庭）、社區的問題，以及運用個案工作、團體工作、社區工作、行政和研究等方法，促使個人、團體和社區之間的關係，能達到滿意的情況。

由上述各家說法，可以瞭解社會工作是一種用以從事協助他人解決問題和改善環境專業的知識和技術。

◆ 二、社會工作員制度

台灣的社會工作制度，最早見諸於 1964 年，由當時執政的國民黨提出的「民生主義現階段社會政策——加強社會福利措施增進人民生活實施方針」。1971 年行政院核定台灣省政府、台北市政府聘用社會工作員的名額；1972 年訂定「台灣各省直轄市設置社會工作員實驗計畫」；1973 年及 1974 年台灣省政府和台北市政府推動「小康計畫」和「安康計畫」，社會工作員個案輔導的對象擴大到區域性之一般民眾，促使了社會工作制度的形成。

1980 年「社會福利三法」頒布後，台灣省政府社會處更加積極建立社會工作服務工作的規定；至 1985 年後先後訂頒「本省縣市社會工作（督導）離職後再聘（僱）用規定事項」、「台灣省加強推行社會工作員實施要點」、「台灣省社會工作（督導）員獎勵實施要點」等規定，此時可稱為是社會工作制度的推展期。

1991 年台灣省政府社會處訂頒「台灣省各縣市政府自行遴用社會工作員標準」，將社工員的遴選、任用權下放到各縣市政府，使社會工作員制度朝向多元化、地方化方向發展，逐漸形成由地方政府主導社會工作員制度。

社會工作員制度由地方政府主導後，其工作性質也從直接服務增加到必須兼辦一部分的行政工作。台灣的社會工作員制度經歷長時間的發展，政府於 1997 年 4 月 2 日公布《社會工作師法》（2003 年 6 月 5 日修正），社會工

作由國家正式認定為專門技術職業。依《社會工作師法》第 13 條規定，社會
工作師執行下列業務：

1. 行為、社會關係、婚姻、社會適應等問題之社會暨心理評估與處置。
2. 各相關社會福利法規所定之保護性服務。
3. 對個人、家庭、團體、社區之預防性及支持性服務。
4. 社會福利服務資源之發掘、整合、運用、分配與轉介。
5. 社會福利機構或方案之設計、評估、管理、研究發展與教育訓練。
6. 人民社會福利權之維護。
7. 其他經中央主管機關或會同目的事業主管機關認定之業務。

◆ 三、社會工作的方法

社會工作以直接服務和間接服務的方法做為實踐社會福利的工具，茲說
明如下。

(一) 直接服務

就是直接接觸服務對象的福利服務，包括社會個案工作、社會團體工作，
以及社區工作等 3 種。

社會個案工作是透過一連串的過程，以一對一的方式，有計畫地協助個
人解決問題、調適關係、發展功能。這一連串的過程，包括接案（請求）、
搜集資料（調查）、分析診斷（診斷）、訂定計畫（設計）、實施處置（治
療）、結案（記錄）和追蹤等六個步驟。

社會團體工作是一種工作方法，在機構或團體中的組成份子接受社會工
作人員的協助，依照他們的能力及興趣，在團體活動中與他人從互動中獲得
團體生活經驗，並促進團體和社區的發展（Trecker, 1972）。

社區工作（community work）是經由專業工作者運用各種工作方法，去協助一個社區行動系統，包括個人、團體及機構，在民主價值觀念的指引下，以改變環境及機構條件為工作目標，參與有計畫的集體行動，以解決社會問題。

(二) 間接服務

包括社會政策與立法、社區工作、社會工作管理、社會行政、社會工作研究、社會行動、社會工作督導、社會工作諮詢等範圍。

社會行政就是一種運用計畫（planning）、組織、人事、指揮、協調、報告、預算、評估等技術，使社會福利政策得以實現的工作，它是一種綜合社會工作、社會福利、行政學與管理學的應用科學。

社會工作研究（social work research）：就是將社會福利工作計畫、組織或機構之功能與方法之效果做科學性的探索，以尋求有關社會福利的原理、原則或技能。

社會行動（social action）：就是以行動的方式來為社會上弱勢族群爭取有利於他們的政策或預算。

社會工作督導（supervision）：這是社會工作重要的一環，就是透過督導的方式以確保服務品質的專業方法。

社會工作諮詢（consultation）：這是以電話或面談的方式，提供專業的資訊或建議給服務對象。

 摘要

　　社會福利在一般情況是指，政府與民間機構為尋求防止、減輕、解決社會問題或改善個人、團體、社區之福利的各種有組織的活動。廣義的社會福利涵蓋一般國民生活相關的一切政策和措施，狹義的社會福利只限於特定的社會弱者或者不幸的國民，並不包括一般國民，然而目前大部分的國家都採取折衷的定義。社會福利的基本原則有：1. 平等原則；2. 公平原則；3. 正義原則。

　　與社會福利有關的重要理論很多，依不同時期的發展，較為常見的理論有馬克思經濟學理論、新馬克思主義、古典學派、凱恩斯主義的社會福利論、新自由主義、女性主義理論、福利國家理論、費邊主義的社會福利論，以及新保守主義等。

　　社會行政就是指一個國家的政府部門推行有關社會福利工作的行政事務。社會行政必須依照法律和政策來執行。台灣的社會福利政策發展大略可以分為下列三個階段：一為經濟軍事導向時期（1949 年至 1973 年）；其次於1973 年至 1987 年進入社會福利立法時期；1987 年以後為福利政策落實時期；1990 代社會福利有「黃金十年」之稱。社會工作是一種專業活動，用以協助個人、團體、社區去強化或恢復能力，以發揮其社會功能，並創造有助於達成其目標的社會條件。社會工作以直接服務和間接服務的方法做為實踐社會福利的工具。

　　直接服務：就是直接接觸服務對象的福利服務，包括社會個案工作、社會團體工作，以及社區工作等三種。間接服務：包括社會行政、社會工作研究、社會行動、社會工作督導、社會工作諮詢等。

問題習作

- 一、請說明社會福利與社會行政的意義。
- 二、請說明社會福利的相關理論。
- 三、請說明社會行政的範圍。
- 四、請說明社會行政體系和管理。
- 五、請說明社會工作的意義。
- 六、請說明社會工作的目的與功能

 名詞解釋

- 社會福利
- 社會行政
- 社會工作
- 凱恩斯主義的社會福利論
- 新自由主義
- 女性主義理論

- 福利國家理論
- 費邊主義的社會福利論
- 新保守主義
- 直接服務
- 間接服務

 參考文獻

內政部社會司（2006）。**內政部社會司組織及職掌**。2006 年 6 月 1
　　日，取自 http://sowf.moi.gov.tw/18/index.htm

江亮演、洪德旋、林顯宗、孫碧霞（2003）。**社會福利與行政**。台
　　北：國立空中大學。

廖榮利（1996）。**社會工作概要**。台北：三民。

Friedlander, W. A., & Apte, R. Z. (1980). *Introduction to social welfare*
　　(5th ed.). Englewood Cliffs, NJ: Prentice-Hall.

Skidmore, R. A., Thackeray, M. G., & Farley, O. W. (1994). *Introduction
　　to social work* (6th ed.). Englewood Cliffs, NJ: Prentice-Hall.

Trecker, H. B. (1972). *Social group work: Principles and practices*. Chic-
　　ago: Association Press.

第二章

社會福利理論

學習目標

研讀本章內容後,學習者應能:

一、理解西方社會福利理論在二次世界大戰後的演變過程。

二、對傳統社會民主主義、嶄新自由主義、第三條路與後工作社
會的初步認識。

三、工作、福利與社會公民權之間的關聯性。

四、社會福利理論在社會政策中的重要性。

作為一門跨領域的新興社會科學學門，社會福利並沒有太長遠的歷史。然而隨著自由市場成為近代各個民族國家主要的交換制度時，社會福利的相關理論與制度設計原則漸漸受到世人的重視。另一方面，隨著時代的演進與社會結構的變遷，既有用來對抗市場風險的社會福利理念與社會安全制度亦逐漸失去效用，進而引發學者們對新的社會福利理論和社會改革方向的探索。

本章我們將從二次世界大戰後的社會民主主義理念出發，探討二次世界大戰結束後，西方先進國家所形成的社會福利理念。我們將把焦點放在當前在社會福利的探討中最受到關注的三個議題——工作、福利與社會公民權之間的關係，探討這三者之間所構成的制度性關係。除此之外，更將進一步深入檢視 1980 年代經濟危機下所產生的嶄新自由主義（neo-liberalism），以及 1990 年代社會民主主義的自我修正——第三條路（the third way），分別對社會福利理念和相關的制度變遷產生了什麼樣的影響？而在進入 21 世紀的今天，正在浮現的後工作社會（post-work society）理念對社會福利制度與社會改革又有什麼樣的意涵？這些都是我們在以下的章節中將會觸及的議題。

第一節　傳統社會民主主義的妥協

◆ 一、市場資本主義體制、社會公民地位與貝佛里奇式的社會保險計畫

所謂的社會公民地位（social citizenship），指的是為了對抗市場所產生的社會階級間不平等，進而由國家針對全體公民提供社會經濟的制度性保障。按照 T. H. Marshall 的分析，早期公民地位在國家獨尊個人自由權利的發展趨勢下，逐漸放棄國家與傳統社會早期所建立的社會權利。易言之，各國公民

在自由權與社會權的享有在早期是互斥的。隨著以市場交換爲主的工業資本主義制度日益擴張，爲了能提供源源不絕的勞動力供資本家使用，國家一方面藉由自由權的賦予，來加快勞動力商品化的腳步，另一方面則積極取消傳統非正式的社會保障制度。

然而資本主義市場制度的毀滅性進展，卻導致了兩次世界大戰在 20 世紀初期爆發。誠如 Karl Polanyi 在《鉅變》中社會鑲嵌（social embedded）觀點所指出（黃樹民、石佳音、廖立文，1990），自律市場不是自然演化而來，而是國家在重商主義的影響下，有意圖的達成該目標的結果。國家在賦予公民自由權的同時，亦同時拆解傳統的社會安全網，其目的即在加速市場的人爲建構。但隨著市場制度建構的日益成形，卻有愈來愈多公民在被勞動力商品化的同時，反而更陷入貧窮的生活狀態；而國家在採取更爲激進的市場隔離手段以挽救市場經濟的同時，反而招致了兩次世界大戰的惡果。

二次世界大戰結束後不久，西方先進工業民主國家一方面重建國際政治與經濟秩序；另一方面則在既有的工業社會結構上，就一定的政治經濟基礎與社會安全制度設計達成共識。在英國貝佛里奇爵士提出的社會保險計畫影響下，西方各國紛紛建立起以社會公民地位爲主的社會安全體系。由於該計畫強調全民性和綜合性，以及單一和均等的保費與給付形式，以保障最低的生活水準，使得西方各國的全民性社會安全制度得以在戰後建立起來（張世雄，1996）。

值得注意的是，隨著國家、市場與家庭之間的制度安排的不同，西方福利國家有著各種不同的體制類型。Esping-Andersen（1990）在結合了社會公民權的賦予，以及其對於國家階層化的型塑的同時，認爲福利國家是依體制型態而有所不同，它包括了以下三種主要的類型。

(一)「自由的」（the liberal）福利國家

其以資產調查式的救助、有限的普遍性轉移，或有限的社會保險規劃爲主導。給付主要是迎合低收入、依賴國家中勞工階級的需要。其特色如下：

1. 以傳統的、自由的工作倫理規範作爲其基礎。

2. 福利領取資格嚴苛且給付有限，並常有烙印效果。

3. 國家透過消極的保證最低水準或是積極的補貼社會福利，以鼓勵市場機制。

4. 在去商品化的效果減到最小、有效控制社會權範圍，並建立一階層化秩序的情況下，由於接受福利的人具有類似的貧窮程度，而多數人則有市場差別待遇之福利水準，使得政治上產生階級二分的現象。

(二) 組合主義體制

其從未崇尚自由主義所主張之市場效率與商品化，亦未對社會權賦予的議題有所爭論，他們所關注的重點在於如何保存既有地位分化，其特色如下：

1. 權利是附屬於階級與地位之上。

2. 國家組織欲取代市場成爲福利供應者，因而私人保險與職業上的附加給付處於邊緣化的角色。

3. 國家強調維持既有的地位差異，因而並不注重再分配的效果。

4. 受教會的型塑，從而強調保存傳統的家庭關係，唯有當家庭服務其成員的能力耗盡時，國家才會進行干預。

(三) 社會民主體制型態

該體制由普遍主義原則與擴張到新中產階級之去商品化社會權國家所組

成，其不容許國家與市場之間，以及勞工階級與中產階級之間的二分情形，他們追求促進最大程度平等的福利國家。其特色如下：

1. 服務與給付水準甚至必須提升到與新中產階級最獨具喜好的相同程度，藉由保證勞工也能完全參與到境況較佳的人所享有的權利品質般的程度，以提供完備的平等。

2. 所有的社會階層都納入一個普遍保險體系，但給付則根據投保薪資而累進，該模式排擠了市場機制，而建構出相當普遍的共同意念，以支持福利國家，所有人都是依賴者，並覺得有責任支付其代價。

3. 在結合自由主義與社會主義的情形下，該體制先行將家庭關係的成本社會化，以求得個人獨立能力的擴展，形成福利國家直接負起照顧兒童與無助者的社會責任。

4. 在融合福利與工作的情形下，對充分就業的承諾提出保證。

上述分類，主要是受到不同類型國家中，以勞工為主之階級動員本質、階級政治聯盟的結構，以及體制制度化過程中的歷史遺緒（historical legacy）所影響，進而產生了不同的福利體制。即使如此，這些體制的背後仍有其共同特性，並構成了二次大戰後黃金年代繁榮的基本條件（Esping-Andersen, 1996）。

◆ 二、凱恩斯主義下的大量生產體制、充分就業目標的達成與社會安全的維繫

簡言之，社會公民地位的目的，是在消除市場所帶來的不確定性，進而保障每個公民的基本需要。在保障全民的最低維生水準的前提下，個人得以追求更高的生活品質。這種融合了社會主義與自由主義的社會民主主義理念，是二次大戰後西方福利國家的重要理念基礎。

二次世界大戰後，以美國為主的西方工業國家在以美元為本位的布雷頓森林體系（Bretton Wood System）上，重建了世界經貿秩序。在美國強大經濟力量的支持下，各國得以在穩定的貨幣體系中享有寬鬆的財政政策，進而達成充分就業與維繫社會安全的目標。由於資本主義市場體制有著週期性的經濟景氣循環，面對有效需求的不足所產生的經濟不景氣，勢必將產生嚴重的失業現象，並引發各類社會問題。為了避免兩次世界大戰前，過度以自由市場為導向的資本主義經濟危機再度浮現，各國即在上述以美元為本位的貨幣體系下，建立了以凱恩斯主義為主的總體經濟管理模式（Gilpin, 2000）。

凱恩斯主義者認為，市場本身並未具有維持充分就業和再生產過程的能力，它往往無法充分利用社會現有的人力與物力資源。當市場中的行為者不一定會進行和生產事業有關的長期投資時，資本市場以短期投資為主的獲利管道將取而代之，進而導致生產性投資不足而引發就業機會減少。而在勞動市場中，隨著勞工因失業所導致之消費能力的減弱，將使得廠商在生產性事業的投資意願更進一步下滑，並引發大規模的經濟負循環。例如1930年代的全球性經濟不景氣，即是最好的例證。

為了避免上述經濟不景氣的出現，凱恩斯主義主張由政府扮演起有效需求不足的促進者。藉由政府進行大規模的公共投資，刺激經濟景氣，以彌補民間廠商生產性投資的不足。在政府支出、借入，以及稅收等不同的財政來源的支持下，國家扮演起市場有效管理者的角色，而充分就業的狀態因而得以維持（Carparoso & Levine, 1992）。

另一個與凱恩斯主義有密切關聯的是全民性社會安全制度的建立（Mullard & Spicker, 1998）。除了由政府投入公共支出來維繫充分就業的目標外，社會安全制度的建立亦提供了有效需求的重要來源。國家對充分就業所作出的承諾，將產生高度的經濟成長、高度的消費層次與較高的賦稅，進而成為社會福利支出的重要財源。而隨著全民性社會安全制度的建立，社會福利的

財政支出將得以確保民眾消費能力的穩定，並形成充分就業保障來源之一。

◆ 三、工業社會結構下的福特主義式生產

上述充分就業的承諾與社會安全的維繫，是建立在以工業生產為主的大量生產與大量消費模式的社會結構上，學者們稱之為福特主義式（Fordism）的生產結構。該詞源自於二十世紀初，位於底特律的福特汽車公司工廠，它將生產工作分解成最為簡單的步驟，並以生產線的方式加以組合。而低技術且同質性高的勞動力，則得以在這種生產線的基礎上大量製造物美價廉的汽車，並提高生產效率（Crouch, 1999）。

然而除了生產方式之外，福特主義更用以指涉一種配合工業生產方式的社會結構。由於生產效率的提高，大量的低技術勞工得以賺取較高的薪資。而隨著生產規模的擴大和製造的產品數量增加，個人的單位生產成本也就愈便宜，進而得以提升勞工的購買能力。換言之，福特主義的生產方式一方面創造了充分就業機會的條件，另一方面亦強化了大多數勞工的消費能力，進而得以形成需求與供給的有效正向循環。

上述福特主義式的生產方式與凱恩斯主義的政策相結合，構成了二次世界大戰後西方福利國家繁榮的重要基礎。國家在凱恩斯主義學說上的實際運作，不僅強化了廠商對大量生產技術投資的信心，更使得勞工在有能力購買產品的同時刺激生產事業的投資。而社會安全制度的建立，則是維持有效需求的重要支柱。二次世界大戰後西方福利國家的黃金年代，就是在凱恩斯主義的有效需求管理、全民性社會安全體制的建立，以及福特主義式的工業社會生產結構的良好運作下所建立出。

第二節　嶄新自由主義的社會改革理念與困境

一、浮動匯率制的出現、兩次石油危機與全球性經濟危機

　　西方先進國家以政府支出作為刺激有效需求的政策工具，在 1960 年代末期逐步失去原有的功效。原本在半固定匯率體制下扮演全球經濟發動機角色的美國，隨著本國經濟體質的每況愈下，不得不在 1970 年代初期關閉各國以美元兌換黃金的窗口。這個舉措之目的在迫使各國調整長期以來幾乎固定不變的匯率，藉以重整美國的經濟體質。隨著浮動匯率時代的來臨，各國的財政能力受到影響，不能再不顧及通貨膨漲的出現，而必須緊縮既有的財政與貨幣政策。

　　另一個重要的影響因素則是兩次石油危機的出現。由於受到石油輸出國家組織實施石油禁運的影響，油價分別在 1970 年代與 1980 年代大幅上揚，使得工業生產成本不斷的提高，進而造成通貨膨漲現象。滯漲（stagflation）一詞，被用以描述在通貨膨漲下，伴隨著經濟成長停滯而來的新現象。先前，經濟學家將經濟成長與通貨膨漲看成是相互連結的；當其中之一上升時，將導至另一個結果。然而在 1970 年代，這樣的連結被打破了，國家的貨幣與財政擴張政策不再是經濟成長與充分就業的保證，反而成了國家「不當」干預市場經濟的主要來源。

二、嶄新自由主義的興起、市場去管制與社會性公民地位的調整

　　為了因應西方福利國家在二次世界大戰後面臨的重大經濟危機，新的調

整對策與思潮在 1970 年代末逐漸浮現，並在 1980 年代初期取得論述的主導權。

首先是以供給面為主的經濟學家，就凱恩斯主義的需求面經濟學說提出批判，他們將重點放在國家的總體經濟管理對市場的不當干預（李任初，1992；燕繼榮、弓向勤、白平浩、秦立彥，1998）。以 Hayek 為首的自由主義學者，認為國家如同龐大的利維坦（Leviathan）一樣威脅著個人自由。而二次戰後以凱恩斯主義為主的總體經濟管理，不僅扭曲了市場經濟制度的運作，造成資源的錯誤配置和不經濟的使用，甚至限制了個人自由選擇的機會。國家權力的濫用，造成財政赤字和通貨膨漲的惡化現象。它在干預了市場經濟自發秩序的同時，亦對自由民主體制下的個人自由形成危害。

嶄新自由主義者認為，福利國家的經濟危機最主要的根源在於財政與貨幣政策對市場機制的影響。透過國家在有效需求政策上的刺激，可在短時間刺激廠商的投資，進而達成充分就業的目標。然而各國過度濫發貨幣的後果，卻導致市場行動者在投資行為受到人為的干預，進而產生不正常的資源配置。廠商在生產上的投資雖獲得刺激而有所增加，並達成充分就業的目標。但隨著民間儲蓄的積累，以及貨幣供給短缺現象的出現，廠商將從生產資本的投資轉移到生產消費品投資。這將使得資本部門原有的投資，因得不到資金的持續供應而陷入停頓，進而引發經濟蕭條的危機。換言之，凱恩斯主義對充分就業目標的達成只是短期的效果，就長期而言將引發更嚴重的經濟危機。

嶄新自由主義者除了針對國家在總體經濟層面的不當干預提出批判外，更從個人權利和道德的微觀層面，就國家在社會福利上的提供提出質疑。Nozick 從自然權利的論辨出發，認為個人的財產權是不可剝奪的，其使得個人追求自我目標，甚至是資產的積累成為可能；而國家的責任應僅止於保障個人權利的保護性機構，不應擴及其他事項，以免侵害個人的財產權。這樣的主張，間接指出戰後的福利國家制度設計，已對個人自由造成侵害。而立場

更為右傾的保守主義者，則從道德的立場出發，認為福利國家破壞了既有秩序的安全，並對傳統道德形成威脅。這種論述強調了工作倫理的重要性，以及福利依賴（welfare dependence）的人們對於福利國家財政的侵蝕。

再者，以凱恩斯主義為主的總體經濟需求面管理，在 1970 年代後遭遇到經濟全球化的衝擊，效用正不斷的遞減當中。二次戰後半固定匯率體系的瓦解，使得維繫戰後福利國家重要前提的凱恩斯經濟政策無以為繼。在這種外在結構變遷的環境下，充分就業機會的創造無法再透過擴張性財政政策和低利率政策刺激投資來達成，取而代之的，則是各國強調通貨穩定與穩健財政的貨幣主義，以及市場經濟國際分工的挑戰。

在嶄新自由主義論述的影響下，西方國家在二次世界大戰後對市場的干預手段成了主要的社會改革焦點，以需求面為主的總體經濟管理正逐漸轉往供給面。傳統上國家對市場的高度管制措施，逐漸為供給面措施所取代。它主要分為兩個部分，一個是勞動市場去管制政策（或稱之為再管制）（黃長玲，2003），另一個則是社會福利給付資格和額度的緊縮。前者的目的在透過既有管制措施的解除，甚至是減稅的政策，以刺激廠商的投資意願，進而創造更多的就業機會；而後者的目的，則希望減輕國家的福利支出，以維繫國家的財政與經濟體質的穩定。

隨著國家對市場干預的減少，以及福利給付資格和額度的緊縮，新的社會公民地位亦隨之出現。國家以供給面為主的經濟管理政策，是希望能藉由廠商就業機會的創造，減少公民對於社會福利的依賴；而國家對於社會福利給付的提供亦不斷的減少，以求公民能自給自足，不再依賴國家的保護。換言之，公民應依靠自己在勞動市場當中的就業活動來養活自己；國家則應降低福利保障的層次，不應將社會福利看作是所得重分配的重要手段。貧窮問題依然是國家應當處理的重要議題，但在嶄新自由主義的影響下，它指涉的對象是少數無就業能力者；國家應尊重市場機能的自我運作，並為這些人口

提供殘餘性質的基本生計保障。它強調以工作取代福利的社會公民權內涵，並且將關切的焦點由不平等和需要匱乏的議題，移轉至工作倫理和福利依賴等相關問題的討論。

　　除了社會公民地位的限縮外，嶄新自由主義的另一個重要影響則是助人事業的專業化和非營利事業部門的蓬勃發展。以志願和專業爲主的助人工作，在要求國家減少對市場干預的同時，獲得了獨立成長的空間與契機。藉由嶄新自由主義論述的深化，助人專業化和非營利組織得以在國家和市民社會二分的看法中得到進一步的肯定，並成爲市民社會構成的重要基礎。它使得國家在減少對市場干預的同時，藉由市民社會等自發性組織的自願行爲，來協助那些被市場機制淘汰的失敗者。

第三節　第三條路的修正與社會民主主義的復興

◆ 一、後工業轉型下的困境與新的社會問題

　　到了 1990 年代，以嶄新自由主義爲主的論述再度遭遇挑戰，並再次對社會公民地位產生影響。首先要注意的是後工業轉型對西方福利國家所造成的影響。隨著經濟全球化與國際分工的日益持續，以及通訊和生產技術的日益進步，以工業爲主的製造業正不斷的從西方國家中持續外移。由於勞動成本持續居高不下，西方福利國家的製造業廠商不得不將工廠外移至成本較低的國家進行生產，這使得就業機會的創造陷入停滯。另一方面，廠商亦發展出各式各樣的勞動市場彈性化策略來降低勞動成本，這使得工業製造業的就業機會成長進一步趨緩。由於二次世界大戰後的福特主義式生產體制，是建構在大量生產與大量消費之間的正向循環，藉由廠商在工業對半技術勞工的大

量需求，絕大多數勞工的薪資水平得以維持在一定的水準，而多數勞工並得以有足夠的消費能力，以低廉的價格購買回其所生產的商品，進而使廠商有動力持續的創造就業機會，而勞工亦得以持續的獲得就業機會的保障。但當國家在凱恩斯主義總體經濟管理的失效、生產技術的精進、廠商彈性化策略的大量使用，以及全球化國際分工形成之際，工業就業機會正面臨無法持續成長的困境。

當工業比重不斷在西方國家下滑的同時，服務業逐漸取代工業而成為各國在產業與就業結構上的主要支柱。然而當各國從工業轉變到服務業之際，新的問題亦隨之產生。和過去大量生產與大量消費的工業製造業相比，服務業具有以下的特性：首先是勞動市場結構的二元化，其次則是就業機會成長的緩慢。就前者而言，以高技術工業和服務業為主的就業結構有利於專業和技術性勞工；相對而言，低技術和無技術勞工就只能以低薪來爭取工作機會，這使得原本在福特主義式生產結構中的高度勞工同質性開始出現變化。大量的不規則與不穩定工作，在勞動市場彈性化趨勢下，成了就業機會創造的主要來源，這造成勞動市場內部與外部分化的結果。而就後者而言，服務業和工業在就業機會創造上最大的不同，在於服務業生產過程中的高勞動成本（Baumol 的成本病）問題（Baumol, 1967），造成就業機會成長不如以大量生產為主的工業結構時期。

隨著勞動市場的結構性分化問題日益嚴重，西方福利國家長期失業和貧富差距拉大的現象正日益惡化。就長期失業現象而言，勞動市場之中全職工作和非典型工作之間的分化，使得愈來愈多剛進入勞動市場的青少年不願意接受低薪工作。即使願意接受低薪工作，但長期貧困之後工業無產階級亦因此而成形。這意味著嶄新自由主義從供給面創造就業機會，冀望能以工作取代福利的策略，並未能真正解決自 1970 年代以來的經濟危機。

◆ 二、工作福利和積極勞動市場的對策

　　1990 年代初期，社會民主主義者積極思考社會改革的對策，除了提出不同於嶄新自由主義的策略外，更企圖延續社會民主主義的理想。社會民主主義者認為，嶄新自由主義者所倡導的激進自由市場和以個人主義為主的解放，並未能真正解決當前的困境。西方福利國家長期失業現象所引發的社會排除（social exclusion）問題，實際上是來自於極度個體化下的後果，而它正是在嶄新自由主義的主張影響下所造成。

　　嶄新自由主義主張之國家對市場的最小干預和個人道德立場強化，將提供福利的責任由國家轉嫁到私領域之上。然而在私領域中，不論是市場或是家庭制度，都正以不同於傳統所認知的圖像出現。經濟全球化下的勞動市場正帶來新的風險（Beck, 1992; 鄭戈譯，2000），它使得勞工既有的固定就業型態正逐漸解組，愈來愈多人從事去穩定化的非典型工作型態。此外，在家庭方面，亦出現和傳統男性家計承擔者模式不同的多元型態（如，單親家庭、同性戀，以及非婚生子女的增加）。隨著經濟全球化和後工業轉型的日益加劇，這些新型態的家庭並不足以因應隨之而來的風險，反而產生了更多兒童貧窮與照顧上的問題。

　　嶄新自由主義的困境，使得社會民主主義者重新思考福利國家的定位與改革問題，從而提出第三條路（The third way）──一種不同於傳統社會民主主義和嶄新自由主義的主張。第三條路在概念定義上，雖仍相當籠統，但基本上多以英國首相 Tony Blair 與德國總理 Gerhard Schroder 所宣示的「歐洲第三條路／新中間路線」一文作藍本。該文奠基於三項基本前提：1.政府應提高所有人公平工作，與擁有財產的機會，但不賦予任何人特權；2.連帶和相互責任的倫理；3.一種鼓勵自我依靠，並提供公民達成該目標的知識與工具的新途徑。同時，他們認為歐盟各國都面臨相同的挑戰，包括了就業提供與繁榮、

提供每個人自我實踐其獨特潛能之機會、對抗社會排除與貧窮、調和物質文明的進步與環境的永續性、對未來世代的責任，以及處理危害社會凝聚的問題等。雖然他們就其努力的共同目標作出陳述，但對於如何達成卻談論的很少，這也使得第三條路在各國的實踐不甚相同。

我們可以從紀登斯的學說，來對第三條路的學理作更深一層的理解。紀登斯（鄭戈譯，2000）認為，社會民主主義者必須回到福利國家當初創立時的社會經濟條件作探討，才能深入問題的核心。以凱恩斯－貝佛里奇為主的福利國家體制，是以大量生產、經濟上的高度成長，以及勞動市場中以男性全職工作為主的充分就業，作為經濟正向循環的主要動力。但在後工業社會轉型和經濟全球化的影響下，經濟成長已不再能透過國家干預來達成，取而代之的是市場競爭；而勞動市場的需求，則從過去半技術的藍領勞工，轉移到高技術的白領人才。隨著經濟結構的重組，新的就業型態亦隨之改變；女性就業的不斷提高和既有就業型態的解組，不僅使得舊有的社會風險管理制度（社會福利）無法因應新興風險的不斷出現，更成為長期失業、福利依賴，以及社會排除現象的主要成因。

有鑑於傳統社會民主主義和嶄新自由主義等相關理念，在處理國家、市場與社會關係上的過於積極和消極所產生的相關社會問題，第三條路嘗試提出替代性的能動性政治觀點加以取代。紀登斯（Giddens, 1994）認為，國家過去在傳統社會民主主義上的市場管制與福利提供，應從過去的充分就業和財富重分配，移轉到對個人自主性的鼓勵和相關能力的強化。而反應在長期失業和福利依賴問題的診治上，即是工作福利（或稱之為積極福利方案）的提出。

以職業訓練的能力養成和工作福利（workfare）的責任要求，是以積極活化勞動市場作為主要的社會改革重點。福利給付與廣義的工作參與（如職訓）的制度性連結和整合，一面致力於消除怠惰性的制度根源，一面也要求國家承擔起對弱勢勞工所應負的保障責任。就工作福利的理念來看，它一面可能

是參與責任的強制，但另一面卻可以是工作意義和參與的擴大。它將「工作」由傳統勞動市場上就業的定義，轉變成具有多重活動和目標的概念。「工作」不僅僅是爲了換取生活所需的收入，更重要的是賦予個人穩定與生活中的方向感。

工作與福利間彼此的相互結合，使得 1980 年代以來以嶄新自由主義理念爲主的社會公民地位再度產生變化。如何提高公民在勞動市場的參與，以及避免長期失業下的社會排除現象，成了第三條路試圖解決的問題。而國家在社會福利上的提供，除了在保障勞工免於社會風險的侵犯外，更是要鼓勵人們積極參與就業活動，以擺脫對社會福利的過度依賴。在避免社會排除的同時，希望藉由工作取得福利的制度設計，達成社會重置的效用。

◆ 三、新保守主義的陰影和勞動力再商品化的困境

以第三條路爲主的社會公民權理念，雖然針對嶄新自由主義做出若干的修正，並在西方福利國家的社會改革過程中獲得具體成效，但仍引發不少質疑。論者以爲，工作福利的政策設計，隱含國家公權力干預下之家父長式主義的陰影。由於勞動市場中的就業活動參與，被看作是領受福利的條件；換言之，就業相關活動與福利之間被緊密的連結在一起。國家在無法達成傳統充分就業目標的環境中，以半強迫的方式要求公民必須參與和勞動市場就業的相關活動。在這樣的邏輯中，國家否定了長期失業者理性的自我管理能力，取而代之的是國家積極管理的責任。國家對私領域的管理並未消失，反而更加深入。這種新保守主義的色彩，引發了左派人士對第三條路向右靠攏的疑慮，以及右派人士對於國家權力過度擴張的質疑。

除了新保守主義的陰影外，另一個則是勞動力再商品化的疑慮。第三條路的主張者肯定勞動市場彈性化趨勢，並試圖維繫社會民主主義體制長期以來以基本收入保障爲主的社會安全制度。其進一步認爲，欲解決當前的充分

就業與社會安全困境，關鍵在於強化個人抵禦各種社會風險的能力。在以後工業結構為主的知識經濟中，生活機會依賴的是一個人的學習能力與人力資本的累積能力。故其中的關鍵，在於如何強化每個人於各個階段中的學習能力，以及相應而來的教育投資。除了在家庭和兩性關係進行重塑，以確保家庭作為社會保護之基礎單位的功能外，更強調在就業時期對於進出勞動市場相關能力的培養。而長期退出勞動市場後，退休人口相關的福利保障應如何設計，亦是其思考的重點（Esping-Andersen, 2000; Esping-Andersen, Gallie, Hemerijk, & Myles, 2002）。

勞動力商品化一詞，指的是勞工在資本主義社會中必須出售勞動力來維繫生存，勞動力就如同商品一般，在市場被買賣。而去商品化指的是福利被視為一種權利，不必仰賴市場而能維持生活的可能性。這意味著當人們遭遇失業、疾病，以及工作能力喪失的狀況時，維持基本生活水準的可能。社會民主主義者在修正傳統社會公民權理念的同時，雖試圖藉由工作和福利的結合，來強化勞工在勞動市場彈性化過程中抵禦各式風險的能力，然而卻忽視了背後潛在的問題。論者以為（Room, 2000），這種去商品化的分析方式忽略了在平均基本收入背後，不同勞工在收入上所存在的差異。更重要的是，這種基本收入只重視個人基本生理需要的滿足，而忽略了自我發展的可能性。去商品化在馬克思的意涵中，更重要的是工作的自我實踐對異化現象的消除；國家將重心鎖定在以就業經歷換取基本收入保障的社會政策的結果，反而是勞動力的再商品化。近來西方國家勞動市場彈性化與社會安全制度改革所引發的問題，印證了上述的疑慮。在全球化的影響下，國家正扮演著促使勞動力再商品化的積極角色。國家在經濟全球化環境下的社會改革過程中，一方面進行著福利支出的削減，另一方面則將福利給付的條件與就業活動緊密的結合在一起。這不僅使得社會安全制度的設計更加往個人責任和福利私有化的方向前進，並且造成社會安全制度的再商品化。

■ 第四節　後工作社會的理想

社會民主主義對於傳統社會公民權理念的修正，解決了 1980 年代以來部分的長期失業問題，並強化既有社會安全制度的保障功能。然而面對新型態的知識經濟，以及經濟全球化下的壓力，如何使得社會福利政策與社會安全制度能夠發揮應有的功能，成了近來學者們思考的重點。當以全職工作為主的充分就業目標已愈來愈難達成時，是否存在著其他可能供我們進行決擇？而這樣的可能，又必須配合什麼樣的制度設計才能加以達成？或者說，當前的問題在於後工業轉型與全球化所造成的經濟體系緊縮，應該採取什麼樣形式的調整，才能有益於社會需要？

隨著工時削減的不斷進行，以及基本收入保障有關之社會福利制度的持續調整，西方學者亦不斷的嘗試更具前瞻性的未來社會想像（Fitzpatrick, 2004; Goodin, 2001; Offe, 1996; Offe & Heinze, 1992）。激進左派的學者指出，以就業勞動作為生產活動主要形式，和前工業資本主義時期的最大不同之處，在於過去的勞動和家務工作之間並未有明顯的分別。在生產資料和生產工具未被資本家占有時，人們尚能依靠非薪資之勞動市場外的勞動來謀求生存；然而隨著市場經濟的發展和都市化的加速，人們對薪資就業勞動的依賴日益升高。使得非薪資的家務勞動與薪資的就業勞動兩者之間逐漸的被劃分開來。就業勞動成為整個社會結構核心的同時，意味著必須在勞動市場上出售勞動力，方能換取基本生計的維持；至於家務勞動，則被視為無償工作而由家戶自行吸收成本（Keane, 1988）。工作被等同於就業的結果，使得工作的其他重要要素被掩蓋起來，它被迫從事屬於資本主義的經濟理性（即如何達成生產能量和獲利極大化的目標）。

其次，就業勞動和其他非生產活動區隔的消失，則意味著非生產活動重要性的降低（Kelly, 2000）。在政治經濟學理論的發展與實踐下，如何增加財富成了國家與社會共同努力的重大目標。不能增加財富的非生產活動，則不斷的在工業資本主義運作過程中逐漸被邊陲化，故當前的工作，指的都是對就業勞動的強化。而在生產活動中，就業勞動與生產過程則從屬於經濟目的理性，資本家和國家思考的重點，在於如何強化對就業勞動的有效管理，以達成獲利極大化的目標，非生產勞動由於和生產過程無直接關聯，故並不受到制度性保障與控制。

當人們不得不在勞動市場當中謀求生計時，意味著國家必須追求充分就業目標時代的來臨，以保障成年人和其家戶成員基本的生存權利。然而這種充分就業政策的目標，是工會、資本家，以及國家權力之間不斷進行鬥爭的結果。在 19 世紀末到 20 世紀初的這段期間（1880 年代至 1940 年代），西方工業國家隨著工會運動之社會力量逐漸增加、對兩次世界大戰的恐懼、經濟大恐慌的切身經驗、政黨政策的變化，以及凱恩斯和貝佛里奇等人所提出，藉由勞動市場相關的福利國家管制措施，以達成高度充分就業目標的影響下，逐漸形成充分就業政策的共識（Keane, 1988）。也就是在這樣的歷史演進過程中，以勞動市場中的工作為核心的政策典範逐漸成形。自二次世界大戰結束後，各國政府紛紛制定各種相關的勞動市場與社會安全制度，並採取各種不同的政策工具調整方式，試圖提供所有成年男子全職工作的機會。而工作機會的取得，不僅使成年男子基本生計得以維持，家戶的經濟安全亦得以獲得確保，從而得以實踐社會公民權的基本理念。

與工作意義改變有密切關係的後工作社會理念，則試圖將後生產的理念作出更進一步延伸，它強調的是工作意義的改變，工作不再只是謀生的工具而已，它還應和休閒相互結合，使得人們不僅在工作中找到自我，亦可在多餘的休閒時間中尋求自我實踐的可能性。它指涉的是馬克思所規劃的理想生

活，使工作成了「隨我自己心願，今天幹這事，明天幹那事，上午打獵，下午捕魚，傍晚從事畜牧，晚飯後從事批判，但並不因此就使我成為一個獵人，漁夫，牧人或批判者」的意涵。在他們的視野中，工作不再只具有謀求生存的目的而已，更重要的是自我實踐的意義。如何建構一個藉由讓公民得以工作和基本收入獲得保障的社會，是後工作社會的思考主軸，它所欲成就的是多樣化的有意義全人生活（黃志隆、張世雄，2005；張世雄，2002）。

「後工作社會」理念可說是社會民主主義者，在面對嶄新自由主義的挑戰時所提出的重要診斷（Beck, 2000; Offe, 1996）。該理念進一步延伸第三條路在工作與福利相互結合的主張，並針對工作的意涵重新詮釋。「後工作社會」者認為，面對就業機會成長的停滯性發展，勞動市場中以全職工作（full-time job）為主的工作型態正面臨著威脅。另一方面，社會安全體系長期以來亦從屬於經濟生產過程，而只著重在勞動市場中從事全職工作者的社會保障。第三條路雖然試圖結合工作與福利，以強化對勞動市場中的就業者保障，但就業機會成長的極限仍然是資本主義社會必須面對的問題。此外，勞動市場的不穩定所導致的社會排除問題，更需從積極的角度來思考解決的方法。它不僅是福利依賴上的道德問題而已，更包括了工作意義的重新思考，以及日趨個體化的社會如何重新聚合的問題。

「後工作社會」的理念主張擴大既有的工作意涵，強調工作不只侷限在勞動市場中的支薪就業形式而已，還包括非勞動市場中的非支薪工作形式。其主張縮短勞動市場中的工作時間，並讓人們能參與勞動市場就業以外更多類型的各類活動，包括家務勞動與社會公益活動的參與等。而在工時縮短的同時，社會安全體系應著重於基本收入的保障，使人們得以將工作的核心從就業移往其他類型的活動。因而在社會公民權的制度形式，「後工作社會」強調的是全民式的保障，而非如第三條路一般，只重視就業人口而已，它關切的核心是社會排除的預防與社會參與的強化，甚至是社會聚合（social co-

herence）。

　　從經驗層面來看，經濟全球化對民主化之民族國家的挑戰，正不斷的增強。隨著各國失業率的上升和勞動市場內、外部的分化，如何增加勞動市場的就業機會，並強化對勞動市場中弱勢者的保障，已成為各國政府近來苦思的問題。而在社會改革的過程中，若有更多元化的想像空間，將有助於我們在長期以全職工作為主的充分就業政策中，找尋新的出路。

摘要

　　二次世界大戰結束後，西方先進工業國家在普涵性社會公民地位的基礎上，建立了福利國家的基本架構。然而，隨著 1970 至 1980 年代經濟危機的出現、1990 年代的經濟全球化，以及從工業到後工業轉型過程的持續進行，以傳統社會民主主義為主的社會公民權理念逐漸無法持續運作。隨著社會改革的持續進行，以嶄新自由主義、第三條路，甚至是後工作社會為主的社會公民權理念被陸續提出，以作為社會福利相關制度設計的基本理念。本章的主要目的，除了介紹這些有關社會福利的基本理念外，更試圖對其歷史脈絡作一概要式的分析，使讀者能對社會福利理論有初步的認識。

 問題習作

○ 一、請試著從工作、福利與社會公民地位的關係,論述社會民主
主義、嶄新自由主義、第三條路和後工作社會的區別為何?

○ 二、在嶄新自由主義的理念中,老年人是否仍享有社會福利的保
障?

○ 三、從老人福利的角度來看,第三條路理念對於人口老化社會的
政策意涵為何?

○ 四、以後工作社會為主的全人思考,應如何重新建構老年人的福
利服務?

 名詞解釋

○ 社會民主主義　　　　　○ 工作
○ 嶄新自由主義　　　　　○ 福利
○ 第三條路　　　　　　　○ 社會公民權
○ 後工作社會

參考文獻

李任初（1992）。**新自由主義──宏觀經濟的蛻變**。台北：臺灣商務。

黃志隆、張世雄（2005）。就業成長與社會安全的維繫──荷蘭社會改革的理論爭議與政策意涵。**歐美研究，35**（2），405-458。

黃長玲（2003）。重新管制的政治：全球化與民主化下的台灣勞工運動。載於張茂桂、鄭永年（主編），**兩岸社會運動分析**（頁69-94）。台北：新自然主義。

黃樹民、石佳音、廖立文（譯）（1990）。Karl Polanyi 著。**鉅變──當代政治、經濟的起源**。台北：遠流。

張世雄（1996）。**社會福利的理念與社會安全制度**。台北：唐山。

張世雄（2002）。穿過福利的哲學和意識型態的迷宮：理解費茲派崔克的福利理論。**社會政策與社會工作學刊，6**（2），269-281。

鄭戈（譯）（2000）。Anthony Giddens 著。**第三條道路──社會民主主義的復興**。北京：北京大學。

燕繼榮、弓向勤、白平浩、秦立彥（譯）（1998）。David Held 著。**民主的模式**。北京：中央編譯。

Baumol, W. J. (1967). Macroeconomics of unbalanced growth: The anatomy of urban crisis. *The American Economic Review, 57*(3), 415-425.

Beck, U. (1992). *Risk society: Towards a new modernity*. London, UK: Sage.

Beck, U. (2000). *The brave new world of work.* Oxford: Polity Press.

Caporaso, J., & Levine, D. (1992). *Theories of political economy.* Cambridge, UK: Cambridge University Press.

Crouch, C. (1999). *Social change in western Europe.* Oxford, UK: Oxford University Press.

Esping-Andersen, G. (1990). *Three worlds of welfare capitalism.* Cambridge, UK: Polity Press.

Esping-Andersen, G. (2000). Multi-dimentional decommodification: A reply to Graham room. *Policy & Politics, 28*(3), 353-359.

Esping-Andersen, G. (Ed.). (1996). *Welfare states in transition.* London, UK: Sage.

Esping-Anderson, G., Gallie, D., Hemerijk, A., & Myles, J. (2002). Why we need a new welfare state. Oxford, UK: Oxford University Press.

Fitzpatrick, T. (2004). A post-productivist future for social democracy. *Social Policy and Society, 3*(3), 213-222.

Giddens, A. (1994). *Beyond left and right.* Oxford, UK: Polity Press.

Gilpin, R. (2000). *The challenge of global capitalism: The world economy in the 21st century.* Princeton: Princeton University Press.

Goodin, R. (2001). Work and welfare: Towards a post-productivist welfare regime. *British Journal of Political Science, 31*, 13-39.

Keane, J. (1988). Work and the civilizing process. In J. Keane (Ed.), *Democracy and civil society* (pp. 69-100). London, UK: Verso.

Kelly, G. (2000). Employment and concepts of work in the new global economy. *International Labour Review, 139*(1), 5-32.

Mullard, M., & Spicker, P. (1998). *Social policy in a changing society.*

New York: Routledge.

Offe, C. (1996). *Modernity and the state: East, west.* Cambridge, UK: The MIT Press.

Offe, C., & Heinze, R. (1992). *Beyond employment.* Oxford, UK: Polity Press.

Room, G. (2000). Commodification and decommodification: A developmental critique. *Policy & Politics, 28*(3), 331-351.

第 三 章

福利服務──直接服務

學習目標

研讀本章內容後，學習者應能：

一、瞭解社會工作直接服務之內涵、演變及主要流派。

二、熟諳個案工作之接案、開案、處遇、結案相關技巧。

三、熟諳社會工作的會談技巧，並應用於實務工作上。

四、認識團體工作的帶領技巧，並充實實務經驗。

五、充分運用社區資源，以應用於社區工作上。

六、建立社會工作專業倫理概念，以型塑一個具有高度責任心的社會工作者。

　　台南縣安定鄉婦人吳○○，因卡債及隔代教養孫子的生活壓力，前晚攜兩孫燒炭自殺。在長孫斷氣後，她割腕自殺獲救，被依殺人罪嫌移送。

　　警方調查，吳○○家境不好，丈夫是榮民，因洗腎住在安養院，育有一子一女。兒子年前離婚，兩個孫子從小由她帶大。由於兒子收入不穩定，家中經濟全落在她身上，去年中風後無法工作，兒子又積欠 140 萬之卡債，因此生活極為困難。之前曾向家扶中心申請救助，因不符中低收入戶標準，獲得之補助有限，因此萌生攜孫尋死念頭。

　　類似這樣的社會新聞，在台灣近年來幾乎每天都在上演，尤其大環境的變化，加上經濟的不景氣，燒炭自殺似乎已成了家常便飯，這也使得木炭商必須在木炭包裝袋上加註「珍惜生命」的警語。對一個社會工作者（social worker）而言，除了歸咎於生計困難，生命無奈之外，更重要的，就是要想出幫助當事人的法子。

　　這個接受幫助的對象就稱之為案主（client），就以上案例而言，社工員至少可以採取下列幾個方法：

　　1. 瞭解案主吳○○的實際困難與需求，加以協助。這時採取的是一個社工員針對一個案主（可能是一個家庭，甚至是一個社區）的服務方式，這樣的法子，稱之為社會個案工作（social case work），這也是社會工作中最基本也最常運用的方法。

　　2. 吳○○由於犯了殺人罪，因此很可能會被判刑入獄。在獄中為了讓這些情況相似的人獲得新的出發，因此會有一個（或二個）社工員，把這些人集合起來，加以諮商、輔導，這時便是社會團體工作（social group work）。

　　3. 吳○○由於在獄中表現良好，所以在服滿刑期一半之後獲得假釋，回家後必須面臨闊別多時的外在環境的變遷，如左鄰右舍的接納，以及社會資源的運用，以順利解決吳姓婦人的需求，使她能適存於這個社會。這時社工

員便要運用社區工作（community work）的技巧，來完成這項使命。

　　由於以上這些方法，都是社工員直接面對案主，運用技巧增強案主的解決問題能力，所以又稱之為直接服務工作（primary service，初級服務）；相對的：社會研究、社會福利行政，以及社會工作督導，則稱之為間接服務工作（secondary service，次級服務）。不過到了 1990 年代，社工界對這種說法提出了質疑，認為社工員在幫助案主時很難區分那些是個案工作技巧，那些是團體工作技巧。因此，綜融性實務觀點（the generalist practice perspective）便形成了。以下我們將逐一簡要介紹。

第一節　社會個案工作

◆ 一、個案工作的意義及緣起

㈠社會個案工作的定義

　　社會個案工作的定義，中外學者眾說紛云。根據內政部社區發展雜誌社（2000）《社會工作辭典》的解釋：個案工作是指「由個別求助者入手，幫助求助者解決個人困難，調整個案家庭環境，解決其社會關係中的問題」，是以，其功能至少可以達到下列之結果：

　　1. 改變案主的自我功能，促進其發展。

　　2. 改變環境。

　　3. 改變案主適應環境的能力，以便以後在沒有幫助者時，仍能靠著自身的能力解決問題。

㈡社會個案工作的起源

雖然早在 1601 年，英國就已通過了《濟貧法》（the poor law），開始了現代的社會工作，但是個案工作的起源，卻要到 1819 年查姆斯（Thomas Chalmers）牧師在蘇格蘭貧民區作貧戶調查，以程序指導（directory of procedure）的方式，考量案主的財力情形，來決定社工員介入的程度，並首次使用會談的技巧，解決案主社會適應的困難，才算是建立了個案工作的雛形。

在 1843 年美國「改善貧民處境協會」（The Association for Improving the Conditions of the Poor）成立，針對案主的個別需求，以家庭訪視等方式，瞭解案主的問題所在，分析其問題成因，並提供個別化服務計畫，算是美國社會個案工作的濫觴。

到了 1869 年，英國成立了「慈善組織」（The Charity Organization Society, COS），美國也在 1877 年成立類似組織。這些組織除了主動協調各助人組織的工作，以避免資源浪費外，尤其建立了一套「調查—評估—處遇」的作業流程，不但樹立了個案工作的專業地位，也成為日後社會個案工作的標準作業流程。而 1917 年瑪芮奇（Mary Richmond）的《社會診斷》（*Social Diagnosis*）一書，以及 1922 年的《何謂社會個案工作》（*What is Social Casework*）將個案工作定為調查（investigation）、診斷（diagnosis）、處遇（treatment）三步驟，貢獻尤著，也為其贏得「社會個案工作鼻祖」的尊榮。

1920 年代，心理分析學家佛洛伊德（Freud）的學說風行，社工界也深受影響，認為案主產生問題的過程中，受到內在因素的影響大於外在環境因素的影響，因此強調「案主自決」，社會工作者必須保持中立客觀態度，避免影響案主的判斷，也避免受到案主的影響。

到了 1960 年代，社會工作者嘗試將不同的派別加以結合，而得到「人的問題之產生，乃是由於社會環境與個人心理因素所交互影響」的結果，期間

經過「心理社會模式」（Psychosocial Model）、「問題解決模式」（Pro-blemsolving Model）以及「行為矯治模式」（Behavior Modification Model）的修正；在 1970 年代以後，出現了多元與整合的情形，如艾根（Gerard Igan）提出的人類行為三段發展模式：1. 使案主自我探索，自我瞭解；2. 社工員瞭解案主和案主所處的環境；3. 展開改變案主行為的行動。便是結合案主內在與外在的所有可能變數。及至 1980 年代，「個案管理」（Case Management）的納入個案工作，更使得社會個案工作，朝向綜融的方向發展，因此現在的社會工作方法，已很難截然畫分「直接」、「間接」，或「個案」、「團體」、「社區」了。

◆ 二、個案工作的工作流程

　　社會個案工作的過程是指協助案主解決其問題的過程（problem-solving process），大致可分為初期、期中，以及結束階段。其中，又可分為申請與接案、蒐集資料、服務計畫、處遇，以及結案與追蹤等五個步驟（江亮演，2000：143-149），詳如圖 3-1。

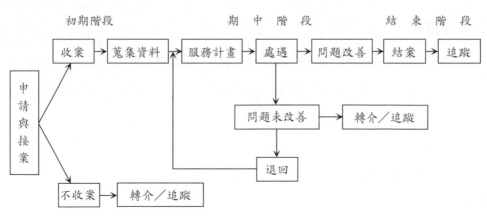

圖 3-1　社會個案工作的過程
資料來源：出自江亮演（2000：143-149）。

(一)申請與接案

當求助人來機構申請幫助時，機構會有一個社工員負責接待，這時社工員與案主便開始了「專業關係」，社工員並將展開他們之間的第一次接觸，此謂之「開案唔談」（intake）。求助者可以分為自願案主和非自願案主，來機構求助的原因可能是案主自動前來，可能是其他單位轉介，也有可能是逼不得已的（如：少年犯罪觀護人），但不管是什麼動機，接案社工員都得先弄清楚案主的下列問題：1. 案主可能需要哪些幫助？2. 本機構可能給予哪些幫助？3. 如果無法協助，又要怎麼處理？

因此，接案社工員必須對機構的功能及宗旨相當瞭解，以便接案後轉給機構內適宜的人或單位處理；並且也應該具備相當的會談技巧，使案主的相關資料能夠在短短 1、2 小時內揭露，並篩選（screening）出求助事項。如果決定收案，還需與案主訂定契約（working contract），以確定未來工作的進行方式和雙方的權利義務（在台灣，這項契約通常是口頭約定）。如果求助者的問題非本機構所能處理的，也要加以轉介到相關機構去。

(二)資料蒐集

社工員決定收案後，便需開始作開案紀錄，以取得案主的一些基本資料，如家系圖、生態圖、資源連結圖等，通常這些資料，可運用下列方法來取得：

1. **與案主直接會談**：這是最常用、也最簡便的方式，不但可以從其言談中獲得想要的資訊，也可以藉著面對面的身體觀察獲得事情的真相，及其他非語言方式透露的訊息。為了獲得更多的資訊，社工員除了要熟稔會談技巧之外，還得精進觀察的能力。

2. **家庭訪視**：由於「人在情境中」，案主問題的形成是因為其主觀的心

理因素以及客觀的生活環境交互作用而成的，是以透過家庭訪視，不僅可以觀察其生活環境及生活方式，瞭解行為形成的背景與動機，同時透過與其家人、親戚、朋友、鄰居，或老師、同事等之重要他人（significant others）的交談，尚可得到更多案主所不願提供的訊息，並可與前項資料相互印證。

在資料探索過程中，社工員會有大量的案主相關資料出現，這些資料可能互相矛盾，或者是加上當事人主觀偏見，這時社工就要以中立客觀的態度，還原真相，不要受到影響；同時加以歸納釐清事情始末。優秀的社工員甚至還可以直指出案主隱忍未現的真相，或案主自己也不清楚的動機背景。

(三) 服務計畫

經過資料蒐集階段，我們對案主已有相當的瞭解，於是我們便著手診斷或預估案主的下列問題：

1. 案主來求助的問題為何。
2. 造成此問題的原因。
3. 案主接受幫助的意願與使用幫助的能力，以及他可能擁有那些資源。
4. 對該案主的改善與協助之計畫。

所有的這些計畫都是暫時性的，也就是說：在每一個階段，社工員均需指出案主的長處與不足之處；並設定行為改變的目標，然後隨著實際的進程加以修正。在這過程中，案主的參與是很重要的。

(四) 處遇

處遇是個案工作中實際介入的部分。事實上，整個個案工作都由處遇貫穿其中，很難清楚的加以分割哪個階段是處遇，哪個不是。

處遇的方法相當繁多，不同的理論依據會產生不同的處遇方式和產生不

同的結果。大致而言，處遇方式可分為下列兩種方式：

  1. **直接改變方式**：由社工員協助案主自我改變其行為，主要有：

   ⑴澄清術（Clarification）：協助案主自我瞭解，以建立心理支持。

   ⑵領悟術（Insight）：使案主消除非理性因子，適存於社會環境。

  2. **間接處理方式**：社工員透過資源的整合與運用，強化案主解決問題的能力，一方面減除案主所承受的環境壓力，一方面提高案主在面對環境壓力時的應變能力。

㈤ 結案與追蹤

  當案主的問題已經解決，或雖然問題尚未解決，但預定期日已屆，或案主缺乏繼續解決問題的動機時，也就是必須結案的時候了。

  結案代表個案工作流程的告一段落，這時社會工作者可與案主共同作一回顧，並指出日後尚須努力改善的部分，社工員還可藉機對此個案過程，得失以及運用技巧，作一檢討與評估，獲得專業上的成長。

  結案時需要注意的，便是案主及社工員是否出現結案症候現象，如：焦慮、憤怒、拒絕承認、彌補或回復等現象，而加以審慎處理。此外，結案以後尚須待續追蹤一段期間，這才是從接案到結案的完整個案工作流程，事實上，結案並非完全告一段落，結案以後的案主再回頭尋求協助的情事並非少見。而對社工員而言，結案之後的自我回顧與檢討，尤其重要。

◆ 三、社會工作的主要會談技巧

  會談（interview）是社會個案工作中最常使用的技巧。工作者透過會談，蒐集相關資料，瞭解案主的需求；也透過會談的方式，協助案主解決問題，提供協助計畫與施以處遇，因此，會談可以說是社會個案工作中最主要的專業技巧。

㈠會談的意義

會談指的是社工員與案主之間，有目的的一種專業談話，因此它與一般的談話（conversation）不同，它是有目的的，所以與會談目的無關的材料便須加以排除，會談的過程，要經過事前的規劃，社工員並負有主導會談進行之責任，而且只要是對個案有關的正負面情緒，均應不加以保留。至於其種類，依其方式和目的，有下列三種：

1. 社會研究會談（Social Study Interview）：調查案主的社會情況相關資料。

2. 社會診斷會談（Diagnostic Interview）：將案主相關資料作為診斷與處遇之依據。

3. 治療性會談（Therapeutic Interview）：提供介入性的服務方案，以解決案主的問題。

㈡ 會談的階段

如同個案工作可分為期初、期中、結束三個階段，每一次會談均可分為開始、討論、結束三個階段，各階段的注意事項如下：

1. 開始階段

在這個階段裡，主要在打破陌生，促進彼此的認識，進而建立專業關係，和確立會談的目的。尤其在第一次會談時，會談前的準備更不可缺少。會談前應注意：

(1)物理（physical）環境

會談室的布置首重溫馨，以便案主踏入時能夠放鬆。因此燈光及牆壁的顏色必須柔和，室內布置亦宜簡潔、溫馨，以減輕案主壓力。

⑵心理（psychological）環境

社工員在接案前，應先對個案的資料做一瞭解，並先設定會談目的；如果社工員身心狀況不許可，不宜勉強接案，以免對案主產生困擾。

在案主進入會談室後，社工員應負起主導責任，主動向案主招呼入座，並可從寒喧語開始。如果是第 1 次見面，可以從「有什麼我可以幫忙的？」開始，如果是第 2 次以後的面談，則可從上次會談的結論開始談起。切記案主才是會談的主角，社工員只能以引導的方式，讓案主自動說出感受。

2. 討論階段

這個階段是會談的主體，也是使用會談技巧最多元、最重要的階段。基本上，到達這個地步，社工員與案主都已經建立了初步的關係，緊張、焦慮也已經大致獲得紓解，是以這時社會工作就必須加大會談的範圍與深度。

所謂的會談的範圍，是指選擇足夠的領域做為會談的內容，以保證社工員足以在這些範圍中找到所要的素材；所謂深度是指對某些特定範圍，做更深入的探討。

3. 結束階段

一般一次會談的時間，大約在 50 分鐘左右。因此在會談結束前 10 分鐘，社工員就必須做結束的準備。在這個階段中，工作者可以總結會談的結論，並慢慢平緩案主的情緒，使其不帶怨懟離去，同時與案主約好下次會談的重點，最後，禮貌的送至門口。

㈢ 會談的技巧

既然會談是個案工作中最重要的一環，當然也是個案工作成效關鍵之所在，以下我們試列出一些會談的技巧，以供社工員臨床之參考。

1. 觀察的技巧

會談時除了語言溝通外，肢體語言——非語言溝通也是很重要的資訊來源，我們常說：眼睛不會撒謊，肢體語言表達的資訊，可能比語言溝通更具有眞實性。

(1)肢體語言

肢體語言代表了豐富的意涵，我們往往可以從中判讀到某些案主刻意或不經意表達的訊息。如：兩手一攤，表示無可奈何；兩手抱胸，表示防備；兩手叉腰，則代表準備作戰。除了手勢之外，眼神、坐姿，甚至衣著裝扮，都有其一定的意涵。

(2)語氣與語法

同樣的一句話，由於語氣不同，所代表的意涵也不同，如：熱戀男女的「我愛你」與正在氣頭上夫妻的「我愛你」，語氣相差當在十萬八千里。而一些語法上的特點，也有其象徵意義。如一直強調某句話或某件事，其中必有文章，「我一點都不在乎」眞正的意思是他很在乎；碰到某些話題時就突然跳開，其中必有不欲人知的內在祕密；而如果語氣不一致或出現落差，也是案主想要隱藏的內容。

(3)距離

距離可分爲「社會距離」、「社交距離」，以及「親密距離」3種；一般而言，我們會與陌生人保持 1 公尺以上的距離，此謂之社會距離，但在講話時，我們的「社交距離」便會拉近到 1 公尺以內，但是只有在親密關係的人之間（如：親子、夫妻、情人……）我們才會容許對方進入 40 公分以內的範圍。所以，由距離的大小，也可看出雙方的關係。

2. 單一技巧

是指在會談時，吾人可直接使用的簡單技巧，例如：

(1)傾聽的技巧

傾聽是成功會談工作的起點，所謂的傾聽不只是專心地聽案主的談話，也要適時回應。最簡單的方式就是身體微微向前傾，眼神集中，面帶微笑以鼓勵案主繼續發言，必要時以「嗯、啊」方式表示肯定、讚許；或在案主談話告一段落時，以重複最後一句話的方式做回應；或以總結案主談話的方式，表示對案主談話全都接收。

(2)提問的技巧

提問的方法，可分為下列幾種：

a.封閉式（closing questions）：指案主會回答什麼內容，社工人員可以八九不離十掌握住的，如：問案主幾歲了，對方一定會答「20」、「38」、「快50 了」，總之，就一定是一個數字。

b.開放式（opening questions）：通常可以讓案主五花八門，自由發揮的問話，如：問案主「對婚姻的看法」，對方會怎麼回答，根本沒有把握。

c.引導式（leading questions）：遇到案主沉默，或是離題太遠用來聚焦時，都可以使用，如：「然後你就很生氣，打了他一下，是不是？」

這些提問的技巧，可以交互使用。如剛見面要打破陌生，可以用封閉式問話，而真正進入討論話題時，則應多使用開放式問話。

(3)詢問與澄清

討論是在會談過程中占最多時間的部分。在討論過程裡，社工員常常會用詢問的方法，獲得基本資料、案主態度，以及事實真相，如：「林先生你是在哪裡遇見她的？」通常詢問與澄清可以相互使用。如：「說說看，你還愛著她嗎？」。

(4)摘要

摘要的技巧，通常用在兩個場合，一是會談結束時，以摘要的方式，將今天會談的重點，與案主共同分享。另一則是當案主長篇大論，不知所云時，

可以將會談重點拉回來。如：「你的意思是你很生氣是不是？」、「這麼說來，你根本不喜歡他？」、「總而言之，你仍然忘不了這件事？」。

(5)有目的的情緒反應

不要指望每個案主都是心平氣和地來會談，相反的，他們可能是慷慨激昂或情緒激動時居多，這時社工員須要秉持中立原則，不可以隨之起舞，所有的情緒反應都是要有目的的。如：案主講到悲傷時，我們也隨之哀戚；案主神采飛揚，我們也表現欣喜。

(6)自我揭露

社工員以過來人的立場，給予案主一些建議。如：「當初我失戀時，也跟你一樣痛不欲生」、「我也曾經遇過相同的困擾」，讓案主明白社工員跟他是同一國的，是真正瞭解他的，從而形成信賴關係。

3. 複合式技巧

所謂的複合式技巧，就是同時運用一個以上的單一技巧。在實務上，我們很難只使用單一技巧，因此必須使用兩個以上的方法，加上非口語表達，會談始克奏效。

(1)同理心

同理心（empathy）常常會被誤以為是「同情心」（sympathy），其實兩者大有差別。後者是社工完全陷入對方的感受，失去了客觀性；前者則是「將心比心」，站在對方立場，但不失去客觀。「初層次同理心」（primary empathy）是讓案主知道：社工員對他所說的產生共鳴，也願意與案主分享。而「高層次同理心」（secondary empathy）則不僅讓案主知道社工員是瞭解他所表達出來的，還要更進一步瞭解案主未完全表達出來的隱含的意涵。譬如說：一個大二的女生，向你細訴她男朋友的不是，你問說「妳對他失望透了，是不是？」這是初層次同理心。但案主真正的意涵，可能是想要和他分手，想

徵詢你的意見。這時你要運用高層次同理心洞燭機先,讓案主覺得「深得我心」。

(2)聚焦

通常用在案主的回答不知所云,或離題太遠的時候,社工員一面以傾聽的方式,表示接納,一面可以善用摘要技巧,收回主題。常用的聚焦技巧,如:「我們回到原來的話題⋯⋯」、「不過你還是沒告訴我⋯⋯」、「等一下,剛剛我們說到⋯⋯」。

(3)接納與建議

接納是會談的基本技巧。所謂接納,是無條件的重視,所以社工員第一步要尊重案主,除了運用同理心表示對案主的悅納之外,還要給案主充分的空間。通常在處遇計畫中,社工員要小心運用建議技巧,讓案主自決是必須謹守的倫理準則。也就是說:整個會談過程中,案主是主角,案主權益為先,社工員只是引導的角色。

(4)面質(confrontation)

在案主言行不一或前後不一時,社工員為了釐清真相,常需運用面質技巧。常用的面質方式如:「你的意思好像不是這樣⋯⋯」、「如果⋯⋯可能會更好」、「不過你似乎⋯⋯」,不過使用面質技巧時,要很小心謹慎,以免案主惱羞成怒,或用大謊圓小謊,或是乾脆就不來了。

第二節　社會團體工作

◆ 一、社會團體工作的意義與要件

社會團體工作是社會工作直接服務中很重要的一環,也是繼個案工作之

後，所發展出來的重要的社會工作方法。關於社會團體工作的意義，我們可以用崔克爾（Trecker）的話來作代表：社會團體工作是一種工作方法，在工作人員的協助下，個案藉由團體中與他人的互動關係來解決個人的團體生活問題，增進個人的社會功能，進而促使社區發展。

由這一段定義吾人可知：團體工作的服務對象是兩個以上具有互動關係的成員，方式乃是在社工員的協助下，以團體活動的方式達成，而其目的則在解決個人問題，預防社會問題的發生，並達成個人成長與社區發展的目標。

因此我們可以發現個案工作、團體工作以及社區工作這三種直接服務方式的息息相關之處。

◆ 二、社會團體工作的發展

18 世紀末，資本主義成為當時世界的主流思潮，因此如何增加產量，達到資本家利潤極大，便是當時社會追求的目標，但也形成了貧富差距拉大，M 形社會的發展。工業化的結果，人口大量集中到城市，居住環境也逐漸惡化，生活品質下降。為了改善這些弊端，美國基督教青年會（YMCA）在 1851 年成立，其目的在「改善青年心理、生理以及社會的狀況，使具有良好道德特質」。隨後基督教女青年會（YWCA）亦於 1866 年成立。這些機構雖都擁有熱忱，卻缺乏專業素養。

二次大戰結束以後，歐洲戰場百廢待舉，美國也因為同時支應東西二大戰場，整個社會亦顯得窘態畢露，情形一樣難堪。此時各國政府大舉介入社會工作，使得社會工作實務急速成長。1946 年 Loyle 主張將團體工作納入社會工作的範疇，也促使「美國團體工作協會」（American Association of Group Workers, AAGW）的成立。1947 年到 1963 年間，團體工作大量運用在精神疾病、醫療、矯治等社會工作上。到了 1970 年代，「對貧窮作戰」（The war on poverty）方案，使社會團體工作蓬勃發展，並進一步整合個案工作、社區

工作，建構成社會工作的直接服務方法。

社會團體工作發展至今，有一百五、六十年的歷史，目前社會團體工作，可以分為下列不同的型態：

1. **休閒娛樂性團體**：顧名思義，其成立目的以休閒娛樂為主，成員多是自願加入的。如各地的俱樂部、聯誼會等。

2. **教育性團體**：目的在幫助參與者獲得更多的知識，像讀書會、親職教育團體等。

3. **自助性團體**：透過團體的方式，由狀況相同者自動自發組成，共同達成特定目的，如：病友會、照顧者家庭團體。

4. **治療性團體**：由具有嚴重心理或情緒問題的人組成，領導者必須具備相當的專業能力和帶領技巧，方能運用團體及諮商技術改變其行為。如精神病科的治療團體。

5. **會心團體**（encounter group）：這種團體最大的特色就是團體成員之間深層互動，使成員之間具備親密關係和強連結，彼此之間形成重要的支持力量。目前社會壓力大增，人際關係疏離，會心團體的運用正大行其道。

◆ 三、團體工作中社工員的角色

在社會團體工作中，領導者扮演著很重要的角色，如果一個團體的帶領者功能夠強，能夠充分掌握每一個成員的狀況，加上工作技巧運用得宜，自然就能達成組成團體的預期目標。是以社工員在扮演團體工作的帶領者時，應符合下列的角色期待。

㈠倡導者（advocater）

所謂的倡導者，是指社工員必須在「案主權益極大化」的原則下，協助

案主獲取更多的權益和資源。通常社工員可以與案主簽訂契約，以取得案主的同意協助其獲取資源。有時在案主無法充分掌握資源時，社工員還得以「代位」的方式，站在案主的位置，以確保其權益不受損。如果案主是社會弱勢者時，社工員的這個功能，更顯重要。

㈡ 調解者（mediator）

當團體成員間，或案主與其他人間產生衝突時，社工員必須盡量在雙贏的局面下，幫助雙方協調，以謀求雙方利益最大，或是雙方損害最小，但都必須做到雙方都能接受，而不致讓任何一方覺得受到不公平對待。

㈢ 仲介者（broker）

在案主社會資源不足，或案主不知如何獲取社會資源時，社工員便必須幫助案主尋找資源，統整資源，並進一步將相關資源轉介予案主運用。此時，社工員除了要瞭解資源在哪裡之外，還要瞭解案主的真正需求，以免資源的浪費或錯置。

◆ 四、團體工作的進行技巧

社會團體工作的進行，一般而言可分為開始階段、團體轉換階段、團體工作階段，以及結束階段，各階段的特質及社工員應有的認識分述如下。

㈠開始階段

一般而言，團體在剛開始時，成員之間是陌生的，因此他們彼此除了好奇之外，更多是焦慮、不安或不耐煩，這時社工扮演了主導者的角色，除了要盡快使團體成員彼此認識，消除陌生感和不安之外，還要使團體氣氛朝輕鬆、溫暖等正面發展。是以社工員要在此階段之前就應讓成員有心理準備，

如：知道團體的宗旨、成員的特質等。而在團體成員彼此較為熟悉時，社工員就要扮演引導者的角色，帶領團體成員訂定團體目標和成員間的共同規範。

(二) 團體轉換階段

隨著團體活動的增加，成員間的陌生感逐漸消除，但隨著彼此的熟識和關係親密，彼此的差異性和衝突也隨之呈現，會有小圈圈，或成員之間相互攻擊，甚至對社工員挑戰、不合作、敵意或依賴的行為發生。此時社工員最容易感到挫折、沮喪，或者是被激怒。是以社工員在面對成員的不合作時，可以用「有目的之情緒反應」方式，與成員分享感受，而非責備；亦不可懷憂喪志，徒增困擾。

(三) 團體工作階段

此一時期團體成員已非常熟悉，彼此之間互相適應，團體目標確定，互動亦有規則可循。是以此時團體成員內聚力高、團體意識最強，允為團體工作之高潮期，此時社工員之工作任務，慢慢從主導者變成協助者，甚至旁觀者，團體領導工作漸由內部形成的自然領袖擔任。社工員可以鼓勵成員將個人目標與團體目標一致，並協助成員重建認知。

(四) 結束階段

團體工作之宣告結束，可能是階段性任務已經達成，也有可能是團體已失去存在的意義，或者是團體成員逐漸退出。此時成員之間，充滿分離的情緒，也有一些未完成的事情必須清理。社工員除了要協助處理未完事宜，鼓勵成員回顧整理，並評鑑團體目標達成情形外，尚需妥慎處理自己的情緒，以免影響到團體成員，或為其所影響。

◆ 五、社會團體工作的帶領技巧

社工員是社會團體工作的靈魂，他不但是團體的催生者、領導者，也是團體成敗之所繫，是以嫻熟的團體帶領技巧，不但有助於團體氣氛的塑造，和團體向心力的凝聚，也能使社工員與團體成員都感受到參與團體是一種享受。常用的團體帶領技巧，可分為反應技巧、互動技巧、行動技巧三種。

㈠反應技巧（reaction skills）

基本上，社工員會使用反應技巧以便建立與團體成員之共鳴，使彼此之間產生「同一國」的感受。常用的方法如下：

1. **傾聽**（listening）：社工員專心的聽，偶而以「嗯」、「啊」的語助詞，表示同意或鼓勵，社工員必須真誠地對談話內容表示感興趣。

2. **重複**（restaking）：如：「你剛剛那句話是說……」，或者直接把案主的話重述一遍。

3. **澄清**（clarifing）：如：「你的意思是……」，尤其對有疑點之處，更要弄清楚。

4. **摘要**（summaring）：如：「總之，您覺得……」、「簡單說來，你要……」。

5. **情感反應**（reflecting）：這裡指的是「有目的之情感表達」，如對方講到傷心處，社工員便面露哀戚；當案主手足舞蹈，社工員當然就分享喜悅。

㈡互動技巧（interaction skills）

這些技巧是在團體活動中，社工員用以引導團體成員之互動，進而藉助團體的力量，來影響個人所常用的方法：

1. 解釋（interpreting）：指社工人員對團體成員之某些行為，可能會引起其他成員疑慮或不快時，提出說明。在解釋的過程中，最主要的在於時機的掌握，須適時而且適切。

2. 支持（supporting）：社工員可用口語的「很好、很好」等方式給予案主肯定，也可以使用肢體語言，如肯定的眼神、點頭稱是等方式予以支持。

3. 回饋（feedback）：即社工員必須在團體中，以領導、催化等方式使團體的其他成員對案主加以認可、肯定、接納為團體之一員；而案主也能在團體中，產生認同與歸屬感。

4. 阻止（blocking）：社工員為了團體活動的順利進行，對某些成員的不當行為，如：具有攻擊性，或引起衝突之虞時，便須以敏銳的觀察出面阻止，以防事態擴大或惡化。

5. 連結（linking）：社工員為了建立團體意識，凝聚向心，必須使用連結的技巧，異中求同，使團體建立正向功能。如何才能找出團體成員的共同點呢？例如：找出同學、同鄉、同好、同……的關係，藉著擴大相同面，減少差異性。

(三) 行動技巧（action skills）

行動技巧是指能讓團體成員採取積極行動的技巧，如：

1. 詢問（questioning）：如：「你認為這樣好嗎？」、「然後呢？發生了什麼事？」社工員除了避免封閉式用語外，尤其要注意詢問時態度要溫和，以免對方心生不快。

2. 自我表露（self-disclosing）：社工員將自身經驗，提出來供案主分享，收到現身說法的效果；不過要注意切忌避免造成案主負面的印象，反而害事。

3. 面質（confronting）：面質時特別注意「理直，氣和」，否則案主容易惱羞成怒，形成防衛性反應反而不好。

4. 認知重建（cognitive retracturing）：亦即將案主錯誤的觀點或情緒，加以改變、打破，進一步建立正確且正向的知覺認知。

第三節　社區工作

社會工作的直接服務方法，有三個層面，首先，是一個社工員針對一個案主的某一或某些問題，提出協助方案，此謂之「個案工作」；其次，是一個或兩個社工員，針對一群具有同質性的案主，以活動進行方式，提出協助方案，此謂之「團體工作」；再者，如果是一個或一個以上的社工員，針對某個社區的特定問題，提出協助方案，這就是「社區工作」。在瞭解社區工作之前，我們首先來探討何謂「社區」。

◆ 一、社區的意義

社區（community）一詞，可以簡單的下一個定義如下：「是居住在某一地理區域，彼此之間具有共同關係和共同需要，彼此之間具有互動關係的一個人群」是以社區一詞，具有下列之意涵：

1. **地域的概念**：以一定的地理區域為限，此區域大小不論，可以是一個小社區（如：學府天下社區），也可以是一個社會（如：台灣地區）。

2. **體系的概念**：社區成員之間，具有一定的關係，如：同鄉、同好、同學等一定之連結（tie），他可以是左鄰右舍，也可能只是情感的連結（如：少小離家老大回）。

3. **行動的概念**：社區成員之間，具有互動的關係，當然，社區也是行動的單位。

4. **社區意識**（community consciousness）：指的是社區成員之間，具有榮

辱與共，有別於外人的感覺。包括社區認同，社區參與，以及社區親和等要件。如：「我們鶯歌人……」，「我們花蓮是全台灣最適合居住的地方」，只要提起所屬社區，便會很得意，覺得是他處沒有的。

◆ 二、社區的功能

　　社區既然是吾人安身立命之所，是以社區與個人之間，關係密切。不過就如同家庭一樣，由於社會的變遷，社區的功能也產生很大的變化。一般而言，社區至少具備下列的基本功能：

　　1. **經濟功能**：家庭是消費的最小單位，但家庭在哪裡消費呢？最常見的就是在社區裡，因此社區就會提供消費品的供給。接下來買賣、分配、生產等功能就逐漸衍生了，一個基本的「供給—分配—消費」迴路，因而在社區產生。

　　2. **政治功能**：社區通常會與地理區域相結合，因此，村里長便成了最小單位的政治首長。接下來，社區發展協會、里民大會、警察單位、各級學校，還有擴大以後的鄉鎮公所……整個政治體系，就是因社區而建立的。

　　3. **教育功能**：人們出生以後，家庭是最早學習的場所，在那裡我們學習如何與兄弟姐妹相處、學習社會化的技巧。及長，我們開始與左鄰右舍接觸、學習如何與同學相處、如何到商店購物；慢慢地，我們學會如何搭公車到更遠的地方。社區正是我們教育、學習、成長的第一步。

　　4. **社會的功能**：在社區中吾人一方面學習如何與鄰居、朋友、同學相處，一方面在參與社區組織的過程中，我們也學習如何尊重別人，表達自己。

　　5. **福利的功能**：在現代的社會裡，由於家庭功能日漸萎縮，原來肩負照顧成員的家庭，也逐漸將重擔交給社區。如：以往的農業社會裡，父慈子孝、兄友弟恭，父母年長了自有子孫滿堂。但如今隨著子女數的減少，以及工業化社會，無法三代同堂，是以老人的照顧—尤其是獨居老人—就無可避免地

成了社區的責任了。其他如貧困救助、兒童保護，甚至是外籍配偶的協助，也都由原先家庭的責任演變成為社區努力的方向了。

◆ 三、社區工作的意義

所謂的「社區工作」（community work）是指「社會工作者以一個社區的民眾為對象，所做的社會工作專業服務的方法」，析言之，社區工作具有下列意義：

1. **以一個社區民眾為對象**：此社區有大有小，社區民眾之間的問題與需求亦極具差異性，但社區工作是以全體社區居民為服務對象，則其所關注之問題，自是以社區共同問題為限。

2. **是一種專業服務**：以社區居民為對象之服務方式有很多種，但此處社區工作，特指為一種專業之方法。所謂專業，指的乃是具有邏輯性、有理論根據，且必須具備相當之專業知能者而言。

3. **是一種社會工作**：針對社區所推動的專業服務有很多種，如：教育工作、政治工作、衛生保健工作等。此處所謂社區工作，指的是一種專業的社會工作。

◆ 四、社區工作實施步驟

社區工作既是一種專業的社會工作，那當然就如個案工作、團體工作一般，有一定的實施步驟，試略述如下。

(一)建立專業關係

社會工作者從事社區工作時，有可能是自己熟悉的社區，這時與社區民眾已建立良好的信任關係，這個情況下當然相互信賴。但是社工員也有可能是一個外來者，在完全陌生的情況下，自不可能有所謂的信賴關係，這時社

會工作者便必須與社區的民眾，尤其是社區中的領導者或意見領袖，建立專業關係。俟雙方形成共識之後，社區工作的推動，才能獲得社區民眾的信賴和參與，這時社工員如何取得社區民眾的信賴，便是首要之務。沒有信賴關係，便不會有專業關係以及後續的服務推展了。

(二) 瞭解社區特性

不同的社區會有不同的文化，由於「人在情境中」，所以想瞭解社區居民想要什麼，首先就要知道社區有什麼特性。一般而言，瞭解社區特色可從文化特色、產業特色，以及空間特色來下手。所謂文化特色，如宗教信仰、風俗習慣（閩南人和客家人有不同的文化習慣，原住民中泰雅族和達悟族又有不同的習俗）；產業特色就是當地民眾多數從事的工作，如討海人個性豁達、草根性十足；大湖地區居民多賴草莓為生，因此，多季下雨，便是居民最擔心的事；而所謂的空間特色就是居住地區不同造成的差異性，如鄉下人較純樸，都會地區則人際關係較為冷漠。

(三) 需求評估

在執行社區工作之前，要先對社區的居民做需求評估。如想要做當地人的福利需求就可針對社區的弱勢人口：兒、少、老、婦、殘⋯⋯調查其實際需求；同理，就業需求、衛生醫療需求亦然。不過在做需求調查時，需注意受訪者認知性需求、規範性需求，以及表達性需求的差異性。所謂的認知性需求就是受訪者是否認同是需求，如電話問安，我們認為是一種福利供給，但有些老人認為是打擾他的私生活；規範性需求是我們認為應該給的福利，如：我們認為失智老人需要裝置生命手環（living line），但卻可能被人權人士認為有損其權益；而表達性需求則是當事人所能表達的，通常會較認知性需求為小，如老人告訴你他最近很疲倦，但其實他真正的需求是需要休息。

㈣ 擬定社區工作主題

瞭解社區特色之後，便要排定社區工作的目標，通常一個社區會有不同的需要，如老人需要關懷、送餐、家事服務；兒童需要課輔、說故事；婦女需要關懷、成長、支持……等。但是社工員手上資源有限，自不可能百廢並舉。這時便要衡量資源有多少，以及問題的迫切性，進而排定優先順序。最好是第一個計畫推得差不多了，再開始第二個計畫，以免備多力分，反而兩面不能兼顧。在排優先順序時，社工員會因社區有不同意見而左右為難（如：在社區關懷據點中，社區民眾認為獨居老人送餐最重要，但社工員考量志工人數不足以及中餐乏人處理而無法推動），這時必須與民眾婉轉解釋，達成平衡點。

㈤ 資源盤點

資源盤點的目的在於掌握福利供給面。資源可分為正式資源和非正式資源，前者如：政府、家庭，後者如：社區、志願服務團體。通常社區資源都可供社區工作使用，但有時資源不足，社會工作者便必須向社區以外爭取資源。如果真的資源不敷分配，便得考量優先順序，不要吃力不討好。

㈥ 訂定社區工作計畫

這時已進入實際的社會干預階段，工作計畫除了掌握福利的供給端和需求端之外，尤需注意福利輸送和資源分配。計畫的訂定，尤應給予社區民眾參與的機會。此外，除了達成社區民眾的極大化意見外，對於個別的特殊需求，亦應盡量納入考量。社區民眾的參與，除了順利推動社區工作，還有助於凝結社區意識，待外來協助撤除後，社區仍能運用自己的力量，解決社區的問題。

㈦ 社區工作行動

社區工作計畫訂定之後，社區工作目標、分工規劃及工作進度亦已次第完成，便要開始實際行動。這時社會工作者的角色，便由原先的倡導者、教育者、主導者，退居為協調者、資源整合者的角色，社區事務盡量由社區人士自行決定、自行推動，但社會工作者仍需時時關心，並留意其工作進度是否如期，以及遇到困難時，予以協助解決排除。

㈧ 成效評估

所謂的「評估」亦即常見的「評鑑」，是指對方案推行的過程和結果，檢討其得失良劣，從而提出改進建議的一種方法。所以評估的指標，在於預期目標達成率、活動成敗原因、下次類似活動可供借鏡之處等等，甚或檢討目標是否需要重新釐定。通常這些評估結果，會形成回饋（feedback）變成新的輸入項（input），據以修正執行情形，而形成迴路（loop）。

摘要

　　社會個案工作是由個別求助者入手，幫助解決困難，調整環境適應，進而使其能靠其自身的能力解決問題。個案工作的流程，可分為申請與接案、蒐集資料、服務計畫、處遇、結案與追蹤等 5 個步驟。

　　會談是個案工作中最重要的一環，我們常用觀察技巧、單一技巧、複合技巧等方式，來使會談順利進行。

　　社會團體工作是幫助個案藉由團體中與他人的互動，來解決其團體生活問題，增進個人社會功能。常用的團體帶領技巧，可分為反應技巧、互動技巧、行動技巧等。

　　社區工作是指社會工作者以一個社區的民眾為對象，所從事的專業服務方法。社區工作的步驟，可分為建立專業關係、瞭解社區特性、需求評估、擬定社區工作主題、資源盤點、訂定社區工作計畫、社區工作行動、成效評估等。

 問題習作

○ 一、請說明社會工作直接服務之內涵、演變及主要流派。
○ 二、請說明個案工作之接案、開案、處遇、結案相關技巧。
○ 三、請說明社會工作的會談技巧,如何應用於實務工作上。
○ 四、請說明如何運用團體工作的帶領技巧。
○ 五、請說明如何充分運用社區資源,並應用於社區工作上。

 名詞解釋

○ 個案工作　　　　　　　○ 直接服務
○ 團體工作　　　　　　　○ 間接服務
○ 社區工作　　　　　　　○ 綜融性實務觀點

參考文獻

內政部社區發展雜誌社（編）（2000）。**社會工作辭典**。台北：內
　　政部社區發展雜誌社。

江亮演（2000）。**社會福利導論**。台北：洪葉。

林萬億（1997）。**團體工作——理論與技巧**。台北：五南。

潘淑滿（2000）。**社會個案工作**。台北：心理。

萬育維（譯）（1997）。Barry Cournoyer 著。**社會工作實務手冊**。
　　台北：洪葉。

第 四 章

福利服務——間接服務

學習目標

研讀本章內容後，學習者應能：

一、瞭解社會福利間接服務的意義與內涵。

二、瞭解社會工作督導的意義和功能。

三、瞭解社會工作諮詢的方式。

四、瞭解社會工作行政的運作體系。

五、瞭解社會工作教育範圍。

六、瞭解社會工作研究主要方法。

七、瞭解老人福利服務相關的議題。

傳統的社會工作方法有：社會個案工作、社會團體工作，以及社區工作；這 3 種社會工作的方法都必須要直接的面對案主或人民，因此稱之為社會工作初級的實施方法，或直接服務。

1933 年，美國羅斯福總統推行「新政」（New Deal），他在 1935 年要求國會通過《社會安全法案》（Social Security Act），此一法案通過後，有許多社會機構與方案需要計畫管理、評估、督導、諮詢，因此，社會工作的管理開始受重視；另一方面，社會工作者也被要求執行研究，以確認案主的需要和方案服務的成效，因此社會科學的研究方法也被引進。這兩種方法因為未直接面對案主，所以稱之為次級的實施方法，或間接服務（林萬億，2002：55）。

大體而言，目前社會福利服務的間接服務的主要內容有：社會工作督導、社會工作諮詢、社會工作行政、社會工作教育、社會工作研究、社會工作管理等項目。

以上六大傳統的社會工作方法，各有其存在的價值，也對於社會工作的實施有著重要的地位，在早期對於專業的社會工作者而言，在從事社會工作時可能是運用其所偏好的社會工作方法來進行服務的工作；但是在 1951 年，美國的「何麗絲與泰勒報告」（Hollis Taylor Report）建議採取「多方法實施取向」（multi-method practice approach）的社會工作教育，也就是說要求學習社會工作者都須同時能夠使用以上 6 種方法。在直接服務方面，本書第三章已經介紹，本章則以老人福利的間接服務為主要的介紹範圍。

第一節　社會工作管理

社會工作管理（Social Work Management）是指，專業的社會工作服務機

構為達成目標或顯現工作成果時，運用管理的知能與技術，在於組織目標的訂定、計畫或方案的執行、人力資源的管理、財務管理，以及其他有關組織運作與發展方面的管理工作。

社會工作的管理，就間接服務而言，包括政府社政部門的管理與社會福利機構的管理；其中，社會福利機構的管理又可區分為公設機構，以及私部門設置的機構。無論如何，這些管理的過程都離不開人力資源的管理與財務管理，以及新的管理觀念的引進及運用，此三者與管理工具及專業技術的運用，構成社會工作的管理。

第二節　社會行政

社會行政（Social Administration）簡單的說，就是一個國家的政府推行有關社會福利工作的行政事務。廣義的社會行政除了從事建立福利社會外，還須致力奠定社會公共秩序、發展人力資源潛能及推行各種社會建設工作，亦即所有有關社會行政的人、事、物等，凡是與社會行政有關的一切，均包含在內。而狹義的社會行政則僅指督導公私立機構推行社會福利事務而言（江亮演、洪德旋、林顯宗、孫碧霞，2003：9）。

關於國家推動社會行政之機關體制與業務範圍，世界各國並不一致。我國現行的社會福利業務機關相當龐雜，目前在中央政府方面與社會福利有關的部門，除了內政部為中央主管機關外，還有行政院勞工委員會、行政院衛生署、行政院退除役官兵輔導委員會、行政院青年輔導委員會、內政部營建署及行政院原住民委員會等相關單位。

◆ 一、在中央政府方面

我國目前社會福利之主管機關為內政部，下設社會司。其中主管老人福利的機關為老人福利科及老人福利機構輔導科。老人福利科的主要職掌為：

1. 關於老人福利政策規劃事項。
2. 關於老人福利法制工作事項。
3. 關於老人福利研究發展事項。
4. 關於老人福利推動計畫事項。
5. 關於老人福利宣導事宜。
6. 關於老人福利之調查、統計、資訊系統規劃事項。
7. 關於老人福利預、決算規劃執行事項。
8. 關於老人安養服務方案推動事項。
9. 關於老人長期照護規劃及推動事項。
10. 關於社區照顧規劃及推動事項。
11. 關於居家服務規劃及推動事項。
12. 關於老人福利津貼規劃及推動事項。
13. 關於老人保護規劃及推動事項。
14. 關於老人福利專業人員訓練規劃及推動事項。
15. 關於內政部老人福利促進委員會幕僚工作事項。
16. 關於重陽節相關活動規劃及推動事項。
17. 關於老人福利國際交流事項。
18. 關於其他老人福利綜合業務及與其他部會相關事項。

另外，老人福利機構輔導科的主要職掌為：

1. 關於老人福利機構政策規劃事項。

2. 關於老人福利機構法制工作事項。

3. 關於老人福利機構研究發展事項。

4. 關於老人福利機構業務推動計畫事項。

5. 關於老人福利機構專業人員訓練事項。

6. 關於老人福利機構業務宣導事項。

7. 關於老人福利機構預、決算規劃執行事項。

8. 關於老人福利機構相關統計、調查等事項。

9. 關於老人福利機構管理、輔導、評鑑、獎勵及連繫會報事項。

10. 關於老人福利機構國際交流事項。

11. 關於中低收入老人生活津貼規劃及法制事項。

12. 關於中低收入老人特別照顧津貼規劃及推動事項。

13. 關於中低收入老人重病住院看護費補助等事項。

14. 關於適合老人安居住宅之規劃及推動事項。

15. 關於老人諮詢服務中心業務委託及執行督導事項。

16. 關於老人福利機構業務相關交辦事項。

◆ 二、在縣市政府方面

1999 年 1 月 25 日，總統頒布《地方制度法》及內政部發布《地方行政機關組織準則》後，我國縣市政府的行政體系亦隨中央行政體系及相關制度的改變而有所調整。目前我國地方社政部門，除了福建省連江縣併入民政局外，其餘皆設立社會局專責機關，局下設課辦事。在鄉、鎮（市）、區部分，依據鄉、鎮（市）、區的個別情況，分別成立社會課，或將社政業務劃歸民政課負責，情況不一而足（戴章洲，2004：141-142）。

對於社會福利行政的主要功能，學者間有不同的論述；美國學者崔克爾

（Harleigh Trecker）認為社會福利行政的主要功能有：1.目的與目標的決定；2.提供有組織的工作環境；3.便利機構內的溝通；4.計劃與協調；5.瞭解並便利變遷；6.動態的領導角色等六項（江亮演等人，2003：21-31）。而國內一般學者大多引用公共行政學界的看法認為社會福利行政的主要功能包括：計劃、組織、人員募集與分工、領導與溝通、督導與訓練、協調、預算與年度會計控制、政策管制、公共關係、報告，以及評價與研究等 11 項。本文則認為依社會福利工作的特性應該增加業務行銷與危機處理等兩項。

第三節　社會工作督導

　　「督導」（Supervision）係源自拉丁文 super（over 的意思）及 videre（to watch, to see 的意思），亦即由一位監督者（overseer）負責監看另一位工作者之工作品質。因此，督導一詞即包括機構督導制度、督導人員，以及受督導的員工等（彭淑華，2001：127）。

◆ 一、社會工作督導的意義

　　社會工作督導（Social Work Supervision）是社會工作間接服務的一種，是對於從事社會工作實務工作者的指導工作，也是加強培訓專業社會工作者之專業知識與技術的方法，以確保社會工作者專業服務的素質及機構目標的達成。

　　在歐美慈善組織會社（Charity Organization Society, COS）運動時期，實務工作者依循傳統師父傳授學徒的活動中，將助人專業的知識與技術從有經驗者傳授至無經驗者、從訓練有素者傳授至缺乏訓練者，及至社會工作逐漸成為正規教育的一門科系之後，又由學校老師將專業知識與技術經由正式化

的學習過程傳授給學生，並經由實習，使學生能夠在老師督導與機構督導的雙重輔導下，提升相關的專業知識。在「全美社會工作人員協會」（National Association for Social Workers）及「全美社會工作教育協會」（The Council of Social Work Education）承認社會工作學士學位後，對於碩士學位的訓練亦開始朝向督導、諮詢、行政、計畫等方面，督導在社會工作專業訓練的重要性逐漸增高（萬育維，2001：128）。

社會工作督導的主要對象為：專職的社工員、社會相關學系的實習學生以及未受專業訓練的志願工作者。隨著志願服務工作在整個社會工作的角色日漸重要，為維持服務的專業性與兼顧服務品質，對於新進志工的督導工作也就顯得更為迫切需要。

◆ 二、社會工作督導的內涵

對於社會工作督導的內涵，分別針對專職的社工員、社會相關學系的實習學生，以及未受專業訓練的志願工作者三類不同的受督導對象，加以說明如下。

㈠ 對專職社工員的督導

專職社工督導在機關或者機構裡，通常扮演類似小主管的角色，因為他們的主要工作除了督導一般社工員外，同時，也兼辦行政工作，並對其上級主管負責。因此，督導者本身往往是由資深的社工員擔任，其不但需要具備充分的專業教育與訓練，並且需要熟悉組織內部的行政規定，配合達成組織的任務目標。

Kadushin 與 Pettes 認為機構社工督導所需要具體的資格條件有：

1. **行政能力**：督導者往往負擔行政職務，故身為一個督導必須掌握機構特性，瞭解機構政策與相關程序，並正確且適當的傳遞予受督導者，在機構

權限下，爲案主謀求最大的福祉。除此之外，督導者必須處理許多文書工作，參與機構內外各項會議，參與並執行各項決策，因此督導者不僅需達成機構或上級主管交辦的工作，同時必須協助受督導者完成工作任務，確保機構目標的達成。

2. **教育能力**：爲提升受督導者之專業知識與技術，督導者不可避免的會提供專業相關訊息，教學的過程爲督導關係中常見的。因此，督導者除本身具備專業知能外，更重要的必須學習教育的方法、瞭解人類行爲、學習的動機等，以使其能瞭解工作者之特性與差異性，採用適當的教育方式來增進工作者的專業知能。

3. **促發能力**：爲增進督導者行政與教育職責的達成，支持督導關係的建立是必須的。身爲一個督導必須瞭解建立關係的重要性，雖然督導者與受督導者並非案主關係，而是同僚關係，但仍是一種專業關係，雙方均有其各自的角色。對於督導者而言，如何讓受督導者信任他是一項重要的工作，督導者必須瞭解受督導者的需求，並提供必要的支持。此種「支持」可包括一些方式，如：支持工作人員的決定、協助工作人員突破其工作困境，或同理工作員情緒上的困擾等，支持性關係的建立直接有助於工作同僚的關係，間接促進行政與教育目標的達成。

4. **溝通能力**：此種技術事實上應用於上述三種技能。大部分的社工員都具備溝通的能力，而督導者更必須注意其口語與非口語溝通方式，他必須瞭解他的工作員如何與他溝通，瞭解溝通背後所潛藏的意義。督導者介於上層管理者與工作者之間的橋梁地位，更突顯溝通能力的必要性。而良好的溝通能力亦有助於同僚督導關係的建立、機構目標的達成，以及專業知能的增進。

5. **專業能力**：督導者所擁有的專業訓練與經驗是相當重要的。雖然督導者並不一定將其擁有之專業能力直接用於對案主的服務上，然而工作員所面對的問題每每需要與督導者討論，因此督導者的專業能力實屬必須。但有一

點必須謹記的是：雖然督導者應與工作員分享其知識與經驗，但他必須瞭解工作員可以有其不同的處遇方式，對於工作員的不同呈現型態，除非對於案主權益有所損害，否則應該予以適度的尊重（萬育維，2001：129-130）。

㈡ 對社會相關學系實習學生的督導

對於社會工作相關學系的社會工作督導，亦是培訓未來社會工作者的重要課程之一。在國內各大學社會工作相關科系爲了增進學生專業能力的培養，促進學生對於社會工作實務之瞭解，使其對於理論與實務能夠相互印證，通常將「社會工作實習」列爲必修或選修課程，實習及格列入正式學分。

對於社會工作相關學系的學生而言，實習課程有助於及早將學校所學印證於實務工作，也是學校與社福機關（機構）合作的良好模式。

因此，這些社福機關（機構）對於前來實習的學生而言，是提供直接服務的角色，學生在實習過程中是否能夠獲得良好的實習效益，督導者扮演相當重要的角色。因此，許多機構對於實習生的實習都訂定督導的辦法。例如：台灣世界展望會規定督導者的資格，在工作經驗方面至少需有該會社工年資至少滿 2 年以上，或其他社工相關經驗 3 年以上。在督導者的角色與督導則規定爲：1. 盡可能提供適當的環境給學生；2. 帶領學生認識機構員工、環境及其政策；3. 配合提供適當的實務工作機會；4. 與學生共同訂定實習方案；5. 定期督導學生檢討實習情形；6. 當學生有實習困難時，應主動學校老師聯繫。另外，在督導倫理方面，並無其他的特別規定，主要是依照社會工作倫理守則。

此外，國內著名的「張老師」中心，對於實習學生實習督導的職責訂定得很完整，其主要內容有：

1. 與學校保持聯繫

(1)瞭解學校實習教育課程之目標及對於機構安排實習內容的期待。

(2)溝通協調學校與機構之間在學生實習過程中彼此的期待。

(3)請學校提供實習學生資料。

(4)共同討論與評估學生在機構之實習狀況。

(5)鼓勵歡迎學校實習指導老師來機構參觀及討論。

2. 安排與學生的實習面談，以評估甄選適合在該機構實習的學生。

3. 協助實習學生進入實習狀況。

4. 依照學校、學生、機構 3 方面的期待，安排適當的實習內容，並與實習學生共同討論。

5. 協助實習學生在實習過程中達到學習目標。

6. 協助實習學生整理實習經驗。

7. 協助學校教師瞭解學生實習成果和應繼續努力之方向。

對於實習生的督導，除了上述的機構督導外，在學校方面應確立「學校－機構－學生」之間的角色關係。茲以國立政治大學社會學系（2005）「社會工作實習」實施辦法（2000.12.21 新修訂）中，有關實習督導部分為例，說明如下：

1. 實習機構的職責

機構在學生實習過程攸關實習的成效，因此，學校應事先與實習機構進行溝通協調，促請機構做好以下的配合事項：

(1)訂定實習方案，以達到教育學生的目的。

(2)選派機構督導，以指導學生。

(3)機構盡可能提供適當的環境給學生。

(4)機構應負責帶領學生認識機構員工、環境、政策與功能。

(5)機構應配合學習進度，提供適當實務工作機會。

(6)參與評估學生實習的進展情形，並定期督導學生檢討實習得失。

⑺學生若有實習困難發生時，機構有責任通知本系。

⑻機構若有不適合學生實習的情形發生時，應主動與本系聯絡。

2. 學校（學系）的職責

機構能夠受理學生實習，固然有助於學生對於機構的瞭解，但是對於督導人員而言，卻可能是工作負擔的加重，因此，除學生對於機構所提供實習的機會，應有正確的態度外，學系也必須事先做好下列各點：

⑴協助學生瞭解自己的興趣，選擇適合於自己的實習方向。

⑵協助學生選擇適當的機構，並安排有利於學生實習的機構環境。

⑶協助學生認識機構的工作性質及環境，並提供學生相關資料。

⑷協助學生規劃實習方案。

⑸協助學生認識實習過程中本身、學校督導老師及機構督導所扮演的角色。

⑹協助機構瞭解本系安排實習的作業過程。

⑺指導老師應與機構聯繫瞭解學生實習狀況。

⑻學校督導老師有定期督導學生之責任。

⑼本系應於學生實習開始時致送機構督導聘函，並於學生實習結束後致送謝函。

3. 學生的職責

到機構實習可以讓學生實地接受現職社會工作者實務操作上的指導，有助於學生將學校所學與實務工作做較為深入的瞭解，但是在機構的學習不同於學校課程的傳授，學生應該把握實習的機會，以積極主動的態度向指導者學習，並注意下列各點：

⑴遵守社會工作專業倫理。

⑵各實習機構皆有報名時間及名額限制，務請同學主動積極聯繫，以免

延誤時間,以致無機構可實習。

(3)若機構要求實習前面試,學生必須通過面試方能至該機構實習。

(4)若機構有先修課程之要求時,須依規定修畢通過,方能至該機構實習。

(5)若機構要求預先充實有關之專業知識,應先行準備。

(6)自行負責往返實習機構之交通及食宿。

(7)若機構收取實習費用,學生應自行負責繳納。

(8)應讓學校督導老師及機構督導瞭解學生的實習情形及所遭遇的困難。

(9)完成本系及機構規定之實習時數與作業。

(10)參加學校督導老師所召開的督導會議。

(11)遵守機構上下班時間,必須請假時,要事先報告機構督導,並於事後補足時數。

(12)服裝儀容方面應遵照機構的要求。

(13)參與機構舉辦與實習內容相關之各項活動。

(14)學習與機構中的工作人員合作。

(15)實習結束後,學生應完成機構所要求的工作紀錄與移交事項。

(16)瞭解並遵從機構及本系有關實習的其他規則。

以國立政治大學社會學系為例,實習方式分為暑期實習和期中實習兩種。暑期實習以大三升大四之暑期實施,並列入大四上學期的選修學分;期中實習則在大四上學期實施,列入大四下學期的選修學分。近年來,政大學生主要選擇實習的機構有:

1. **醫院**:台大、長庚、榮總、國泰、仁愛、忠孝、中興、婦幼、馬偕等醫院。

2. **兒童機構**:兒福聯盟、家扶中心等。

3. **青少年福利機構**:勵友中心。

4. **婦女**：現代婦女基金會、女性權益促進會、勵馨基金會、婦女救援基金會。

5. **殘障**：心路基金會、第一兒童發展中心、陽光基金會、殘障聯盟。

6. **政府單位**：社會局各區社福中心、兒保中心、少輔會

7. **其他**：世界展望會、愛滋病防治協會、學校輔導室。

㈢對未受專業訓練的志願工作者的督導

健全的督導體系對於志願服務體系的確立、功能是否能夠發揮，至為重要。對未受專業訓練的志願工作者，督導的主要內涵是要滿足參與志願服務人員的需求及達成志願服務人員對於從事服務工作所需要的督導、訓練，藉以完成機構的目標。

國內學者萬育維（2001：136-137）認為督導志願工作人員之原則為：

1. **建立良好的督導關係**：督導者必須瞭解與志工人員的關係為何？是否互信、互賴、安全與支持？由於志工人員並非督導者行政之下屬，亦非服務之案主，且可自由退出，因此督導關係的維護，使志工人員能夠接受督導者的督導實屬重要。

2. **確認雙方角色、職責與期待**：機構工作人員與志工人員對於工作理念常有不一致，為使志工人員協助機構業務的推展，並兼顧志工人員擔任志工之初始動機，督導者宜就機構政策目標與程序與志工多加溝通，並使志工明確知道機構工作人員與志工角色職責的分野，建立合理的工作期待。

3. **確保志工人員依機構目標及行政程序提供服務**：督導人員必須不斷向志工說明機構目標及行政程序的重要性，以避免志工因熱心助人而承諾超過機構服務的權限事項，或疏忽機構的行政程序。

4. **考慮志工人員之個別差異性**：督導者應考慮志工個別的時間、興趣領域、專長、個性、能力等差異性，以強化志工的工作士氣，提高工作品質。

5. 協助志工人員與機構之間之溝通協調：督導者不僅要將機構的決策與發展傳達給志工，更應適時澄清志工對機構的反應與相關意見，或轉達志工之意見，做為機構業務規劃與檢討之參考。

◆ 三、社會工作督導的功能

Kadushin（1985）認為社會工作督導應包括行政、教育，以及支持等 3 種功能，且此三種功能具有互補性質，茲分別說明如下。

㈠ 行政性功能

社會工作者除了少數自行執業的社工師外，大部分的社會工作者都服務於社政部門或機構，因此社會工作者應該對於機構的性質、任務、宗旨與權限有充分的認識，以便達成機構的目標。督導者在機構中所扮演連結的角色，介於管理層級與實務工作之間，對機構之「行政－管理」功能負責任。督導的任務包括：工作人員的招募與選擇、工作人員的指派與分配、工作的授權與計畫、工作的監督檢討與評鑑、工作的協調與溝通、機構政策與行政程序的遵守與執行、機構與服務對象及機構與社區之協調聯繫、機構行政部門與社會工作人員之協調聯繫。

㈡ 教育性功能

教育是督導第二個主要的職責，主要教導第一線工作人員所須瞭解之專業知識與技巧，以及如何學習，包括指導工作人員相關之社會工作技術，透過個別與團體會議的方式發揮員工之能力、訓練及指導員工之工作表現等。因此，督導者常運用之教育方式包括有：教導、訓練、經驗分享、告知、澄清、引導、建議、促進專業成長，以及解決問題等。

督導與機構在職人員發展或在職訓練有別：機構在職人員發展包括任何

與增進工作人員工作相關之知識、技術與態度轉變。方式可以為訓練課程、演講、研習會及演講手冊等；對象則包括個案工作員、行政人員、事務人員及督導者等。

督導較強調個別化原則，可針對特定工作員之特定個案、特殊問題及個別工作員，因此可以補充在職訓練的不足，幫助工作員由「知」轉而「行」，增強工作人員工作知能的累積與充實、專業倫理意識與工作守則的培養與篤行。

(三) 支持性功能

支持性功能為有效督導所不可或缺的。一般對督導的瞭解可以從兩方面的取向來看：第一種是工具性取向，此乃為瞭解工作員是否獲得完成工作所必須的設備、服務、資訊及技術，亦即是以「任務為中心」（task-centered）的考慮；第二種是表達性取向，檢視工作者對於他們所從事的工作之舒適感、滿足感、快樂感或達到心理上之幸福感（well-being），亦即以「人為中心」（people-centered）的考慮。後者是整個體系能繼續運作的關鍵，同時亦是達成工具性目標不可或缺的。此種注意員工內在心理狀態，並增進員工應付壓力與提升不適應能力之處遇的方式，即是支持性的督導。

對於工作員而言，壓力的來源包括：自我本身、督導者、督導關係、組織期待、社區態度及案主的回饋等，為協助工作者面對其情緒心理反應，建立良好的工作情境，支持性督導包括：增強其自我防衛機能、加強應付壓力，其方式如：安慰、成就肯定、鼓勵、點頭與書面方式讚許等能夠讓情緒發洩、減低敏感、注意傾聽、表達興趣與關心的方式。

從以上的說明，我國學者（萬育維，2001：138-141）比較三種督導的功能，認為：

1. 就關注的焦點而言：行政督導在組織體制和機構資源的使用；教育督導在提供履行工作所需的知識與技術；支持督導則提供有助工作之心理與人際資源。

2. 就關注的障礙而言：行政督導是關懷到對有效服務的組織障礙；教育督導是關懷到無知障礙；支持督導是關懷到情緒障礙。

3. 就增進工作人員的效率而言：行政督導在增強工作員與相關之組織結構與資源運用的連結；教育督導則致力於提高專業知識與技巧；支持督導則以減少壓力來源，以及增加有利動機和士氣爲主。

◆ 四、社會工作督導的方式

社會福利機構對於社會工作人員專業的督導的方式，傳統上是以個別督導爲原則，後來逐漸發展團體督導、同輩團體督導、個別諮詢以及科技整合團隊督導的方式（李增祿，1990：9-11；廖榮利，1990：12-21）。茲說明如下。

(一) 個別督導（individual supervision）

督導者與受督導者以面對面的方式，定期且持續的舉行督導討論。討論內容主要是受督導者於提供案主服務與專業領域相關之課題。同時，也包括機構之行政措施、社會資源運用，以及受督導者個人自我認識的部分。個別督導爲傳統的督導方式，對新進工作人員或資淺者較爲有效。

(二) 團體督導（group supervision）

由督導者與一群受督導者（通常以12人以下爲原則），定期以小團體討論方式進行。團體督導於機構工作人員人數多時更爲適用，原因在於：時間經濟、機構政策與功能易於宣導與釐清、工作員彼此互動與學習機會增加等。

㈢ 同輩團體督導（peer-group supervision）

工作人員以同等地位參與團體，督導者是經由參與成員輪流或推舉方式產生。同輩團體督導亦採定期且持續方式進行，且傾向以團體決策決定督導過程的運作，參與成員以資深、有經驗且成熟的工作人員為宜。

㈣ 個案諮詢（case consultation）

由社工人員直接向相關的學者專家進行個案或專題諮詢，工作者必須先將相關資料交予諮詢者，再由諮詢者提供建議，由於諮詢者與受諮詢者間往往並無行政隸屬關係，故此種督導對成員之約束力較弱，也不負責評鑑或做任何決議，社工員本身仍需擔負較多的職責。

㈤ 科技整合團隊督導（interdisciplinary team supervision）

社會工作督導工作有時因所督導工作涉及許多不同的專業領域，例如：老人保護的個案可能涉及法律、醫療等專業領域的問題，處理此類個案時，有時需要整合律師、醫生等專業人員的意見，此種性質的督導方式即構成所謂的科技整合團隊督導。

◆ 五、社會工作督導的評估

評估（evaluation）的概念最早是來自於企業管理的「績效評估」（performance evaluation），評估的目的在於提高管理績效。通常管理學上所謂的績效包含效率（efficiency）與效能（effectiveness）兩個層次的意義。效率是以產出與投入的比率來測量，也就是所謂的成本利益分析（cost-benefit analysis）；而效能係指目標達成的程度，也就是指成本效能分析（cost-effectiveness analysis）。

　　就社會工作督導評估的功能層面而言，督導的評估是指利用與追蹤如何達成目標的過程，因此在進行評估時通常會使用量化或質化的指標來進行考核或追蹤。

　　關於社會工作督導評估對象的價值可從下列幾方面來說明：

㈠ 對服務機構的價值

　　社會工作督導者的工作性質是居於專業的指導者與行政部門的連結者的角色；在專業方面，督導者應評估工作者對於機構任務與目標的達成程度。在與行政部門連結方面，應該協同行政部門建構適合工作者的員工發展方案及人力資源管理方案。

㈡ 對社會工作督導者的價值

　　經由客觀的評估，督導者可以更清楚瞭解工作員的服務績效，並瞭解工作員所欠缺不足之處，以作為調整工作員工作或規劃其再學習的參考。

㈢ 對社會工作者的價值

　　透過評估機制，受督導者可以更加瞭解自己對組織與案主服務的績效為何，協助受督導者更加瞭解自我的能力及需要加強努力的方向。

㈣ 對服務對象的價值

　　有效的對於工作者評估機制，可以使案主獲得較專業化的服務，減少工作員個人因素的缺失，對於接受服務的品質較能受到保障。

第四節　社會工作諮詢

社會工作諮詢（Consultation in Social Work）是指用於社會工作專業的活動，是一種發現問題的程序，通常是由具有資深專業的諮詢者向新進或基層的工作人員提供其所需要的資料與輔助，以期增強受諮詢者的專業能力。

督導與諮詢皆屬於社會工作間接服務的方式，其目的也都是在於提升社會工作者直接服務的品質，保障案主的權益。為更進一步瞭解二者的差異性，茲說明如下：

1. **就對象而言**：督導的對象是有經驗或無經驗的社會工作人員，而諮詢的對象尚包括其他不同領域專業人員。

2. **就問題而言**：督導與諮詢雖然也有個人方式及團體方式，但是諮詢問題的範圍較廣，尚包括其他非社會工作專業問題的諮詢。

3. **就目的而言**：督導的目的在於促進受督導者的自我瞭解與專業成長；諮詢的目的較偏重保障案主的權益。

4. **就人員關係而言**：督導與受督導者的關係通常是義務性以及強制性的；而諮詢者與受諮詢者通常無隸屬關係。

5. **就責任而言**：督導者通常負有行政上執行與督導的責任，必須與受督導者一起負責；諮詢者通常不需要對於工作結果負責，而由負責實際工作的受諮詢者負責。

6. **就工作內容而言**：督導的重心是社會工作理論與原則實施的情形，偏重受督導者與案主的問題；而諮詢的內容則較著重於案主或機構個案問題、政策發展問題、方案計畫或其他行政方面的問題。

社會工作諮詢以對象及目的的不同，主要可以區分為：個案諮詢、行政諮詢與支持性諮詢等三大類型。茲簡述如下：

1. **個案諮詢**：又可分為以案主為中心的個案諮詢與以受諮詢者為中心的個案諮詢。

2. **行政諮詢**：可分為以方案為中心的行政諮詢與以受諮詢者為中心的行政諮詢。

3. **支持性諮詢**：是以明確的中心價值觀念，不僅要對自己的意識型態忠實，也要對機構及受諮詢的人員或機構忠實。

第五節　社會工作教育

社會工作教育（Education for Social Work）主要是對於準備從事社會工作或者現在從事社會工作人員進行專業相關的教育或訓練。在早期正規的學校教育尚未建立時期，社會工作教育主要是由社會機構對志工進行訓練工作，在此之後，由於社會工作的專業化，社會工作教育也漸漸建立制度。

目前的社會工作教育在正式的教育方面，雖然部分學者並未將高職方面的教育包含在內，但是就社會福利整體的趨勢發展而言，廣義的正式社會工作教育方面有：學士、碩士、博士等三種。非正式的教育方面則有：在職教育與職前教育兩種。

茲以社會工作教育的方式說明，分就基礎教育、職前教育，以及在職教育，說明其主要內容如下。

◆ 一、基礎教育

基礎教育（Basic Education）是指在高職或者大學相關科系所進行的正規

教育，此一階段是以提供基本的社會工作之專業知識與技術為主，學習的重點為基礎的專業課程與實務工作的實習。

　　台灣目前各大學所設立社會學相關之系所有：元智大學社會學系、文化大學社會福利學系暨研究所、玄奘大學社會福利學系暨研究所、世新大學社會發展研究所、世新大學社會心理學系、東吳大學社會學系暨研究所、東吳大學社會工作學系暨研究所、政治大學社會學系暨研究所、政治大學中山人文社會科學研究所、清華大學社會學研究所、慈濟大學社會工作學系暨研究所、實踐大學社會工作學系、實踐大學家庭研究與兒童發展研究所、台北大學社會工作學系暨研究所、台北大學社會學系暨研究所、台灣大學社會學系暨研究所、輔仁大學社會工作學系暨研究所、輔仁大學社會學系暨研究所、東海大學社會工作學系暨研究所、東海大學社會學系暨研究所、中正大學社會福利學系暨研究所、長榮大學社會工作學系、南華大學社會學研究所、南華大學社會學系、南華大學應用社會學系、明新科技大學老人服務事業管理學系及美和科技大學老人服務事業管理學系等。

◆ 二、職前教育

　　職前教育（Pre-Job Education）是指在一般社會工作員進入機關或者機構任職前，為了讓其能夠事先瞭解所服務單位的組織願景、目標、服務對象、熟悉組織環境，以及工作上的規定等，通常是由組織指派高階或資深人員進行職前教育，以利新進人員及早熟悉並融入組織環境。

◆ 三、在職教育

　　在職教育（On-Job Education）即社會福利機關或機構對於現職工作人員，為使其適時的吸收最新的專業知識與技能所從事的教育訓練。

　　此外，目前由於專業資格的取得逐漸走向專業證照化，許多專業工作的

訓練在基礎訓練時，限於課程性質而無法做一完整的規劃，或資格條件受到限制或需經個別專業訓練後使能取得資格，因此，通常會另外由主管機關委託專業機構或學校另行辦理不同的專業訓練課程，以補前述教育訓練的不足，使得社會工作相關的教育更呈現出多元化。例如：照顧服務員的訓練、身心障礙者生活服務員，以及志工人員四個階段的訓練。

第六節　社會工作研究

社會工作研究（Social Work Research）主要的目的，是希望藉由研究的途徑來驗證理論以及發現新的知識。因為社會工作要能夠做得更好、更專業化，就必須隨時發現問題、解決問題，因此，社會工作者不僅是實務的工作者，也應該是研究者。

◆ 一、社會工作研究的意義和特質

社會工作研究也是社會研究的一部分，芬克（Fink, 1974）的解釋：社會研究是有系統地尋求尚未知悉的答案，或有系統的驗證某些假設，並將這些步驟運用在社會工作的過程，就是社會工作研究。

社會工作研究雖然是社會研究的一種運用，但是社會研究主要是在瞭解社會現象，驗證理論架構；社會工作研究則是希望將研究所發現的結果及其意涵應用到實務工作的服務範疇。莫泰基（1994：45-55）認為社會工作研究具有下列特質。

(一) 研究主題應著重案主問題的解決

社會工作研究在性質上往往被定位為應用性研究之一，其主要研究的目

的乃在於尋求較佳的方法協助案主解決問題，因此，其研究的主要課題包括：

　　1. 不同服務對象的需求評估。

　　2. 服務對象的價值觀念和次文化。

　　3. 服務方案的設計和試驗。

　　4. 服務方案的評估和改善。

　　5. 服務機構的營運和管理。

　　6. 工作項目及服務過程的溝通協調。

　　7. 工作技巧的應用和創新。

㈡ 研究方法應考慮量化與質化的平衡

　　社會工作者在實務工作中，常因服務的對象不同，處置的方法不同所達到的目的也不同。所以，社會工作者對於所研究的問題，宜依據不同的問題性質來考慮採取量化或質化或兩者皆使用，不宜偏廢。

㈢ 蒐集資料應顧及跨學科的領域

　　在實務上，社會工作常涉及許多不同領域的專業，因此，社會工作研究在蒐集資料時，應顧及跨相關學科領域的資料，使研究的內容與成果能夠更加周密。

㈣ 鼓勵學者與工作者共同參與研究

　　社會工作研究與社會工作實務息息相關，尤其為了有效解決案主的問題，經常需針對協助案主的知識與技巧進行研究。因此，從事此類研究最好的方式就是結合學習與實務工作者一起進行研究工作。

㈤ 研究過程包容價值觀念的判斷

社會工作所服務的對象是人，但關於對人的認知、理解、態度和意見，通常離不開價值判斷或者道德判斷。所以，在社會工作研究的過程中，必須設法找出各種不同的價值取向，以便瞭解研究命題的侷限，庶幾在處理問題時，可以盡量保持客觀、中立，以減少因價值判斷所產生的繆誤。

㈥ 研究結果列入實務過程的應用

社會工作研究較重視實用性，因此，不能只是理論的闡釋，也就是說研究結果的價值乃在於有助於實務的運用，否則，對於實務上幫助不大的研究結果是欠缺研究價值的。

◆ 二、社會工作的研究途徑與研究方法

一般所謂的「研究途徑」（approach）係指蒐集與處理資料的程序。研究途徑與研究方法不同，在社會工作研究常用研究途徑有「取向研究途徑」和「概念研究途徑」，分別說明如下。

㈠ 取向研究途徑

就是提出一個研究取材的大方向，認為依這方向取材可獲得較佳成果，或者認為唯有從這方面才能獲得有價值的成果。例如：「哲學的研究途徑」、「歷史的研究途徑」、「法律的研究途徑」、「行為的研究途徑」等。

㈡ 概念研究途徑

指依對某一現象之特質的認識，提出從某一基本概念出發去研究問題，例如：「體系研究途徑」、「團體研究途徑」、「決策研究途徑」、「溝通

研究途徑」等。

社會工作研究方面，幾乎適用所有社會研究的方法，若以社會科學的研究方法為例而言，依其研究設計的性質與資料蒐集的程序，一般可分為「非實驗性的研究方法」、「準實驗性的研究方法」、「實驗性的研究方法」等三類。

㈠ 非實驗性的研究方法（non-experimental method）

主要是指蒐集資料時，對其研究對象雖無任何控制，但仍力圖蒐集事實性的資料之方法而言，有個案法（case method）、文獻分析法（document analysis）等。

㈡ 準實驗性的研究方法（quasi-experimental method）

準實驗性研究，亦可稱為實驗性的研究設計，是指研究者在天然社會者「景界」（natural social settings）中所做的相當有系統地資料蒐集程序的研究設計。這種研究設計，不能像實驗室研究那樣對實驗變數做多或少的隔離。一般所說的準實驗性的研究方法，包括抽樣調查、比較研究法、實地觀查、測驗、長期縱貫研究法等。

㈢ 實驗性的研究方法（experimental method）

指研究者對其研究對象能夠在一種特殊安排的環境中，做人為控制的觀察；常見的有控制群的設計、模擬研究法、博奕論等（邱榮舉，2002：39-42）。

關於各種研究方法的詳細內容，研究者可參考各種研究方法的專書，針對自己所熟悉的領域且具有密切相關的研究方法深入瞭解與探索，相信有助於往後研究之進行。

◆ 三、社會工作研究的步驟

　　社會工作研究，首先要有研究動機，在提出問題後，應該就問題的背景、問題的內涵，以及準備研究的範圍界定清楚。其次，將研究的主要目的用條列式或敘述的方式陳明。然後蒐集與研究主題、理論架構或研究方法有關的文獻資料，進行文獻探討並開始建立整個研究架構。建立研究架構的主要工作是針對研究者所欲引用之理論尋求變項，或是對整個研究的過程與步驟進行模型建立（如圖 4-1）。

　　其次為：「決定研究群體」，也就是要再次確定要研究什麼？然後對研究變項「提出假設」並「選擇研究方法與蒐集資料的方法」之後，進行「試

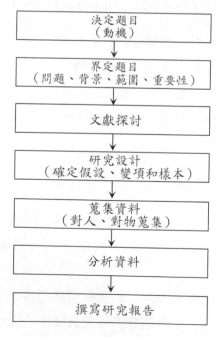

圖 4-1　社會工作研究流程

測」與「抽樣方式的決定」，然後對所蒐集到的初級及次級資料進行分析，以獲取研究成果後即可撰寫研究報告，並提出研究建議。

第七節　老人福利服務

◆ 一、老人福利服務

依據聯合國衛生組織所定的標準：當全國 65 歲人口超過 7 ％以上，即稱之為「高齡化國家」；而我國在 1993 年 9 月起人口的年齡分布正式超過此標準，也就是我國目前已經是屬於「高齡化國家」了。

雖然台灣人口老化的情形與歐美的 10 ％以上比較，並不算嚴重，然而台灣老人人口在 1979 年時僅占總人口 4.05 ％，而到 1993 年則達 7 ％，僅短短 15 年的時間，人口老化的速度與日本非常近似。

另外，台灣的社會也因工業化、都市化的發展，使得家庭的結構產生重大的轉變。對於老年人口方面，傳統家庭養兒防老的功能也逐漸式微，老人權益的保障與照顧不再是少數單一的個案問題，而是攸關國家整體社會福利政策推動的重要環節之一（戴章洲，2005：1）。

老人福利是為確保老人物質性、精神性、社會性的最基本的生活水準，實現老人幸福的公私立之社會性、組織性活動的總稱。在高齡化社會來臨時，許多老人都面臨著經濟安全保障、健康醫療維護、居住安養照顧、教育及休閒需求、心理及社會適應需求等問題。因此，除了國民應及早做好生涯規劃外，家庭、社會、國家都應相互配合，共同關心老人，以促使老人晚年的生活能夠受到保障與照顧。

學者江亮演、洪德旋、林顯宗、孫碧霞（2003：125-130）對於我們應該

努力的老人社會福利服務工作，提出下列幾項措施：

㈠ 服務內容

1. 對殘障或臥病老人可做下列服務：(1)推行家庭服務員派遣制度（在宅服務）；(2)殘障或臥病老人日家照顧服務；(3)老人日常生活用具免費供應（借或贈）服務；(4)殘障或臥病老人入浴服務；(5)殘障或臥病老人短期保護；(6)殘障或臥病老人津貼。

2. 對獨居老人可施行：(1)老人看護人員的派遣；(2)老人家庭服務（在宅服務）；(3)老人電話服務；(4)老人供食服務。

㈡ 老人生趣對策

1. 院外一般老人生趣對策
   (1)老人就業：老人職業訓練、老人免費職業介紹、老人人力銀行，其他如老人工廠等等。
   (2)老人創業：共同創業包括：老人餐廳、老人咖啡廳、老人球場、老人公司等；個人創業包括：老人陶藝、園藝、木工、養豬、養魚、養鴨、養鹿等。
   (3)老人俱樂部：學習性如手工藝、繪畫等；趣味性如舞蹈、音樂、老人趣味教室等；健康性如體操、打拳、登山等；社會福利性如義工、社會調查等；宗教性如各種宗教活動等。
   (4)老人生活情趣服務，如發揮老人能力提高老人生趣、尊重老人、敬愛老人、重視家庭倫理道德等。

2. 院內老人生趣對策
   (1)老人職業教育與訓練。
   (2)老人工作室或老人工廠。

⑶老人就業服務。

⑷老人公共造產。

⑸其他。

㈢ 福利設施

1. **老人福利中心**：提供諮商、健康、教育等綜合性服務。

2. **老人靜養之家**：老人短期保健、靜養場所。

3. **老人休閒中心**：免費提供老人娛樂健康知識與活動。

4. **老人工作場所**：提供適合老人工作之地點。

5. **老人旅社**：低費提供老人旅遊住宿之用。

6. **老人療養院所**：提供有身心嚴重缺陷或臥病老人之療養地方。

7. **安養機構**：收容身心或經濟上理由在家生活有困難老人之地方。

8. **低費安老機構（低費老人之家）**：依契約低費提供老人安養之地方。

9. **自費安老機構**：除人事費、設備費、醫療保健外，其他費用均由老人負擔。

10. **老人復健或休息之家**：提供老人短期保健、住宿之地方。

㈣ 老人年金制度

除職業年金外，為保障老人物質生活，應有自費或免費的國民年金或老人年金制度，以保障老人晚年生活費用來源。

㈤ 老人醫療保健

1. 院外（機構外）一般老人醫療保健

　　⑴老人保健：包括老人保健講座、心理生理健康服務、居家老護理訪問、老人健康諮商、老人健康衛生訪問。

(2)老人醫療：包括免費老人精神院或養護所、傳染病醫院或療養院、慢性病及急性並救治措施、老人醫療巡迴車、老人醫療費補助等。

(3)老人健康檢查。

(4)老人白內障手術及其費用之補助。

(5)老人機能回復訓練。

(6)老人保健醫療綜合對策之開發。

2.院內（機構內）老人醫療保健

(1)健康檢查。

(2)飲食營養衛生。

(3)衛生管理與生活指導。

(4)老人健康、娛樂、教育。

(5)老人醫療管理。

(6)老人心理健康管理。

㈥ 老人住宅政策

1.公營老人住宅與老人社區。

2.老人寢室設備費用之貸款。

3.低收入臥病殘障老人住宅改建貸款。

4.老人購屋優惠貸款。

㈦ 老人租稅優待措施

1.老年者扣除與身心障礙（殘障）臥病老人之扣除。

2.老人扶養扣除與老年者年金扣除。

(八) 老人家庭生活協助及補助

1. 老人家庭個案工作。

2. 重整孝德、重視家庭倫理。

3. 以《民法》規定扶養義務者之義務或扶養義務順序。

4. 提供病弱或殘障、臥病老人之生活必須工具。

5. 訪問獨居生活老人。

6. 訂定低收老人認定標準，以確實照顧低收老人生活。

7. 辦理低收老人創業貸款，促使其自力更生。

8. 結合民間力量，加強照顧老人生活。

(九) 老人教育

1. 訂定老人教育有關的法規。

2. 改變一般人對老人教育的不正確觀念。

3. 老人教育類型可分為：

　(1)退休人員大學或職業學校。

　(2)大學式的養老院所。

　(3)定期講座或補習方式老人教育。

　(4)老人空中教學。

　(5)老人大學與老人學校。

　(6)老人圖書館（含老人圖書巡迴車）。

　(7)老人教室與老人學習性俱樂部。

　(8)老人教育研究會與老人退休前的教育。

㈩ 其他

　　如老人福利經費來源的規定與老人福利工作人員的培養與訓練等。

◆ 二、老人服務的相關議題

　　對社會工作的實施領域的劃分，通常不是以案主的特徵分類，而是以解決案主問題有關的社會制度作為分類的標準。一般分為：家庭社會工作、學校社會工作、醫務社會工作、工業社會工作、矯治社會工作等五大類（林勝義，2001：129）。

　　老人服務的社會工作的發展領域除了社會工作的基本元素之外，其相關的議題包括甚廣，例如：人口老化的議題、老人問題、老人服務的類型、方案、政策、趨勢以及在老人福利服務方面特有的專業知識、價值、文化與服務方法，如老人醫學、慢性病院、長期照護、銀髮產業、老人政治壓力、臨終照護、敬老尊賢、孝道、外籍監護工的引進與管理等（林萬億，2002：62）。

摘要

　　傳統的社會工作方法有：社會個案工作、社會團體工作，以及社區工作。這三種社會工作的方法都必須要直接的面對案主或人民，因此稱之為社會工作初級的實施方法或者直接服務。另一方面，社會機構與方案需要計畫管理、評估、督導、諮詢，因此社會工作的管理開始受重視。社會工作者也被要求執行研究，以確認案主的需要和方案服務的成效，因此社會科學的研究方法也被引進，這兩種方法因為未直接面對案主，所以稱之為次級的實施方法，或間接服務。

　　社會福利服務的間接服務的主要內容有：社會工作督導、社會工作諮詢、社會工作行政、社會工作教育、社會工作研究、社會工作管理等項目。社會工作督導是指對於從事社會工作實務工作者的指導工作，也是加強培訓專業社會工作者之專業知識與技術的方法，以確保社會工作者專業服務的素質及機構目標的達成。社會工作諮詢是指用於社會工作專業的活動的一種發現問題的程序，通常是由具有資深專業的諮詢者向新進或基層的工作人員提供其所需要的資料與輔助，以期增強受諮詢者的專業能力。社會工作教育主要是對於準備從事社會工作或者現在從事社會工作人員進行專業相關的教育或訓練。社會工作研究主要的目的是希望藉由研究的途徑來驗證理論，以及發現新的知識。而社會工作的管理，就間接服務而言，包括有政府社政部門的管理與社會福利機構的管理。

 問題習作

- 一、試說明社會福利間接服務的意義和內涵。
- 二、試說明社會工作督導的意義和功能。
- 三、試說明社會工作諮詢的方式。
- 四、試說明社會工作行政的運作體系。
- 五、試說明社會工作研究的意義。
- 六、試說明社會工作教育範圍。
- 七、試說明社會工作研究主要方法。
- 八、試說明老人福利服務相關的議題有哪些。

 名詞解釋

- 社會行政
- 社會工作督導
- 社會工作諮詢
- 社會工作教育

- 治理
- 研究方法
- 研究倫理

參考文獻

江亮演、洪德旋、林顯宗、孫碧霞（2003）。**社會福利與行政**。台北：國立空中大學。

李增祿（1990）。社會工作督導之發展趨勢。**社區發展，52**，9-11。

林萬億（2002）。**當代社會工作——理論與方法**。台北：五南。

林勝義（2001）。**社會工作概論**。台北：五南。

邱榮舉（2002）。**學術論文寫作研究**。台北：翰蘆。

國立政治大學社會學系（2005）。**「社會工作實習」實施辦法**。2005年5月28日，取自http://sociology.nccu.edu.tw/Chinese/index.htm

莫泰基（1994）。社會工作的研究方法。載於周永新（主編），**社會工作新論**（頁45-55）。香港：商務印書館。

彭淑華（2001）。社會工作督導。載於萬育維（主編），**社會工作概論——理論與實務**（頁127）。台北：雙葉。

廖榮利（1990）。督導在社會福利體系——專業與科層之整合。**社區發展，52**，12-21。

萬育維（2001）。**社會工作概論——理論與實務**。台北：雙葉。

戴章洲（2004）。**地方政府社政部門競爭力指標之研究：以新竹地區為例**。私立玄奘大學公共事務管理研究所碩士論文，未出版，新竹市。

戴章洲（2005，6月）。**日本老人福利初探**。論文發表於明新科技大學舉辦之「老人與志願服務」學術研討會，新竹。

Fink, A. (1974). *The field of social work* (6th ed.) . New York: Kinehart & Winston.

Kadushin, A. (1985). *Supervision in social work*. New York: Columbia

University Press.

第 五 章

社會救助

學習目標

研讀本章內容後，學習者應能：

一、瞭解貧窮的問題及各國救濟制度的歷史發展。

二、深入瞭解社會救助的內涵及實施方法。

三、全球化的社會福利影響，對社會救助制度產生哪些改變？

四、協助自立的社會救助發展新方向。

第一節　社會救助的歷史演進

俗語說：「富不過三代」，意謂著人生在世榮華富貴不常在，在經過一段時代的變遷和環境的洗禮後，昔日有錢有勢的家庭望族，也可能會家道中落，淪為窮人；另一說：「人無千日好，花無百日紅」，個人或家庭都難免遭受災禍不幸或急難事故，需要別人的幫助。當人遭遇困苦時，可能會先使用自己擁有的資源，自己的資源耗盡時則求助親友，當全部資源都無法滿足生活需求後，政府單位的社會救助扮演了最後一道防線，讓落入貧窮的人可以獲得生活滿足。不論形成的過程如何，從古至今，貧窮問題一直不斷的重複上演，就如同我們所知的歷史一樣源遠流長。

◆ 一、我國的社會救助

雖然貧窮問題自古就有，但要追溯我國社會救助的真正起源，仍有實際之困難，因為在縱向的時間軸上不容易切割何時有救助行為，從橫向的地域性中也不知道我國開始施行救助時的範圍多大。一般普遍以佛教傳入中國作為分際點；雖然個人慈善時有所見，但據可考證的記載，個人的慈善行為由佛家的典籍中可以得到印證，佛教用「慈悲、輪迴、善有善報……」等教義來啟迪人心。大約在漢武帝時期（西元前 156 至 87 年）佛教大量傳入中國（姚寶賢，1980），迅速在中國發展並深入民間各階層，民間以「種福田」、「積陰德」、「濟弱扶傾」的信仰實現行善修德的目的，可視為是早期個人社會救助之發端。

在中國，由於士大夫和貴族士紳的階級傳統，以及受到儒家獨善其身的思想影響，認為照顧貧苦民眾是政府的責任，要普遍施行仁政，而不應由佛

寺僧侶來提供小惠給民眾。民間的慈善事業從范仲淹創設「義田」照顧家族體系開始，嗣後，劉宰以社區居民為對象設立粥局，幫助貧童和災民，但這些所謂慈善也只是在士大夫或士紳的階層中進行，一般街井平民沒有能力長期大量的捐助財務或糧食供災民使用，即使有能力貢獻，也必須獲得士紳們的認可才能進行，限定階層的活動，自然無法普及（林萬億，2002）。

中國歷代的朝代更替，都和天災人禍有一定的關連，所以社會救助成為社會控制和安撫人心的必要措施之一。從保息六政、荒政十二、九惠之教等政策[1]，都是在對抗當時的天然災害和貧窮問題。

及自民國伊始，中國正式結束了帝王統治時代，但國內一直處內憂外患的動盪不安環境中，至 1943 年才正式制訂《社會救濟法》，成為中國第一部福利立法，奠定了我國社會救助及社會福利的基礎。

自 1949 年，國民政府來台後，台灣社會救助歷經了三個時期的演變。

(一) 傳統救濟時期（1949 至 1964 年）

以零散式的赤貧為救濟對象，由台灣省政府訂定之各項單行法為政策重點，缺乏整體性和連貫性。

(二) 消減貧窮時期（1965 至 1979 年）

1965 年，中央政府以三民主義為本，訂定「民生主義現階段社會政策」，決定社會救助七大方針和五項措施，為救助體系奠定了基礎，此期間推出的小康計畫、安康計畫，對改善民眾經濟收入，有相當的助益。

1　保息六政：慈幼、養老、賑窮、恤貧、寬貧、安富。

　荒政十二：散利以給糧、薄徵以減租稅、緩刑以省刑罰、馳力以息徭役、舍禁以釋山林之禁、去幾以去關防之磯、省（書）禮以減殺（書）吉禮、殺哀以殺凶禮、蓄樂——以藏樂而不作、多昏——不備禮婚娶者多、索鬼神以祈民痲、除盜賊以遏民害。

　九惠之教：老老、慈幼、恤孤、養疾、合獨、問疾、通窮、振困、接絕。

（三）制度建立時期（1980年後）

1980年，政府為因應時代變遷和社會需求，訂定《社會救助法》，以協助民眾自立為立法精神，使社會救助政策具明確依循和政策指引，1994年頒布的《社會福利政策綱領》，及各項社會福利法規的修訂，均使我國社會福利制更趨完備（蕭玉煌，2001）。

21世紀我國的社會救助，除受全球化的福利思潮影響外，本土化的福利作為是另一個發展的方向，民間非營利組織走向專業化、正式化、組織化；政府政策強調社區化、在地化、小型化；慈善行為也漸向集中化、群體化和制度化的組織發展；社會救助已非滿足人民溫飽的消極性行政作為，而是協助人民脫貧自立的積極性輔導行動。

◆ 二、英、美為主的西方社會救助

在中世紀以前，歐洲國家的統治權遠不如宗教的力量，所以社會控制的工作落在教會及教區身上，教會、教區及傳教士構成的慈善網絡成了早期歐洲社會救助的主力軍。隨後，歐洲進行了「政教合一」制度，國家漸漸的要回統治權力，但教會仍被委以救濟行政工作，牧師、主教、神父、執事……成為地方上救濟工作的主要負責人（林萬億，2002）。

救助工作從教區的濟貧開始，後來設立孤兒院、養老院、殘疾院、流浪庇護所……等設施，這些設施同時也肩負了濟貧的工作。早期的貧民及流浪者（遊民）必須在自己登記的教區內活動，如本身具有工作能力者，會被強迫去從事生產工作，並禁止任何人提供食物或金錢給行乞之人。另外，還規定這些流浪者不得離開自己的教區，否則將受到嚴懲，教區只供給那些老人、孤兒、殘疾者必需的救濟。

1601年，英國的伊莉沙白（Elizabeth）女王頒布了《濟貧法》（或稱《伊

莉沙白第四十三號法案》），這個法案的頒布，在社會福利的歷史演進中具有重大的意義，它是第一個將原本的慈善工作法制化的成文法，不僅奠定了英國往後幾百年的社會救助工作，也是世界各國制訂社會救助政策的重要參考依據。《濟貧法》的主要內涵如下：

1. **限制居住權**：人民必須在本教區內居住滿三年以上始能獲得救助。無形中限制了人民的遷徙自由，達到社會控制的目的。

2. **親屬家庭責任**：規定人民在請求救助前，他的父母、配偶、子女和近親等人，負有滿足基本需求和支持照顧的責任，如窮人無法獲得家屬協助時，才能向教區請求濟助。

3. **窮人分類**：《濟貧法》將窮人分成值得救助的窮人和不值得救助的窮人兩類。教區內身體健康具有工作能力的行乞者，被視為不值得救助的窮人，這些人將被送至矯治所或習藝所內強迫勞動，政府並禁止任何人提供救濟給這些人；教區內的老人、殘疾者、病患、孤兒、貧童，被視為值得救助的人，這些民眾將被安置在濟貧院、寄養家庭、孤兒院……等設施內，或採取院外救濟的方式，由教區發給實物補助，如米食、油、衣服、棉被……等物品。

1795 年，英國的《濟貧法》施行後，經過多次的修正和更改，但貧窮問題卻繼續存在著，尤其當 18 世紀末工業革命啟動後，機器大量取代了人力，致使傳統人力失去工作競爭力，失業者及流浪者不斷增加。英國政府為因應嚴重的社會問題，通過了《史賓漢蘭法》（Speenhamland Act），改採院外救濟的方式大量濟助貧民，受到當時自由主義學派的強烈批判，認為新的福利制度會造成福利依賴，人民不必勤奮工作也能活得很好，更會造成壞的道德示範。

1869 年，工業革命後的新《濟貧法》並無法有效解決新的社會問題，眼見貧富差距愈來愈大，負責慈善救濟的教會和機構難以應付人民的福利請求，於是再成立一個以整合救濟資源和協調為功能的慈善機構——「慈善組織會

社」（COS）。這個會社是一個非營利組織形態，以志工人力為主體，反對政府無限制的擴大公共救濟支出，認為貧窮應經過調查的程序來確定，並且限定接受救濟者不能重複領取不同單位的救濟。

1873 年，派駐東倫敦聖猷太教區的巴奈特（Barnett）牧師夫婦在聖朱帝教堂主管傳教事務並協助貧民的工作，他們看到教區內到處充斥著貧民、流浪漢，住在破舊又擁擠的房子裡生活。為了協助這些貧困者，巴奈特到著名學府牛津和劍橋兩所學校招募志工人力，結果，一位牛津大學的高材生——湯恩比（Toynbee）參加了這個服務的行列，他畢業後即獻身於教區內的貧民窟，卻不幸在 1883 年病逝，為了紀念這位無私奉獻的青年，教區為他設立了世界上第一所社區服務中心（University Settlement），名為「湯恩比館」。

湯恩比館的主要工作方法如下：

1. 工作員和社區貧民相處在一起，以實際瞭解居民需求。

2. 以居民需求為工作重點。

3. 結合社區人力資源，增進社區參與。

4. 以社區服務中心為媒介，介紹本國及外國文化。

1870 年，德國首相俾斯麥（Bismarck）受到社會民主黨（SPD）成立的壓力，於 1883 年推動了世界上第一個由政府主導的「社會保險」制度，使社會福利邁向另一個新領域。

1877 年，「慈善組織會社」（COS）的工作和人力運用方法被傳入美國的水牛城（Buffalo）；1887 年，湯恩比館的工作方法及服務方式也傳入美國，啟動了美國社區福利和志願服務的蓬勃發展。

1908 年，英國政府制定《老人年金法》（Old Age Pensions Act），70 歲以上的老人通過了資產調查和道德調查後，每週可獲得 5 先令的年金給付，它是一種免繳費的給付方案，和我國目前實施的中低收入戶老人生活津貼類似。

　　1930年，美國面臨空前的經濟大恐慌，人民失業嚴重，羅斯福（Roosevelt）總統提出「新政」，開始由中央政府負起搶救貧窮的責任，提出公共救助、社會保險等方案。

　　1960年，美國貧富差距懸殊問題逐漸顯現，詹森（Johnson）總統提出「向貧窮宣戰」的福利政策，幫助美國境內的窮人獲得基本生活需求的保障，進而掃除窮人社會與現實環境的障礙。這個制度的提出，改變了美國以資本主義和個人主義掛帥對待窮人的態度，由負面的排斥變成正面的認知進而協助，由個人主義發展成利他主義，使得資本主義的本質也不得不漸漸向左傾斜。

　　1980年，美國社會救助政策在反社會依賴的風潮下，雷根（Reagan）政府的保守主義興起，救助經費、政府人力和方案被大幅刪減，工作福利的傳統濟貧方式被重新啟用，家庭、社區、鄰里和志願互助組織為主福利政策，取代了公民權的福利思潮。

　　1996年，柯林頓（Clinton）總統進一步精簡了福利給付的方式，在新通過的《個人責任與工作機會調和法》中，改變了幾個給付方式：

　　1. **不保證資格權**：中央政府不再負責福利救助事項，由中央政府總預算中補助地方政府辦理救助事務，地方政府可以決定哪些人或家庭可以獲得救助，受助人可以獲得多少的給付額，地方政府有權拒絕申請者的要求或決定將他列入等候名單，不能保證人民一定獲得給付或保有被救助的權利。

　　2. **受領期間限制**：首次申請社會救助者，最長給付期間為二年；一生之中累積受救助時間不得多於五年的期限，以減少受領人養成社會依賴，喪失工作動機。

　　3. **排除移民救助**：對於外國遷入者，不論其為合法移民或非法移民，地方政府都可以拒絕申請。

綜合以上社會救助變遷，將其分成三個時期，整理如表 5-1。

表 5-1　社會救助變遷的三個時期

	20 世紀前	20 世紀初至 1970 年	1980 年至今
思想概念	保守的	自由的	務實的
理念基礎	個人主義	社會民主主義	新中間路線
貧窮的認定	匱乏	相對剝奪	社會排除
致貧原因	個人因素	社會結構	個人＋社會結構
政府角色	消極	積極	積極
服務精神	慈善	權利	權利＋義務
給付水準	維生	自尊	社會參與
工作要求	嚴格	寬鬆	積極

資料來源：整理自孫健忠（1999）。

第二節　社會救助的內涵

社會救助僅是救助窮人而已嗎？社會救助等於社會福利嗎？老農津貼、敬老津貼……算是救助嗎？本節將會把社會救助作一系統性的介紹。

一、社會救助的意涵

社會救助（Social Assistance）又稱為公共扶助。它是相對於私人的扶養關係所發展的政策，是政府基於保障人民基本生活的職責，對於老弱殘疾、無力生活及受非常災害者，所給予適當的扶持與救助。

依據我國《社會救助法》第 1 條的內容：「為照顧低收入及救助遭受急難或災害者，並協助其自立，特制定本法。」社會救助是針對低收入戶、遭受急難者，以及受到災害者等三種民眾為對象的公共救助，而「協助其自

立」，則顯示出社會救助的積極面。

社會救助法將救助種類分為：生活扶助、醫療補助、急難救助及災害救助四種，茲分述如下：

1. **生活扶助**：當救助對象發生需要公共扶助的時候，政府需依其個別需要給予生活上必要的扶助。生活扶助一般以輔助低收入戶的生活為主，以保障每個民眾基本生活不虞匱乏。

2. **醫療補助**：醫療補助是對發生疾病需要龐大醫療費用，而家庭或個人無力負擔時，給予醫療費的補助，以免低弱者因為沒錢看病而影響健康或生命。

3. **急難救助**：人有旦夕禍福，生活中難免遇到意外、重病、失業、死亡……等不幸，致經濟陷入困境，或出門在外，一時缺乏返鄉車資，可向政府申請急難救助金協助暫度難關。

4. **災害救助**：天有不測風雲，天然災害之發生不是人力所能抗拒的，水火無情，它對人們所造成的傷害也往往最嚴重，當人民受到水、火、風、旱、地震……等災害損失重大，以致影響生活者，政府應辦理災害救助，解決民困。

◆ 二、貧窮線

綜觀各國社會救助的供給，大都以政府劃定之「貧窮線」作為是否給付的標準，但何謂「貧窮」？實為一個難以釐清的問題。因為在不同的國家、不同的時代、不同的環境中，對貧窮會有不同的詮釋；貧窮代表的是一種需求不足的狀態，它可能是物質層面的，也可能意指精神層面的不足。

一般而言，一個人的維生需求被認為是最基本，也是初始的需求；也有學者認為基本需求應包含得以參與社會一般活動在內，進一步將需求的內涵擴大為物質的、精神的和社會參與的全面性概念。

　　貧窮在不同國度和不同時代背景中，有不同的定義，但大抵可歸納為三種概念：第一種為「主觀的貧窮」，係個人根據生活經驗、經與他人的比較或依據現實環境的判斷，認定自己或某人為貧窮者。主觀的貧窮常發生在我們生活周遭，我們常聽說某個家庭真的很窮，連電視、冰箱、汽車……都沒有，家裡陳設極簡、衣褸陳舊、三餐不繼……等形容，為什麼政府都不去救濟他？其實這類的陳述都屬主觀的認定，因為個人的生活方式是差異問題，有人選擇簡單過生活，有人選擇奢華裝門面，僅從外觀上就判斷誰是窮人，是思維上的錯繆。

　　第二種為「絕對貧窮」，指個人或其家庭無法滿足基本維生的需求者即為貧窮，強調的是滿足基本需求的絕對值。譬如某人，他一天需要的基本食物量、熱量、營養……等條件，其個人無法以己力獲得，長期處於匱乏狀態，則可認定其為絕對貧窮。基本生活需求是維生的低度要求，經過調查和評估其個人確無獲得這些基本資源的能力時，需要他助以維持其繼續生存。

　　第三種為「相對貧窮」，指個人或其家庭的經濟力低於某一水準，即是貧窮，它是以需求的相對數量為測量基準，它以整個社會環境的平均消費標準來認定貧窮，這其中包含了社會參與的積極觀念。隨著經濟發展國民所得提高，原來一般所評斷的貧窮已屬赤貧的狀態，國民生活支出除了食、衣、住、行之基本需求外，尚需從事教育、消遣、娛樂、家庭休閒設備、旅遊、文化活動……等消費，另還需支付醫療費用及社會禮俗所需之社交費用……，如果不能隨著時代變遷，則無社會參與可言。故在相對的觀念上，以當時的社會環境狀況來衡量貧窮。

　　我國的貧窮線即是以「相對貧窮」概念所訂定，《社會救助法》所稱「低收入」，係指家庭總收入戶平均分配全家人口，每人每月在最低生活費標準以下者。所稱「最低生活費標準」是由中央、直轄市主管機關，參照中央主計機關所公布當地區最近一年平均每人消費支出 60%定之。亦即政府需維持

全體國民生活均達到平均消費 60%以上水準，如果民眾的收入低於這個水準，政府就有責任補充其生活所需。

　　2005 年我國台灣地區貧窮線定為每人每月 8,770 元，台北市 13,562 元，高雄市 9,711 元，金門、連江縣為 6,300 元，各地區分別訂定的理由，是因各地消費水準不同，而分別計算的結果。

◆ 三、貧窮的成因

　　根據內政部進行的年度低收入戶生活狀調查內容而言，低收入戶致貧的原因，大致可歸責於家庭內部失衡和社會結構改變二者，茲分述如下。

(一) 家庭內部失衡

　　主要是指受到負擔家計者或戶內成員的影響，導致家庭經濟狀況一時無法獲得改善，包含以下各項情形：

　　1. 家庭人口眾多，生之者寡，食之者眾，造成負擔過重情形。

　　2. 家庭成員殘疾或長期痼病，無法參與勞動又需支用大筆醫療費用，花費過鉅無力負擔者。

　　3. 貧窮的世代循環，因上一代貧窮且無力改善現狀，繼續貧窮。

　　4. 負擔家計者老、殘、病、愚、意外，致無工作能力者。

　　5. 負擔家計者死亡、失蹤、服刑、服役……。

　　6. 個人無工作意願，個性懶散或染上惡習，養成依賴性格者。

　　7. 遭遺棄、無子女或子女無能力撫養能力之老人。

　　8. 單親家庭、孤兒。

(二) 社會結構改變

　　是指外部性的環境遽變，致使個人無法因應而導致經濟情況無力改善而

言，主要包含下列幾項：

1. 國內失業率過高，就業機會欠缺。

2. 生產技術改變，原有技術已無法使用，造成轉業困難。

3. 工作場所、內容和薪資等就業條件不佳，所得無法養家。

4. 全球化經濟市場變化，使傳統產業經營困難，造成事業失敗。

5. 國內產業外移，工人找不到工作，所得中斷。

6. 遭受天然災害，身家財產受到嚴重損害，生活無以為繼。

從以上的原因可以瞭解，現代的社會歸責於內部的原因所造成的貧窮，和貝佛里奇所提出阻礙社會的五巨人（貧窮、疾病、愚昧、骯髒、懶惰）仍相去不遠；但在社會環境的外部性而言，變化的速度和內容卻較以往鉅大且快速，使得工作福利的規劃產生了變化。

學者以「新的貧窮」一詞來形容因社會變遷下所產生的貧窮人口和相關問題（張世雄，2001）。最近政府推動的多元就業方案、勞退新制……等措施，是在因應社會變遷所實施的應變方案，讓失業者得以短暫就業，暫度難關，但生產技能未提升仍無法長期就業。勞退新制的施行，可讓中途轉業者的勞保權益獲得保障。

致貧原因一部分是先天弱勢者無法改善的，部分是自身缺乏動機造成的，而部分是因社會環境的變遷造成者，不論是什麼原因致貧，貧窮問題一直都是政府需面對和解決的難題。

◈ 四、社會排除

社會排除（Social Exclusion）一詞在歐洲最早是指沒有列入社會保險之內的人口，或被排除在保險給付外的人而言，後來對於沒有工作的失業人口也被視為社會排除人口；依英國 Social Exclusion Unit 的解釋，社會排除是用來指涉個人或區域同時遭受各種問題的影響，這些問題包括：失業、低技術、

低收入、住宅品質差、高犯罪率、健康狀況不良及家庭解組（鄭麗珍，2004）。

美國則以「低下階層」來形容非裔美人的經濟處境。社會排除在相關的研究中可歸納出六個概念，分述如下：

(一) 一種新興的現象

隨著經濟發展減緩、福利國家緊縮、大量失業形成的貧富差距，這些現象的產生可能發生在各個階層，許多中產階級向下社會流動，傳統的階層理論不足以解釋此一新興現象。

(二) 經濟與社會再建構的影響

全球化的資產人力流動以及工業結構的轉變形成的新經濟關係，製造業漸次衰退、服務業興起、高結構性失業、部分工時增多、男女就業機會均衡、高低所得差距加大，這些現象發生不僅發生在經濟不景氣時，也會發生在經濟繁榮時，處在非主流行業的人，所得低、安全性低、工時不固定，易形成排除人口。

(三) 視為一種過程

失業者最初可能是無法找到新工作，之後家庭親友的支援也耗盡了，政府的補助讓他自覺被標籤烙印化，而後可能產生疏離感，自慚形穢而在社會參與中退縮。

(四) 多面向的分析

社會排除的面向可從多個角度來討論，其中較共通的面向有五個：

1. 勞動市場排除（就業排除）。

2. 貧窮（經濟排除）。

3. 無政治參與及決策力（活動排除）。

4. 人際關係孤立（支持排除）。

5. 空間的排除（居住排除）。

(五) 累積循環性

正處於一種社會排除面向者，將有導致另一種社會排除面向的可能。即各種社會排除的風險可能相互影響或惡性循環，產生排除連動性。一個失業者可能因無收入、無消費能力，溫飽受到威脅（經濟排除）。親友怕拖累或借貸故意避他（支持排除）。被排除人口集中居住於某一區域，像似被隔離並限定居住，成為大多數人看不見或不願看見的一群人（空間排除）。

(六) 社會排除是低下階層產生的必然結果

低下階層缺乏女性與其結婚的誘因，致影響其家庭結構，長期失業造成的犯罪問題，使其與主流社會愈行愈遠（王永慈，2001）。

綜言之，從貧窮概念延伸而來的社會排除概念也反映出，對於貧窮者或弱勢族群的關切，不只是侷限於物資源是否匱乏，也同時關注其勞動市場、社會與政治參與、人際關係的維繫……等。

國內學者以「社會變遷基本調查」資料為依據，把極端貧窮、沒有工作、無社團參與、無政治活動四個項目同時出現界定為最嚴重社會排除者，推估台灣處於嚴重社會排除者約有 7.8%（鄭麗珍，2004）。依這個推估，則台灣約有 180 萬的民眾，生活在沒人關心、極端貧窮、沒有參與社團和政治活動的環境之中，此推估數據和國內目前不到 1%的低收入戶比例有明顯差距，可見社會排除如何界定，尚需進一步整合。

第三節　社會救濟方案

◆ 一、生活扶助

　　我國的生活扶助方案採申請制，民眾符合低收入戶資格者，得向鄉鎮市區公所申請生活扶助，政府機關受理申請後，應就申請人的家庭總收入、戶內工作人口及檢附文件等進行調查。

㈠ 資產調查的項目包含：

　　1. 工作收入：依申請人戶內人口實際工作收入計算所得，或依行政院勞工委員會訂定之各項職業收入計算標準核定收入。

　　2. 資產收益：包含動產（如股票、債券、投資）及不動產收益（如房屋、土地租金）。

　　3. 其他收入：除了工作收入和資產收益外之收入，如賠償金、保險金、捐贈獻金、獎金等。

㈡ 戶內 16 歲以上，65 歲以下而有下列人口時，得不列其為有工作能力：

　　1. 在學學生，除博士班、空大、空專進修補校以外的學生，均認列其不具工作能力。在實務上，如學生有實際收入者，其收入仍會被計入家庭總收入之中。

　　2. 身心障礙致不能工作者。身心障礙的類別很多，需其障礙程度已達不能工作者，始排除戶內工作人口。

3.罹患重大傷病，治療或療養期逾三個月以上者。

4.家屬需照顧上述重大傷病者，致無法工作者。

5.獨自扶養 12 歲以下之血親卑親屬者。係屬單親家庭條款，為使單親家庭度過難關，尤其是女性經濟力薄弱，需加以扶助減少社會問題。

6.婦女懷孕六個月以上至分娩後二個月內者。

7.其他：經直轄市、縣市政府主管機關認定者。

㈢《社會救助法施行細則》也規定四種人可以不列入工作人口，並且不計算其最低生活費：

1.應徵召入營服役者。

2.領有公費之在學生。

3.入獄服刑、因案羈押或依法拘禁者。

4.失蹤達六個月以上者。

㈣生活扶助申請流程與發放

申請者之工作收入、資產收益及其他收入等資產調查項目，經計算全家人口總收益平均低於政府訂定之「貧窮線」規定者，即可申請低收入戶補助。申請時應檢附下列文件：

1.全戶戶籍謄本。

2.全戶所得稅證明。

3.不動產證明。

4.其他證明文件（如學生在學證明、身心障礙者手冊、診斷書、重大傷病證明、服刑證明、役男證明……等）

證件齊備後應填寫社會救助調查表，向轄內的鄉鎮市區公所申請低收入戶資格，申請表件經公所初審通過後，送交縣市政府做最終審核，完成整個

申請程序。

縣市政府審核通過符合低收入戶補助資格者，其每月生活費用補助標準如下：

1. 一款低收戶，戶內每人 7,100 元。
2. 二款低收戶，每戶 4,000 元。
3. 三款低收入戶，戶內 15 歲以下兒童每人 1,800 元。
4. 戶內 65 歲以上老人，每人 6,000 元。
5. 戶內身心障礙者，輕度者每人 4,000 元；中度以上者每人 7,000 元。

◆ 二、醫療補助

內政部依據《社會救助法》第 20 條的授權，於 2001 年 5 月發布《縣（市）醫療補助辦法》，以作為各地方縣市政府補助的依據。根據該法得申領政府醫療補助者只限兩種人，一是針對低收入戶遇有傷病者，其所需醫療費用由政府編列預算補助，以免低收入戶因無錢看病而損及身心健康；二是中低收入戶患嚴重傷病，所需醫療費用非其本人或扶養義務人所能負擔，且其家庭總收入平均未達當年每人每月最低生活費 1.5 倍者，並且在最近三個月內，其醫療費用累計達 5 萬元以上，即符合申請醫療費用補助。

醫療費用補助項目為因疾病、傷害事故就醫所生全民健保之部分負擔醫療費用或健保給付未涵蓋之醫療費用。但不包含義肢、義眼、義齒、配鏡、鑲牙、整容、整形、病患運送、指定醫師、特別護士、指定藥品材料費、掛號費、疾病預防、節育結紮，以及住院看護費、指定病房費。

醫療費用的補助標準，低收入戶者，全額補助，沒有累計金額下限問題，均由政府予以負擔；中低收入戶 1.5 倍者，則依實際醫療支出補助 70%。

◆ 三、急難救助

人民在日常生活中，常會遇些突如其來的不幸事故，有些困難或不幸事件是可以以自身的資源解決的；有些是一時的急難，只需短暫度過就可安然無恙；而有些是社會結構改變造成的；有些事故是意外造成的結果；有些是當事人自己的行為造成的……。內政部訂定之急難救助金申請審核及撥款作業規定所列的救助對象為：

1. 戶內人口死亡無力殯葬者。

2. 戶內人口遭受意外傷害致生活陷於困境者。

3. 負擔家庭主要生計者，罹患重病、失業、失蹤、入營服役、入獄服刑或其他原因，無法工作致生活陷入困境者。

內政部規定的補助主體仍是以家庭為對象的補助措施，用戶內人口的全體性來檢視急難事件，當急難發生後，家庭責任仍是第一的選擇，另外則是面對遭遇的困境無力解決者，始能列為補助的對象。

實務上，急難救助補助措施在縣（市）、鄉鎮市級政府中均列有預算支應，其補助對象基本上和內政部訂定之對象大致相同，僅部分會因地制宜稍作修正。而急難救助是否應在各層級政府均列預算辦理，一直是值得討論的議題之一，一個事件可分別向三個政府單位申請補助，不僅無效率，更缺乏整合資源的功能，實宜檢討整合。如屬中央應辦事項，則應由中央編列預算並執行；如係地方自治事項，則應由縣（市）政府編列預算並執行；如為委辦事項，則應交由鄉鎮市公所辦理，以免產生一案多辦的現象。

◆ 四、自立方案

我國《社會救助法》開宗明義即揭示立法的意旨為照顧低收入戶、救助遭受急難或災害者，並「協助其自立」。依《社會救助法》第 15 條規定，低

收入戶中有工作能力者，直轄市、縣（市）主管機關應協助其接受職業訓練、就業服務、創業輔導，或以工代賑等方式輔助其自立；不願接受訓練或輔導，或接受訓練、輔導不願工作者，不予扶助。

1. **職業訓練**：係指協助個人習得工作所需的知識及技能，使個人更容易獲得並保持一份工作的一種服務。低收入戶如具有工作能力，可藉由職業訓練的途徑獲得工作知能，從事技術工作增進經濟收入，早日脫離貧窮。

2. **就業服務**：指對於待業中或經過職業訓練低收戶，按照其專長及性向等條件，轉介至適當的職場上就業的一種服務，在全國各地設有就業服務站可供查詢並提供服務；另民間業者亦加入就業市場服務行列，如 104、1111 等人力銀行，低收入戶如需尋找適當的工作，均可透過服務平台請求協助。

3. **創業輔導**：主要以輔導低收入自行創業或合資開業為主的服務，低收入戶可利用銀行申貸款體系辦理融資，政府則補貼利息差額來減少低收入戶利息負擔。

4. **以工代賑**：係利用貧民或等待賑濟飢民的人力從事公共建設的救助替代方案。早期的以工代賑，主要是針對救荒濟貧而來的，飢民遠離旱洪肆虐的家園，等待救援，地方政府為了賑濟飢民耗費許多財力和人力，而且管理不易，遂募集飢民以修水利，一來達到濟助飢民的目的，又兼具完成防洪興利的工程，集中管理後不易滋亂，一舉數得。

近年，各地方政府利用臨時工預算招募暫無工作之低收入戶，加入維護市容或辦公室整潔、雜工等工作行列，以工作收入來對抗貧窮，成效不錯。

5. **發展帳戶**：這是結合政府、企業、家庭和個人就業三項條件所成立的自立方案，希望藉由方案的實施，協助低收入戶早日脫離貧窮。運用民間捐款成立一個共同基金，鼓勵有工作的低收入戶穩定就業，定期儲蓄，並運用高等教育、小本創業、首度購屋等 3 種途逕，在「自助人助」的精神下，協助低收入戶快速有效累積資產，脫離貧窮（陳皎眉、王玉珊、謝宜蓉，

2001）。

　　台北市政府在 2000 年至 2003 年間，採用了財產形成的概念，率先辦理了「家庭發展帳戶」，鼓勵低收入戶「儲蓄」，再由民間提供的基金帳戶中提撥相對金額至低收入戶發展帳戶中，參與者每個月自存 2,000 至 4,000 元，專案基金也相對提撥 2,000 至 4,000 元至參與者帳戶中；除了配合款相對提入低收入帳戶外（期滿則全數歸參與者所有），市政府另安排教育訓練課程及個人諮詢兩個元素，來協助低收入戶脫貧。

◆ 五、災害救助

　　台灣是個海島國家，地處亞熱帶且四面環海，每年 6 至 9 月進入颱風季，常遭受強風豪雨的侵襲，山區土石流造成人民生命財產危害，低窪地區住宅淹水、農田淹沒、廠房浸水……，賀伯、桃芝、納莉、敏督利……等颱風橫掃台灣，造成無數的生命財產損失，讓人聞颱色變。

　　台灣本身位處太平洋地震帶上，以及菲律賓地震板塊和歐亞大陸板塊邊緣地帶，1999 年發生芮氏規模 7.3 的 921 大地震，造成了 2,500 餘人死亡（或失蹤），超過 10 萬戶房屋受到全、半倒不等的損害，逾 30 萬民眾一時無家可歸，全台籠罩在驚恐之中。其他如火災、旱災、水災、雹災……等天然災害，均可能造成民眾重大損失，進而影響生計。

(一) 災害救助的意義

　　災害（hazards）一詞，通常指天然與人為災害兩種，社會救助大以天然災害為主要補助範疇，但仍列「其他災害」的彈性規定。《社會救助法》第 25 條規定「人民遭受水、火、風、雹、旱、地震及其他災害，致損失重大，影響生活者，予以災害救助。」我國《憲法》規定「人民受非常災害者，國家應予適當之扶助與救濟」，更確立了災害救助的法源授權。2002 年 5 月修

正公布之《災害防救法》，將我國各防災體系整合，以發揮重大災害事件的全面動員功能，即是落實《憲法》「非常災害」救助精神，健全災害防救體制，強化災害防救功能，以確保人民生命、身體、財產之安全及國土之保全之目的所訂定。

災害之防救將災害的專用名詞定義如下：

1. 災害：指下列災難所造成之禍害

(1)風災、水災、震災、旱災、寒害、土石流災害等天然災害。

(2)重大火災、爆炸、公用氣體與油料管線、輸電線路災害、空難、海難與陸上交通事故、毒性化學物質災害等災害。

2. 災害防救：指災害之預防、災害發生時之應變措施及災後之復原重建。

3. 災害防救計畫：指災害防救基本計畫、災害防救業務計畫及地區災害防救計畫。

4. 災害防救基本計畫：指由中央災害防救會報核定之全國性災害防救計畫。

5. 災害防救業務計畫：指由中央災害防救業務主管機關及公共事業就其掌理業務或事務擬訂之災害防救計畫。

6. 地區災害防救計畫：指由直轄市、縣（市）及鄉（鎮、市）災害防救會報核定之直轄市、縣（市）及鄉（鎮、市）災害防救計畫。

人們生活的環境充滿了各種不可測的風險，且對於災害後需面對的家破人亡景象、重建家園經費的負擔，無論心理或生理壓力均需一一克服，救助體系的協助，有減緩民眾壓力的效能。

(二) 災害救助的種類和標準

依《社會救助法》第 26 條規定，地方政府機關在遭受災害時，依災情需要，應辦理之災害救助方式如下：

1. 協助搶救及善後處理。

2. 提供受災戶膳食口糧。

3. 給予傷、亡及失蹤救濟。

4. 輔導修建房舍。

5. 設立臨時災害收容場所。

6. 其他必要之救助。

關於救助金核發規定部分，計分為死亡、失蹤、重傷、安遷救助 4 類，其補助標準如下：

1. **死亡救助**：每人發給新台幣 20 萬元。

2. **失蹤救助**：每人發給新台幣 20 萬元。

3. **重傷救助**：每人發給新台幣 10 萬元。

4. **安遷救助**：住屋損毀達不堪居住程度，戶內實際居住人口以 5 口為限，每人發給新台幣 2 萬元。

受災戶的認定，係指災害發生時已在現址辦妥戶籍登記，且居住於現址者；住屋以臥室、客廳、飯廳及連棟之廚房、浴廁為限；如為集合住宅者，得包含必要之公共設施及共用結構。受災戶受領補助採用戶籍和實際居住雙重事實認定，並限定住戶受災區域為生活必需之場所，如其受災區域為庫房、畜舍、車庫……等場所，則不在補助範圍內。

(三) 災後重建

災後復原工作是項複雜且浩大的挑戰，居民生活原型被嚴重的打亂、生產事業被摧毀、道路橋樑等公共建設遭破壞、社區生活圈無法維繫……等問題一一浮現，921 大地震發生後，行政院即成立震災災後重建推動委員會，專責災後重建工作，《921 震災重建暫行條例》所列之重建事項如下：

1. **生活重建**，縣市政府應於各災區設立生活重建服務中心，提供民眾下

列服務：

(1)**福利服務**：對失依老人、兒童青少年、身心障礙者、變故家庭、單親家庭、低收入戶、原住民，或其他弱勢族群之生活需求，提供預防性、支持性與發展性之服務。

(2)**心理輔導**：提供居民、學校師生，以及救災人員，個別式與團體式之諮商輔導及協助醫療轉介。

(3)**組織訓練**：協助發展社區組織，辦理重建服務人員有關社會福利、心理重建等相關教育與訓練。

(4)**諮詢轉介**：提供居民有關福利措施、就業、法律、申訴、公共建設、產業重建、社區重建及其他重建相關服務與資訊之諮詢、轉介與媒合。

2. **地籍與地權處理**：因地震發生後地層移動，原有地籍移位無法適用，必須重新整理，以減少地權糾紛。

3. **文化資產之重建**：文化古蹟為民眾生活重要資產和精神寄託，遭震災破壞後，需盡速重新修復，以回復居民精神生活層面。

4. **租稅減免及融資優惠**：震災造成民眾財務損毀，得申請所得稅列舉扣除額減免稅賦；房舍整修所需經費得申請低利貸款，由政府補貼利息。

5. **行政程序之執行與簡化**：震災後公、私文書表件遺失或遭掩埋，取得不易；或重建所需之各項申請手續應予簡化，以利於加速重建。

生活重建部分和社會福利息息相關，包含：預防性、支持性與發展性服務三者，在重建工作中扮演安撫、安定和安心的角色，雖在表面上看不出立即的績效，但對災區的生機恢復，功不可沒。

心理輔導尤其應注意老人和兒童的輔導，在災害來臨時，兒童和老人的應變能力及體力都明顯不足，讓他們更害怕災害；老人災後可能要面對親人變故的傷痛，對未來的路更是茫然無措，又無力參與災後重建工作，心中的焦慮難以平復。兒童則容易害怕事件再發生、有人受傷或死亡、他們會和家

人分離，以及被遺棄，所以減低兒童害怕和焦慮是一項重要的工作。FEMA
和美國紅十字會的建議如下：1.能保持家人聚在一起，不要安置在親友家，他
們會擔心父母不會再回來了；2.安定和堅定的說明災害狀況和往後生活的處境
等資訊；3.鼓勵他們說話，全家一起討論心理感受；4.讓他們參與災後復原工
作，派給他一份任務，讓他們可以感受到一切會慢慢恢復正常（翁毓秀，
2003）。

<h2>第四節　社會救助的未來課題</h2>

◆ 一、高齡者的救助課題

一般人進入高齡後必須面對的問題可分三個層面來看：

1. 社會層面問題：工作能力退化、所得減少、子女離家、朋友逝去、影
響力降低、喪偶、照護問題、代溝及隔代教養……。

2. 生理層面問題：慢性病增加、動作遲緩、機能退化……。

3. 心理層面問題：人際關係退化、思想僵化、經驗無法傳承……。

以上所述是一個綜合性的問題，社會救助對高齡者的協助，大多以經濟
扶助為主，如台灣省一款低收入戶老人，除每月可領 7,100 元的生活扶助金
外，另可領取 6,000 元的老人生活津貼，合計 13,100 元；二款低收入戶老人
每月可領 4,000 元生活扶助金，另加每 6,000 元的老人生活津貼，合計 10,000
元，二者均已超過最低生活費用標準（2004 年最低生活費用標準為每人每月
8,770 元），三款低收入戶則領取老人生活津貼每月 6,000 元，未另發生活扶
助金。

隨著國內高齡者平均餘命的延長，高齡者的照顧問題是個重要的課題，

我國長期照護問題，已是日趨嚴重的社會壓力。先進國家對於長期照護政策因應之財務政策，初期多是透過「社會救助」政策予以回應；亦即，由家庭及個人承擔主要的照顧責任（王正、陳正芬，2001）。目前的縣市政府救助體系只針對需安養、養護之低收入戶高齡者補助，即是此政策的表徵。對未列低收入戶之高齡者需自費安養，對家庭經濟造成不少的負擔，實有檢討之必要。

在居家照顧、社區照顧（日托）、臨托短托、重病看護費補助、老人特別照護津貼補助上，社會救助只提供中低收入戶或低收入戶，對未列入對象則完全不予補助，家庭及個人需負擔大部分的照護費用。可見我國救助體系對老人照護仍處於被動狀態，許多失能老人轉而進入身心障礙鑑定途徑，以獲得不同的補助。身心障礙者教養費分成四級補助，對不同經濟收入的家庭均可獲得全額或四分之三、二分之一、四分之一四個不同等級的托育養護費補助，讓照顧資源更充分運用，似為可參考之方式。

維護老人晚年生活尊嚴是政府、社會、家庭和個人的責任，我國社會保險體系尚未完整建構，高齡者退休後的所得替代規劃困難，當家庭和個人無法抵抗長期照護和經濟變動的風險時，社會救助的功能對低弱勢老人的所得補充變得益形重要，也是社會必須面對的難題。

◆ 二、自立方案課題

「安貧」、「脫貧」是政府社會救助的二大工作目標，有關的脫貧自立方案正在各地方政府推廣實施中，尤以台北、高雄二個都會區的自立方案項目最多，也突顯了台灣城鄉發展的不平衡現象，鄉村型的縣市僅得依財力擇項實施。

1.社會救助的目的在安貧和協助其自立，對有工作能力的低收入戶成員，應積極促其接受職業訓練、就業服務、創業輔導，或以工代賑……等自立方

案。

2. 對於失業造成的貧窮問題，應以「工作福利」概念來提供適當救助，對有工作能力的福利依賴者予以取消救助資格。

3. 推廣「發展帳戶」之財產形成方案，對於有工作仍落入貧窮者，應予擴大其他經濟來源，包括儲蓄、投資、縮小支出⋯⋯等途徑逐步累積個人或家庭財產，增加經濟自主的能力和機會。

◆ 三、避免「社會排除」

貧窮問題有些是因為社會結構變遷造成的結果，不論個人如何努力都無法脫離貧窮的環境，有人以「低下階層」來說明這種特定群聚的貧窮問題，及其所產生的「社會排除」現象。基本上，政府實不應有種族、性別、年齡、階級、黨派、國籍、地域⋯⋯之分，現階段我國應留意中齡失業者、單親媽媽、原住民、外籍配偶、大陸配偶的經濟問題和就業機會之提供，積極讓他們參與社會活動並接受救助體系所提供的服務，才能使社會排除現象降至最低。

案例分享

　　張三，男，56 歲，打零工為生，住在鄉下老家的破舊三合院中，經濟收入全靠零工收入維持，一人生活輕鬆自在，一人飽全家飽。

　　三年前，在親友的鼓勵和慫恿下，拿出畢生的積蓄約 30 萬元當做介紹費，娶回一個 25 歲的大陸新娘，羨煞了許多街坊鄰居，都說張三有福氣，那麼老了還娶了一個美嬌娘，張三光棍一輩子，如今總算完成人生大事，心裡自是高興。

　　新娘是來自廣東的一個城鎮裡，個性溫馴、生活單純，在電視台的節目中，對台灣的富裕生活和社會進步有所瞭解，也對台灣充滿了無限憧憬，在父母的首肯下加入了當地的婚姻介紹團。初見張三時，雖年紀稍大些，但看來忠厚老實、穩重，應該可以依靠，況且到了台灣不愁沒機會掙大錢，二人見過一次面後，就由介紹人辦理來台結婚手續。

　　張三結婚了，街坊鄰居奔相走告，全村的人都來喝喜酒湊熱鬧，三合院中張燈結彩喜氣洋洋，席開 30 桌賓主盡歡。曲終人散後，張三結算婚禮收支所剩無幾，開始要張羅新的家庭生活了，他發願要更努力工作來養家活口，給新娘子最好的生活條件，做個好男人。

　　這幾年，打零工實在難以維生，工作辛苦是另一回事，常常做完一天就要找另外的工作做，一天到晚換工作地點和內容，有時還被賴帳領不到錢；加上年紀大體力負荷重，比不上年輕人和外勞的幹勁，會找他做的人愈來愈少，除了幾個舊識偶而會給個工作維持生計外，鄉下地方實在難找到工作。

　　半年總算撐過去了，依政府規定，新娘子必須回去大陸半年再申請來台，張三身上沒剩幾個錢，只好先向朋友借貸買機票，等有了工錢再還。日復一

日，不管張三再怎麼努力，工作還是不穩定，有時候 10 幾天都上不了工，向朋友借錢也只能借到幾千元，又沒能力還，漸漸的親友都怕張三來訪，紛紛退避三舍。

新娘子回來了，挺個大肚子回來了，即將初為人父的張三露出久違的笑容，但他的笑容隨即被一家子的生活重擔給淹沒了，生產費用、小孩的奶粉錢、衣物、新娘子坐月子的補品……，樣樣都要錢，工作不順利，親友也都借光了，去哪找錢呢？所幸，張三還有個 80 幾歲的老母親，眼見兒子生活過不下去，孫子也快出世了，決意把一生的積存下來的老本 7 萬元全部資助張三暫渡難關。

小孩出生了，擔子更重了，但張三還是無法持續上工，又咬牙撐過了一年，第二個小孩再出世，這次可沒那麼幸運有老母親幫助了，兩夫妻坐困在破舊的三合院中，不知日子要如何過下去；一個月後，新娘子再也無法等待奇蹟出現，看破台灣的富貴夢，丟下兩個稚齡小孩傷心的回去大陸了。

問題討論

一、張三致貧的原因是什麼？他是值得救助的人嗎？

二、張三面臨幾種社會排除？

三、要如何幫助張三申請社會救助？他適合哪些項目的救助？

四、張三適合自立方案嗎？如果要協助他自立，你能想出什麼方法？

摘要

社會救助在各國社會福利體系中，是一個原始且重要的制度，它是以資產調查為手段，給付或補充人民生活基本經濟安全的一種福利措施，在人民基本生活需求無法獲得滿足時，社會救助制度扮演著「安全網」的角色。

大部分國家的社會救助制度都以「貧窮線」來決定哪些國民可以獲得救助：貧窮線的高或低，與一國的經濟力有很大的關係，因為大部分的國家都以稅收來支付社會救助的經費。

從有人類以來，貧窮問題就存在於社會中，每個時代的貧窮問題都有實質上的不同。除個人因素外，社會結構所造成的貧窮，在農耕社會以地力和耕地面積不足為貧窮的成因；工業革命後以資本和工業技術不足為成因；而高科技社會的來臨，知識和科技技術的不足將成致貧的主因。

福利國的全球思潮，改變了政府消極的對貧戶基本生活救濟的想法，進而修正為增加社會參與、減少社會排除的積極對策，讓落入貧窮的個人或家戶早日脫離貧窮的困境。

台灣，是以發展外貿為主的國家，受到全球化政治、經濟和社會發展的影響甚大，社會福利制度自不例外，隨著貧窮問題的複雜性、多元性和國際性，本章除介紹我國《社會救助法》的內涵、制度、行政體制外，還針對台灣的新貧問題及老人貧窮問題做進一步的探討和介紹。

 問題習作

○ 一、湯恩比館的由來為何？它的工作方法是什麼？它對社會救助發展的影響為何？

○ 二、何謂貧窮線？訂定貧窮線的作用是什麼？我國的貧窮線如何訂定？

○ 三、個人或家庭形成貧窮大概有哪些原因？

○ 四、何謂社會排除？社會排除可歸納為哪些概念？

○ 五、我國的社會救濟方案分為哪幾個主要項目？其內容為何？

○ 六、災後重建的工作項目包含哪些內容？

○ 七、面對變化快速的社會，社會救助的主要課題有哪些？

 名詞解釋

○ 貧窮線   ○ 社會排除

○ 基本需求   ○ 自立方案

○ 資產調查

參考文獻

王正、陳正芬（2001）。長期照護需求與社會救助系統間的競合關係。**社區發展季刊**，**95**，111-121。

王永慈（2001）。社會排除──貧窮概念的再詮釋。**社區發展季刊**，**95**，72-84。

林萬億（2002）。**當代社會工作概論**。台北：五南。

姚寶賢（1980）。佛教入中國後之變遷及其特質。載於**現代佛教學術叢書**（第五冊）。台北：大乘文化基金會。

孫健忠（1999）。**我國社會救助制度發展之研究**。內政部委託研究報告（頁26）。台北：內政部。

翁毓秀（2003）。**災害救助及其運作模式之研究**。內政部委託研究報告。台北：內政部。

張世雄（2001）。社會救助、新貧窮問題與多層次──多面向分析。**社區發展季刊**，**95**，55-68。

陳皎眉、王玉珊、謝宜蓉（2001）。台北市社會救助之新思考方向。**社區發展季刊**，**95**，26-33。

鄭麗珍（2004）。社會排除與兒童貧窮。載於台灣兒童暨家庭扶助基金會舉辦之「**貧困家庭自立脫貧方案與實務**」研討會論文集（頁84-90），台北。

蕭玉煌（2001）。我國社會救助政策回顧與展望。**社區發展季刊**，**95**，5-25。

第六章

非營利組織

學習目標

研讀本章內容後，學習者應能：

一、瞭解何謂非營利組織，其組織特徵為何，以及非營利組織在
台灣所指涉的組織有哪些。

二、瞭解有哪些理論觀點可以用來解釋非營利組織之所以存在於
社會的原因，以及其在社會上扮演了哪些角色與功能。

三、瞭解台灣的社團法人及財團法人基金會近十年來興盛的現況
與原因。

　　台灣由公益組織發起的慈善活動最早可追溯自 19 世紀初期，但如西方社會所定義的第三部門及非營利組織型態的發展，其歷史仍相當短暫。若我們將 1987 年《戒嚴法》的解除，尤其是對人民集會結社限制的解除，視爲台灣非營利組織發展的重大轉捩點，那麼，它的蓬勃發展至今不過將近 20 年的光景。然而，這 20 年中，整個非營利部門不僅在數量和組織規模上大幅成長，也啓動了更多的社會公益資源，提升社會整體對社會議題的認知與關注，建立起爲民衆發聲的管道，更致力協助與提供服務給許多弱勢團體。

　　在台灣社會裡所指稱的非營利組織，究竟是指哪些類型的組織或團體呢？其範圍有多大？蕭新煌（1998：13）認爲，台灣的非營利部門可概分爲兩大類，一者是以會員爲基礎的協會或社團組織，泛稱「非政府組織」（Non-Governmental Organizations, NGOs）；另一則是以基金組合，以此基金財富運用於公益慈善事業的基金會（Foundations）。以法律定位而言，前者係稱爲「社團法人」，後者則是「財團法人」。蕭教授的分類與範疇基本上已描述出台灣非營利部門的一個輪廓，不過還需要進一步做更細膩地討論，因爲社團法人與財團法人的組織裡，有些如職業團體、中間法人，以及財團法人當中的部分特殊法人，如政府出資而有特定公共政策目的之基金會等，是否可被納入爲非營利部門的一份子，還有待商榷。因此非營利部門在台灣的整體輪廓究竟爲何，同時就該類型組織的特質如何與其他類型組織做一區別與分類，是進行此一議題領域研究的一個非常重要的基礎工作。而政府對於非營利組織的行爲規範，如稅法的各項租稅減免規定，以及組織成立、治理行爲、責信要求等的監督法則，更是深刻影響非營利組織的發展與功能的發揮。

　　基此，本章將先探究非營利組織的定義與範圍，再從現行法律的規範面闡述，非營利組織究竟包含哪些類型的團體及機構；接著，將論述非營利組織之所以存在於社會的原因，及其在社會上扮演了何種的角色與功能；最後一節，將分析台灣的非營利組織近年來興盛的現象。在此節裡，將以社團法

人及財團法人基金會爲例，分析台灣非營利組織近10年來興盛的現況與原因。

第一節　非營利組織的定義與範圍

　　何謂「非營利組織」（non-profit organizations）？社會學者 Blau 與 Scott（1962）指出，組織可根據「誰獲利」（who benefits）爲分類的基準而分爲四類：第一種類型爲「互利」（mutual-benefit）組織，即組織成員本身是組織產出與服務提供的最主要獲利者；第二類爲「企業」（business）組織，組織的擁有者爲獲利者；第三類爲「服務」（service）組織，所服務的案主爲主要的獲利者；第四類爲「公益」（commonweal）組織，一般大眾則爲主要獲利者。從 Blau 與 Scott 以對組織的分類，顯然除了第二類的企業組織之外，其餘三類型的組織都是廣義的非營利組織，甚至包括公部門組織均包含在內。然而這種的組織分類可說相類似於將組織分爲「營利」與「非營利」二分法那樣，不免流於粗糙，也沒有說明到底非營利組織的組成特質爲何。

　　以下幾位西方學者對於「非營利組織」則有較爲精確的界定。根據 Wolf（1990: 6）的觀點，非營利組織需具備有公眾服務的使命，且在政府的法律規範下立案，並接受政府法令的管理與監督，對組織本身而言，必須要排除私人利益或財務的獲得，因此，組織本身可享有政府稅法上免稅的優待及法律上的特別地位，而捐助及贊助者的捐款可享有所得稅的減免。Hansmann（1980）則強調非營利組織不得分配利潤與盈餘的一面，他指出，非營利組織若有盈餘，不得分配給成員、董事或是受託人，而應將此盈餘運用於組織的服務方案之中。因此，非營利組織並不被禁止賺取利潤，只是需將盈餘用在合乎公益目的的業務與方案上，而不像營利部門可以將盈餘分配給股東及員工。Salamon（1992）則具體指出非營利組織具六大特徵。

(一) 正式的組織

它必須具有某種程度的制度化,而非臨時或非正式的民眾集合體,同時也要得到政府制定的法律之合法承認,因而具有法人團體的資格,可以以組織之名與其他團體訂定契約和保管財務。

(二) 民間私人性質

它必須與政府機構有所區隔,既不屬於政府的部門,也不應由政府官員組成董事會的多數成員,但此並不意味著非營利組織就不能接受政府的財源或是政府官員絕對不能擔任董事。簡言之,一個重要的關鍵就是,非營利組織基本的架構必須是民間私人性質的組織。

(三) 利潤不能分配

組織本身可以生產利潤,但必須將組織的利潤運用在機構宗旨限定的任務,再者,組織內部的工作人員不能分配利潤,這和營利組織運作的配股分紅情形有很大的不同。

(四) 能夠自我治理

組織要能夠自我管理活動,也要有內部的治理程序,不受外在團體的掌控。

(五) 志願人員的參與

組織應有某種數量的志願人員參與機構活動,特別是由志願人員所組成具有領導與治理性質的董事會。

㈥公共利益的屬性

非營利組織所提供的服務應具有公共利益的性質，並以服務公眾爲職志。

綜合以上三位美國學者對於非營利組織的界定，非營利組織的定義可歸納爲：以公共利益爲目的，具有民間私人性質，且獨立運作的正式組織結構，享有稅法上優惠，然而必須在政府部門法律所規範的權利下運作，運用大眾捐款、自我生產的所得，以及政府部門的補助款，以遞送組織宗旨範定的服務，使社會上多數人得到幫助。

台灣非營利部門所含括之範圍可根據以上的定義來論述之。在台灣，非營利組織究竟是指哪些類型的團體或機構呢？回答此問題的一個較爲簡潔的方式是從法律規範面著手，按《民法》總則規定，法人可分爲公法人與私法人，前者指涉有公權力的政府機關，後者則包含營利與非營利機構或團體。私法人又可分爲「社團法人」及「財團法人」，社團法人包括營利性社團法人（如公司、商號），以及非營利社團法人，後者又可分爲「中間性社團法人」（如同鄉會、同學會）及「公益社團法人」。財團法人則有一般性財團法人（如基金會）、特殊性的財團法人（如依《私立學校法》設立的私立學校、依《醫療法》所設立的醫療機構，以及政府捐資成立的財團法人，例如：海峽交流基金會、中華經濟研究院、資訊工業策進會等），以及宗教法人（參見圖 6-1）。

以上只有非營利社團法人及財團法人，可泛稱爲「非營利組織」；然而非營利社團法人中的「中間性社團法人」，以及財團法人中的「政府捐資成立的財團法人」可否界定爲非營利組織，較具有爭議。根據黃世鑫與宋秀玲（1989：19-21）的研究，例如像合作社、體育性、娛樂性及社交俱樂部、同鄉會、宗親會、祭祀公會等社團法人，大都只服務一小部分己身的會員，公共利益屬性不強，是否可被歸納爲非營利組織，是值得商榷的。

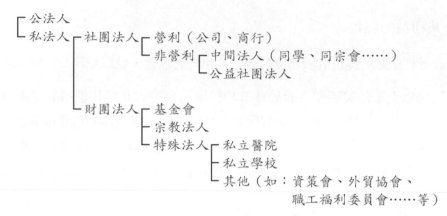

圖 6-1　台灣法人的種類

資料來源：喜瑪拉雅研究發展基金會（1997：3）。

　　再者，根據《人民團體法》規定，人民團體分為三種類型：職業團體、社會團體，與政治團體。職業團體可分為「工商團體」及「自由職業團體」；社會團體係指推展文化學術、醫療衛生、宗教慈善、體育、聯誼、社會服務或其他以公益為目的的組織。據此，可再細分為學術文化團體、醫療衛生團體、宗教團體、體育團體、社會服務及慈善團體、國際團體、經濟業務團體、聯誼性質團體，及其他等九大類；至於政治團體即是政黨。作者以為，以上三大類人民團體，只有「社會團體」可泛稱為「非營利組織」，職業團體與政治團體均不在非營利組織的界定範圍。

　　值得一提的是，宗教團體可依不同的法規而出現不同的組織形貌，例如，若以財團法人的形式，則可依民法及內政部訂頒的《內政業務財團法人監督準則》設立社會福利暨慈善基金會，亦可以依《文教財團法人監督準則》而成立為文教基金會者。再者，宗教團體也可以選擇用社團法人的形式出現，此係指依《人民團體法》規定成立宗教人民團體，並依《民法》至各地方法院辦理社團法人登記者。最後，宗教團體亦可用非法人團體的形式，這又可

分為二類，第一，依據《人民團體法》規定登記為「無法人資格」之宗教團體，這類團體又可細分為兩種類型：

　　1. 依據《寺廟監督條例》規定可以登記為寺廟者。

　　2. 不具有登記為寺廟資格，但卻依《人民團體法》向主管機關登記為社會團體者。

　　第二，不能依據《人民團體法》向所屬政府機關登記，這種組織既無法人資格，也非依人民團體法向主管機關登記的宗教團體，如神壇、禪修寺或基督、天主教之地方教會。

　　綜合以上的分析，所謂台灣的非營利組織是指：依《民法》、《人民團體法》、各種特別法規及相關宗教法規所設立的「非營利性社團法人」、「一般性財團法人基金會」、「依各種特別法規所設立的財團法人」（但不包括政府捐資成立的財團法人）、「宗教社團法人」、「宗教財團法人」，且向法院辦理登記完成，享有稅法上優惠的組織稱之，另外，也包括依據《寺廟監督條例》規定登記為寺廟者。此定義排除了公部門組織、中間性社團法人、非法人社團、政黨、政府捐資成立的財團法人、神壇、禪寺、地方教會等組織。

　　此外，政府的法令也明確規定非營利組織必須遵守利潤不得分配的原則，亦即組織本身可以生產利潤，但必須將組織的利潤運用在機構宗旨的目的事業上。顯見，非營利組織並非不能賺取利潤或從事營利事業，其仍可擁有每年之盈餘，而且亦可自由的支付合理報酬給予組織成員。因此，台灣的非營利組織與營利組織最大之差異，即在「禁止分配盈餘」及「利益不得歸自然人」這兩個限制上，必須將剩餘之利潤全部用於目的事業之生產或服務上。

第二節　非營利組織的角色功能

　　由志願性非營利組織構成的所謂「非營利部門」或「第三部門」，是除了國家與市場之外，另一種對於社會具有巨大影響力的制度力量。從 1970 年代以來，因應福利國家危機的產生，在意識型態的光譜上，不論是保守的政治勢力，或是其他激進的政治主張者，均對於非營利部門在社會上所能扮演的角色與發揮的功能產生濃厚的興趣。美國的社會學家 Hall（1987）即認為，第三部門是一個成熟公民社會所不可或缺的重要成分；而一些歐陸的學者則強調第三部門在該地區國家發展的政治場域上，有其歷史的重要性，其在政治論辯、實務經驗，以及規範哲理方面均被賦予高度的關懷，且此一部門與國家、市場、非正式部門有並肩存在的正當性（官有垣，2001；官有垣、王仕圖，2000）。

◆ 一、非營利組織與社區的互動關係

　　至於非營利組織與社區的互動關係，專研社區組織的學者 Milofsky（1979, 1987, 1988）強調非營利組織與社區的概念應作一結合，並認為這是清楚瞭解非營利組織活動機制的最佳方式。Milofsky（1987）指出，Marx、de Tocqueville、Durkheim、Tonnies 與 Simmel 等理論大師都聚焦於志願性的民間社團組織，如協會。這些組織牢固地鑲崁在社區裡，同時經由社會行動創建出社區，可說在此過程中扮演了重要的角色。因此，社區在這個概念下既是非營利組織落腳的所在位置，也是社區存在的結果。亦即在 Milofsky 看來，志願主義（voluntarism）與公民參與（civil participation）是社區形成過程中的兩大基石，而志願性的非營利組織的產生也是循著同樣之路。非營利組織發揚的志

願主義特質，例如利他主義、社會交換、網絡結盟，有助於人們在參與社區事務時，將個人的自利需求與社區的公益目標作一平衡的連結。

具體而言，非營利組織在社區可發揮的角色功能有三（馮燕，2000：22；Milofsky, 1979）。

㈠ 社會力的展現

在社區裡，各種非營利組織結合起來，可形成一股力量，進而產生 3 種輻射外溢的效果：

1. 使發展中的社區顯得更為蓬勃與均衡。

2. 透過社區中的各樣非營利組織作為媒介，提供那些在社區裡遭遇挫折與困頓的人一種溝通方式和管道，而此比使用激進、攻擊的手段來的更為適當。

3. 給予社區成員安撫與支持，因而具有穩定個人情緒的作用。

㈡ 社區的整合

非營利組織在社區裡可凝聚社區成員共同的理想與需求，最後形成共識，以產生互助合作的力量而成就共同的目標。此外，在民主社會裡，非營利組織之間的成員重疊性高，無形中加速了社會的流動，打破了封閉社會原有社會階級的界限，促使社會更為開放與交流。

㈢ 實踐人類最高層次需求的目標

非營利組織為個人開闢了更多自我實踐的管道，使個人有機會發揮自己的潛能，實現理想，而感受充沛的成就感，此乃為人類最高層次需求的滿足。

◆ 二、市場失靈與政府失靈理論

　　Hansmann（1987）與 Weisbrod（1988）的「公共財貨理論」指出，市場與政府在提供集體財貨時均有其缺陷，前者的問題在於「搭便車」的效應，使得那些無須付出的人也可以享受集體財，因此造成有些公共財貨因誘因不足而產量稀少；而後者主要的弱點是，政府因爲要獲得多數選民的支持才可以提供公共財貨，而提供的數量或需求必須是在滿足「中間選民」（median voters）的前提下，導致有些人的「邊緣性需求」無法獲得滿足。在此情況下，非營利組織存在於社會的目的，就是做爲集體財貨的另一種提供者，藉著提供一定數量的公共財來滿足邊緣性需求，以補充公部門提供的不足，此即是「填補縫隙觀點」（The Gap-Filling Perspective），或說是對市場失靈狀況的補充。

　　但是，當市場面臨失靈狀況時，消費者希望政府能提供其可信任之產品或服務時，政府也會面臨失靈的情況。「政府失靈」理論可用來解釋，在什麼樣的情況下，政府所提供之公共財貨與服務是無效率的。在各種情況下，政府欲介入私有經濟部分、修正市場失靈可能創造出新的無效率，且強調政府在某些條件下，其公共服務可能生產過度或是生產不足，或是在過高的成本下提供公共服務（Young, 2001）。Douglas（1983, 1987）強調五項政府活動受限的來源，而這些限制創造了公共服務無法滿足的需求，使非營利組織有機會可以對這些需求做出回應。

(一) 類目限制

　　此限制是因政府需要提供以共同性及普遍性爲基礎的財貨與服務而產生，此限制意謂個人的需求對公共財的偏好若是不同於正規與常態，則無法被滿足。因而，在這種情形下，創造了一個適當的位置給非營利組織，使其可在

志願的基礎上提供額外的公共服務。當政府必須提供服務給所有符合資格的公民時，無法避免地就會在實驗小規模、新方案的能力上受到限制，因此也創造了另一個活動空間給非營利組織。

㈡ 多數限制

反應在一個多樣性人口特質中，提供哪些「公共財」及政府應該做什麼是多元的概念，如果政府回應大多數人的需求，則不免就會留下一些空間讓非營利組織去回應少數人強調的議題及需求。

㈢時間範圍

此限制意謂政府官員重視的是相對短期的職位保有，以及關注短期即有成效的議題與結果，這個限制留下了另一個活動的領域給非營利組織——亦即，長期的社會議題與關懷。

㈣知識限制

此限制指出由於政府行政組織相對龐大且是科層體制，因而無法期望政府能在公共議題決策時產生即時又切題的資訊、想法及研究，如此也給非營利的倡導團體、研究中心及其他機構一個施展活動的空間。

㈤規模限制

此限制反應了政府科層體制，在規模上是龐大且令人生畏的，因此使一般國民難以親近政府。這種情況創造了給非營利組織成為政府與公民之間的「中介機構」的空間。

總結來說，在 Weisbrod（1974, 1988）建構的政府失靈理論裡，其中一個重要的前提是，愈是在多元化發展的地區，非營利部門的發展愈是活躍，該

類型的組織對於政治上的少數者之需求，扮演了重要的滿足其服務的角色。此外，政府失靈理論有助於解釋在國際的層次上，為何有些國家比其他國家更依賴非營利部門來提供公共服務。再者，Weisbrod的論述偏重在Douglas所提出的「類目限制」，政府被假定是採用投票機制來決定提供多少數量的財貨，亦即是回應中間選民對此財貨的偏好。只有那些偏好相似於中間選民的投票者才會被滿足，這也顯示政府在提供公共財時的無效率，有可能會對某些國民提供過多服務，反之卻提供過少的服務給其他國民（Young, 2001）。

◆ 三、志願組織失靈論

　　社區中的非營利組織雖是那些具有相似的志趣與目標的人們之結合體，進而型塑社區成為一共同體的連帶關係，並對政府與市場失靈的狀況加以回應；但有時這樣的組織往往本身的資源極為有限。譬如說，台灣嚴重的區域資源分布不均，使得這樣的情形更是嚴重。在許多發展嚴重落後的社區，即使社區型組織願意承擔照顧社區成員的責任，往往是心有餘而力不足的，其可能缺乏經費、缺乏專業人員協助、缺乏資訊……。這似乎也回應了Salamon（1987）所指出非營利組織在回應社會需求時有四點限制，或稱「志願機構的失靈」（voluntary failure）：

　　1. 慈善財力的不足（philanthropic insufficient）。

　　2. 慈善的特殊性（philanthropic particularism）。

　　3. 慈善的父權性（philanthropic paternalism）。

　　4. 慈善的業餘性（philanthropic amateurism）。

　　面對這樣的困境，政府似乎可協助社區型非營利組織運作、補充其所缺乏之資源，而社區型組織也可以其活絡的網絡、人性化的服務、高效率、無官僚包袱等優勢，補足國家與市場的缺失。

　　歸納而言，在回應人群服務的需求上，非營利組織有一些與生俱來的不

足，亦即它的資源生產與獲取的能力受到限制、易受制於富人（如捐贈者）的特殊主義與偏頗意識（favoritism）、易深陷父權主義，以及容易與業餘主義結合而與專業發展保持距離。相對來看，志願部門的弱點卻正是政府擁有的長處，反之亦然。例如：政府處於有利的位置以獲取及生產較為可靠的資源；以民主政治的決策過程為基礎，而非少數人的偏好，來設定多數人偏好的公共政策；使照護（care）的獲得成為民眾的權利而非特權，以彌補慈善體系的父權主義缺失；以及藉由控制品質標準，使之制度化，來改善照護的品質。同樣的理由，非營利組織要比政府處在一個更適宜的位置來提供個人化（personalized）的服務；組織的運作範圍小而靈活；以及適時根據案主的需求調整照護內容，而無須調整政府機構的架構。甚至，非營利組織亦可彌補「市場失靈」的狀況。

第三節　非營利組織在台灣的興盛

◆ 一、社會團體

　　台灣在 1980 年代末期後，民間的力量蓬勃湧現，透過各種形式的參與及結社方式，展現出民間蟄伏已久的能量與潛力。我們從表 6-1 中可發現，自 1989 年至 2005 年 6 月止的期間，無論是以全台灣地區為服務範圍或以地方縣市為範圍的社會團體，均有驚人的成長，各式各樣的公益社會團體在這段期間數量成長將近 3.7 倍。這些社會團體的成長顯示出，在台灣社會裡，人們能透過地區結社邀集志同道合之士滿足集體志趣，呈現出社會多元面貌；亦顯示出近 15 年來，民間社會團體的自由結社風氣蓬勃展現（官有垣，2000）。若依區域而分，至 2005 年 6 月為止，屬於全國性社會團體的有 6,247 個，而

表 6-1　台灣地區社會團體之類型與數量

社會團體類型	1989		2005（6 月）	
	地方性數量	全國性數量	地方性數量#	全國性數量
學術文化團體	562	238	2593	1488
醫療衛生團體	69	114	255	551
宗教團體（含哲理研究）	73	23	538	545
體育團體	606	87	2205	585
社會服務及慈善團體	2114	115	6607	1292
國際團體	753	112	2071	148
經濟業務團體	446	228	1472	1260
聯誼性質及其他*	1144	35	2566	378
小　　計	5767	952	18307	6247
合　　計	6,719		24,554	

註*：聯誼性質及其他團體為宗親、同鄉、校友會、婦女及其他團體。
　#：地方性社會團體的數量為 2004 年 12 月底的統計數字。
資料來源：內政部網站（2005）。

屬於地域性由地方政府主管的團體有 18,307 個。

　　由於台灣社會發展的特殊歷史背景——長時期的戒嚴與相關的管制政策的箝制，使得民間社會的結社活力受到抑制。此一現象直到 1986 年政府宣布解除戒嚴令後，民間團體在數量上的成長才有大幅的增加。政府並進一步在 1989 年修訂了已實施近 50 年的《非常時期人民團體組織法》，更名為《動員戡亂時期人民團體法》，至 1992 年又進一步修訂此法，並更名為《人民團體法》，此係人民組織社會團體、職業團體與政治團體的基本規範之法令。因為解除戒嚴的關係，人民的思想言論與社會活動獲得了開放與紓解的管道，再者，因新修訂的《人民團體法》對於人民組織團體的方式有較合理的規範，例如在成立的名義與宗旨或在數量上已不再限制。故從 1980 年代末期至 2005 年期間，人民團體中的社會團體，無論是全國性的或是地方性的，在數量上

都有非常驚人的成長。除了在「量」上的急速增加之外，這種結社趨勢的成長更彰顯了台灣人民結社的「結構變遷」。顧忠華（1999：2-3）指出：台灣在經歷經濟成長、政治民主化等過程後，有不少因應現代社會問題而興起的團體已轉為「非營利組織」的長期經營模式。許多弱勢團體，如勞工、殘障、原住民等，以及新興中產階級支持的社會運動，如婦女、環保、消費者保護、救援雛妓運動等，都表達了社會多元化聲音。

　　進一步要問的問題是，這些非營利組織能夠成長如此迅速的原因為何？前已述及政治民主化衍生的政治力解放與《人民團體法》的修訂，以及從 60 年代以來累積的經濟發展實力，固然是台灣社會結社興起的重要制度性要件，但並不能充分解釋台灣各類型社會團體迅速發展的現象。以宗教團體的成長為例，該類型團體在台灣社會裡一向較能獲得民眾的普遍支持，宗教團體之所以能夠在這一段期間（1988 至 2000 年）成長了 17 倍有餘，正是反映了台灣人民對於宗教信仰的高度接納與熱衷於參與宗教事務。

　　至於「社會服務及慈善團體」的成長，說明了雖然政府在 90 年代無論是在社會福利的經費編列、方案數量的擴充，以及社福相關法令的制定與修訂，都有實質的成長與進步，但在台灣民眾的社會福利需求亦跟著增加下，一種以人民自我意識而發起組織「非營利性質」的團體來因應社會的實際需要，並且與政府福利機構合作一起遞送福利服務等的現象已愈來愈普遍。此外，其他像體育團體、學術文化團體、經濟業務團體、大陸事務團體等組織的成長，也顯示了台灣社會團體的多元性樣貌的發展。

◆ 二、財團法人基金會

　　除了社團法人的蓬勃發展之外，公益性財團法人的迅速成長是台灣社會「結社革命」的另一顯著特徵。根據喜瑪拉雅研究發展基金會在 1997 年出版的《基金會在台灣》的資料，估計至 1997 年為止，台灣合計約有 1,600 家左

右的基金會。不過陳惠馨（1995）的研究報告《財團法人監督問題之初探》卻指出，至 1993 年爲止，向台灣 18 所地方法院登記立案的財團法人即累積超過 4,000 個。這當中的差距應是《基金會在台灣》所指陳的資料蒐集的限制，即目的事業主管機關或法院未予以提供資料，以致遺漏甚多。因此，保守估算目前的全國性與地方性各類財團法人的家數，總數應該在 5,000 家上下。

根據 2001 年的統計資料顯示（Kuan & Kao, 2001），全台灣共登記有 3,014 家財團法人基金會，多數屬文化教育類，其次爲社會福利類。文教基金會數量最爲龐大的原因，可能是「文化教育」的定義和業務範圍極爲廣泛，具有彈性，任何社會上的事務都可以與「文教」扯上關連。文教的公益範圍極具彈性，再者，現行法令並沒有規定文教基金會不得從事社福慈善工作。

就基金會的成立年代而言，如同人民團體中社會團體成立的興盛時期一樣，解嚴的 1987 年是關鍵的一年，自此之後，新設的基金會就如雨後春筍般紛紛冒出。以基金會的運作性質而言，在台灣有相當數量的基金會是屬於「運作型」的基金會，而非全然是「贊助型」或「捐贈型」的基金會[1]，因而運作型的基金會與公益社團的區別只是在法律上的規範不同而已，在組織的實際運作上並無太大的區別。舉例來說，官有垣（2000）針對台灣地區地方性社會福利基金會的實證研究，發現 73 家受訪基金會中，純粹捐贈型（23 家，31.5%）的與純粹運作型（22 家，30.1%）的數量不分上下；且業務性質「二者皆有但較偏向捐贈型」的地方基金會（16 家，21.9%），比例上也只稍高於「二者皆有但較偏向運作型」的基金會（12 家，16.5%）。

整體來看，有超過 53%的地方社福基金會的業務性質屬於捐贈型，不過也有近 47%的地方社福基金會，其業務性質是屬於運作型。這一點與美國社

1　「捐贈型」基金會意指：以捐款給其他民間機構或政府單位，協助其實施社會福利服務為主的型態。而「運作型」基金會意指：基金會本身有專職人員策劃並直接遞送社會福利服務為主的型態。

會遍存的基金會運作內涵有很大的不同。一般來說，美國的基金會是指那些以捐助金錢為主的非營利組織，至於真正提供服務給需要的案主，則是那些所謂「公共慈善組織」（public charities），而這有別於基金會的另一種型態的非營利組織（李禮孟，1997：1；Bowen, Nygren, Turner, & Duffy, 1994: 7）。

　　表 6-2 顯示台灣排名前 30 的大型基金會名稱及其基金數額，基金數額最高的中華航空事業發展基金會，有 137 億 6 千 2 百萬元，其餘均在 1 億 5 千萬元以上。再者，除了政府為推動某些政策而出資比例較多的特殊類型基金會（如中華航空事業發展基金會、國家文藝基金會、縣市政府出資的文化基金會、黎明文化事業基金會、證券暨期貨市場發展基金會等）外，由企業體捐資成立的基金會占的比重相當高，約在 60%左右，且同一個企業體成立兩家以上的基金會之情形，亦屬平常。

　　由於全國性的基金會絕大多數皆設在台北市，再加上向台北市立案的基金會原已占了總數的 20%左右，因此，台北市毫無疑問是台灣的基金會集中之所在地（蕭新煌，1999：9-10）。表 6-2 也顯示台灣排名前 30 的大型基金會中，只有 6 家基金會是設置在台北市之外的其他縣市。此種情形說明了社會上的組織資源分布之不均，從基金會的設置所在地明顯反映了台灣的地區性資源的差異，社會資源過度集中在某些地區，不但使社會部門整體均衡成長的目標難以達成，更影響了地方社區與經濟文化的發展。

第四節　結語

　　首先，就非營利組織的定義與範疇而言，本章根據西方學者觀點而整理之定義，是否是一個適當的判準，以此來決定在台灣社會裡，哪些團體或機構是非營利組織或不是？此問題值得進一步研究，集思廣益討論出一個較為

表 6-2 台灣排名前三十之大型基金會一覽表

基金會名稱	基金數額 （新台幣百萬元）	基金會 類別	設置 所在地
1. 中華航空事業發展基金會	13,762	交通事業	台北市
2. 國家文化藝術基金會	3,800	文化藝術	台北市
3. 蔣經國國際學術交流基金會	2,800	文化教育	台北市
4. 海峽交流基金會	2,100	兩岸事務	台北市
5. 佛教慈濟慈善事業基金會	1,900	社福慈善	花蓮縣
6. 金車教育基金會	1,388	文化教育	台北市
7. 祐生研究基金會	1,247	文化教育	台北市
8. 張榮發基金會	1,000	文化教育	台北市
9. 傑出人才發展基金會	952	文化教育	台北市
10. 中華兒童福利基金會	889	社福慈善	台中市
11. 黎明文化事業基金會	801	文化教育	台北市
12. 吳尊賢文教公益基金會	778	文化教育	台北市
13. 證券暨期貨市場發展基金會	630	財政金融	台北市
14. 聯合報系文化基金會	600	文化教育	台北市
15. 台灣區雜糧發展基金會	600	經濟事務	台北市
16. 浩然基金會	491	文化教育	台北市
17. 鴻禧藝術文教基金會	480	文化教育	台北市
18. 世界宗教博物館發展基金會	424	宗教慈善	台北市
19. 海華文教基金會	400	文化教育	台北市
20. 林迺翁文教基金會	367	文化教育	台北市
21. 信誼基金會	363	文化教育	台北市
22. 國泰人壽慈善基金會	349	社福慈善	台北市
23. 東南文化基金會	320	文化教育	高雄市
24. 陳中和翁慈善基金會	319	社福慈善	高雄市
25. 世華聯合商業銀行文化慈善基金會	316	文化教育	台北市
26. 台南紡織社會福利慈善基金會	304	社福慈善	台南市
27. 林榮三文化公益基金會	300	文化教育	台北縣
28. 中華文化社會福利事業基金會	273	社福慈善	台北市
29. 廣播電視事業發展基金會	263	新聞事業	台北市
30. 刑榮階紀念父母慈善基金會	257	社福慈善	台北市

註：1.本名錄基金在 1 億 5,000 萬元及以上的基金會。

2.根據 2005 年版《台灣 300 家主要基金會》（喜瑪拉雅研究發展基金會，2005）的統計，佛教慈濟慈善事業基金會的基金數額有 250 億 5100 萬元，為台灣排名前三十大基金會的首位，航發會列名第二，有基金 167 億元，第三則是國際合作發展基金會，有基金 125 億元。

資料來源：根據喜瑪拉雅研究發展基金會（1999）。

廣博與周全的定義。舉例來說，近幾年來，在台灣各地方社區湧現出一種非營利組織名為「地方文史工作室」，此係指從事社區關懷、人文探索、文物館藏與研究、社區總體營造、原住民族群工作，以及鄉土文化藝術等的工作團隊。這些工作團隊有些因在人力與財力較為充裕的情況下，向政府有關機關登記立案；但事實上卻還有更多在地方上埋首工作，而較少參與外界活動的文史工作室。這些默默耕耘的文史工作室可能因人數與經費不足等的因素，以致未能正式向政府機關登記立案。

　　若根據本文所列的非營利組織之六大特徵，則此類未向政府機關登記立案的文史工作室就不能被歸類為台灣的非營利組織。這種情形也適用於觀察台灣地方上許多的慈善會、教會與寺廟組織等，這些團體多數也被排除在非營利組織計算的範疇之外。如何根據台灣社會的歷史文化與社會發展的脈動，討論出一個切合本土社會特質的非營利組織定義，當是此一領域的研究者、實務工作者應戮力以赴的要務。

　　本章論析台灣非營利組織近 10 年來興盛的原因，作者強調這些非營利組織能夠成長如此迅速的原因主要是因為政治民主化衍生的政治力解放與《人民團體法》的修訂，以及從 1960 年代以來累積的經濟發展實力。這些固然是台灣社會結社興起的重要制度性要件，但並不能充分解釋台灣各類型社會團體迅速發展的現象。尤其針對宗教團體與社會福利與慈善團體的興盛還有其他特定的政經社文因素在發揮重要的影響力。雖然作者指出，以宗教團體的成長為例，該類型團體在台灣社會裡一向較能獲得民眾的普遍支持，宗教團體之所以能夠在這一段期間（1988 至 2000 年）成長了 17 倍有餘，正是反映了台灣人民對於宗教信仰的高度接納與熱衷於參與宗教事務。但政治人物的介入宗教事務與操弄之，或是反過來，宗教界的領導人物熱衷於與政治勢力掛勾而提高組織的知名度，此是否也是促使宗教組織興盛的重要因素呢？

　　財團法人基金會的迅速成長是台灣社會「結社革命」的另一顯著特徵，

本章有相當多的篇幅在介紹此類非營利組織興盛的原因、目前整體的現況。
然而，目前財團法人基金會運行所產生的許多問題尚有待進一步做有系統的
整理。例如：有些企業財團利用設置基金會的做法累積其本身的政治資源，
或藉以逃避部分龐大的稅捐，或名為從事公益，實則經營營利事業；有些政
黨或政治人物利用自身成立的基金會作為宣廣政見、提高己身知名度，或是
在選舉期間藉以作為政治獻金捐助的掩人耳目之管道；也有些基金會濫用捐
款人的捐款，例如：將捐款所得大部分應用在人事與行政的開銷上，而真正
花費在目的事業的服務對象之經費只占其中的一小部分而已；此外，由政府
機構為特定政策推動的目的而出資設立的基金會，容易流為民意機關監督與
政府相關機構管理的死角，並易於使政府機構利用來安排人事及消化預算的
弊病。再者，由於目前各部會是以行政命令的準則方式來規範財團法人基金
會，不但在法律位階上甚低，且彼此的規範標準也不一致，甚至有些監督準
則規範不夠嚴謹，例如：對於董監事資格規定的模糊與捐助財產運用限制上
的寬鬆，使得部分基金會成為捐助人的「私人帳戶」。這些問題都與現行相
關法律制度的良窳及行政管理的好壞有關。根據報導（捐款財團法人，
2000），目前法務部正著手研擬一適用於各部會的《財團法人監督條例》，
希望藉此統一財團法人的設立、董監事的組成、監督與稽核機制。然而關鍵
點還是應該首先釐清政府與非營利組織的彼此不同性質、角色分工，及各自
可發揮的功能，接著，在此統一的《財團法人監督條例》內之條文訂定的合
理性與可行性上有充分與細膩的討論，並獲得民間與政府各界的廣泛共識，
才有可能消弭目前產生的一些嚴重的弊病。

摘要

　　在台灣社會裡所指稱的非營利組織究竟是指哪些類型的組織或團體呢？其範圍有多大？非營利部門在台灣的整體輪廓究竟為何，以及該類型組織的特質如何與其他類型組織做一區別與分類？此外，政府對於非營利組織的行為規範，如稅法的各項租稅減免規定，以及組織成立、治理行為、責信要求等的監督法則，更是深刻影響非營利組織的發展與功能的發揮。基此，本章探究非營利組織的定義與範圍，再從現行法律的規範面闡述在台灣，非營利組織究竟包含哪些類型的團體及機構；接著，論述非營利組織之所以存在於社會的原因，及其在社會上扮演了何種的角色與功能；最後一節，分析台灣的非營利組織近年來興盛的現象，在此節裡將以社團法人及財團法人基金會為例，分析台灣非營利組織近 10 年來興盛的現況與原因。

 問題習作

- 一、請界定何謂「非營利組織」？非營利組織組成的特質為何？
  在台灣，所謂非營利組織，其範圍是包含哪些類別的組織？
- 二、請從「市場失靈」、「政府失靈」，以及「志願組織失靈」
  理論，說明非營利組織存在於社會的原因。
- 三、為何自 1980 年代中期以來，在台灣的社會裡出現所謂「結社
  革命」？請論述「社會團體」與「財團法人基金會」興盛的
  狀況，以及興盛的原因。同時，也對政府在管理財團法人基
  金會上顯現的法令問題稍作分析。

 名詞解釋

- 非營利組織
- 社團法人
- 財團法人基金會

- 董事會
- 市場失靈
- 政府失靈

參考文獻

內政部網站（2005）。**台灣地區社會團體之類型與數量**。2005 年 8 月 9 日，取自 http://www.moi.gov.tw/W3/stat/home.asp

捐款財團法人，免稅擬更張（2000，8 月 10 日）。**中時晚報，第 4 版**。

李禮孟（1997）。**他山之石可以攻錯──美國基金會相關法規的幾項說明**。國立政治大學非營利組織研究室舉辦系列演講文稿。

官有垣（2000）。非營利組織的董事會角色與功能之剖析：以台灣地區地方性社會福利基金會為例。載於官有垣（主編），**非營利組織與社會福利：台灣本土的個案分析**（頁 291-338）。台北：亞太。

官有垣（2001）。第三部門與公民社會的建構：部門互動的理論探討。**台大社會工作學刊，4**，165-201。

官有垣、王仕圖（2000）。非營利組織的相關理論。載於蕭新煌（主編），**非營利部門：組織與運作**（頁 43-74）。台北：巨流。

陳惠馨（1995）。**財團法人監督問題之探討**。台北：行政院研究發展考核委員會。

黃世鑫、宋秀玲（1989）。**我國非營利組織功能之界定與課稅問題之研究**。台北：財政部賦稅改革委員會。

馮燕（2000）。非營利組織之定義、功能與發展。載於蕭新煌（主編），**非營利部門：組織與運作**（頁 1-42）。台北：巨流。

喜瑪拉雅研究發展基金會（1997）。**基金會在台灣**。台北：喜瑪拉雅研究發展基金會。

喜瑪拉雅研究發展基金會（1999）。**台灣300家主要基金會**。台北：
　　喜瑪拉雅研究發展基金會。

喜瑪拉雅研究發展基金會（2005）。**台灣300家主要基金會**。台北：
　　喜瑪拉雅研究發展基金會。

蕭新煌（1998）。*The Nonprofit Sector in Taiwan: Current State, New
　　Trends and Future Prospects*。載於亞洲協會、李連來公益基金會
　　聯合舉辦之「**非營利組織發展**」研討會論文集。台北。

蕭新煌（1999）。勾繪台灣300大基金會的特色。載於喜瑪拉雅研
　　究發展基金會（主編），**台灣300家主要基金會**。台北：喜瑪
　　拉雅研究發展基金會。

顧忠華（1999）。**台灣非營利組織的公共性與自主性**。載於私立東
　　吳大學社會學系舉辦之「**跨世紀的台灣社會與社會學**」學術研
　　討會論文集。台北。

Blau, P. M., & Scott, W. R. (1962). *Formal organizations*. San Francisco:
　　Chandler.

Bowen, W., Nygren, T. I., Turner, S. E., & Duffy, E. A. (1994). *The chari-
　　table nonprofits: An analysis of institutional dynamics and charac-
　　teristics*. San Francisco, CA: Jossey-Bass.

Douglas, J. (1983). *Why charity? The case for a third sector*. Beverly Hil-
　　ls, CA: Sage.

Douglas, J. (1987). Political theories of nonprofit organization. In W. W.
　　Powell (Ed.), *The nonprofit sector: A research handbook*. New Ha-
　　ven: Yale University Press.

Hall, P. D. (1987). A historical overview of the private nonprofit sector. In
　　W. W. Powell (Ed.), *The nonprofit sector: A research handbook*. New

Haven: Yale University Press.

Hansmann, H. B. (1980). The role of nonprofit enterprise. *The Yale Law Journal, 89*(5), 835-901.

Hansmann, H. B. (1987). Economic theories of nonprofit organization. In W. W. Powell (Ed.), *The nonprofit sector: A research handbook*. New Haven: Yale University Press.

Kuan, Y. Y., & Kao, A. (2001). *Country report paper: Taiwan*. Paper presented at Strengthening Philanthropy in the Asia Pacific: An Agenda for Action, Asia Pacific Philanthropy Consortium, Bali Indonesia, July 15-17, 2001.

Milofsky, C. (1979). *Not for profit organizations and community: A review of the sociological literature, working paper 6, program on non-profit organization*, New Haven: Yale University Press.

Milofsky, C. (1987). Neighborhood-based organizations: A market analogy. In W. W. Powell (Ed.), *The nonprofit sector: A research handbook*. New Haven: Yale University Press.

Milofsky, C. (1988). *Community organizations: Studies in resource mobilization and exchange*. New York: Oxford University Press.

Salamon, L. M. (1987). Of market failure, voluntary failure, and third-party government. *Journal of Voluntary Action Research, 16*(1-2), 29-49.

Salamon, L. M. (1992). *America's nonprofit sector: A primer*. New York: The Foundation Center.

Weisbrod, B. A. (1974). Toward a theory of voluntary non-profit sector in a three-sector economy. In E. S. Phelps (Ed.), *Altruism, morality, and*

economic theory. New York: Russell Sage.

Weisbrod, B. A. (1988). *The nonprofit economy*. Cambridge, MA: Harvard University Press.

Wolf, T. (1990). *Managing a nonprofit organization*. New York: Simon & Schuster.

Young, D. R. (2001). "Government Failure" and "Market Failure". In J. S. Ott (Ed.), *The nature of the nonprofit sector*. Boulder, Colorado: Westview Press.

第七章

老人福利機構經營與管理

學習目標

研讀本章內容後，學習者應能：

一、瞭解老人福利機構的類型和性質，並區分商業和非營利機構之異同。

二、認識老人福利機構的設施規範及場地管理的原則。

三、瞭解老人福利機構人力資源管理的內涵。

四、認識老人福利機構的行政事務管理方式和原則。

五、認識志工及國際人力管理及運用。

第一節　老人福利機構的類型與性質

◆ 一、老人福利機構的類型

《老人福利法》及其施行細則是規範我國老人健康、保障老人權益、增進老人福利的基本法規，根據新修訂的《老人福利法》第 34 條規定，主管機關應依老人需要，自行或結合民間資源辦理下列老人福利機構：

1.長期照顧機構。

2.安養機構。

3.其他老人福利機構。

長期照顧機構，以照顧罹患長期慢性病或生活自理能力缺損之老人為主，有些需要護理服務技術者，通常以○○護理之家為名；有些則僅需要照顧服務技術，一般則多以○○養護中心為名；安養機構則係以具生活能力之無依老人或自費安養之長者為主，讓長者得以安享天年。

其他老人福利機構，指辦理老人休閒、康樂、文藝、技藝、進修、聯誼等目的為主之機構，如：老人文康中心、長青學苑、文康俱樂部、老人大學……等屬之；另以提供老人日間照顧、臨時照顧、就業提供、志願服務、在宅服務、餐飲服務、保護庇護、退休規劃服務、法律諮詢……等服務者，這些機構通常以綜合性服務或兼辦性質較為常見，大部份為政府單位或社區附設，亦有私立社福機構附設者。

小型機構則以收容安、養護老人在 50 人以下，不對外募款、不接受補助或享有租稅補助者，稱之為小型福利機構。是因應國內小型資金所設立的機構所訂定的條文，准予免辦理財團法人登記，但限令其不得對外募款、不接

受政府補助，且不給予租稅減免的優惠。小型機構的開放雖不符合非營利的精神，但顧及國內民間業者已先行設立在先，違法機構所在多有，只得予以就地合法。

本章探討的老人福利機構主要以對老人安養及養護機構的經營管理爲重點，長期照護、老人文康、服務機構及小型機構，雖組織和服務內容上稍有差異，但本章內容仍具有參考之價值。

◆ 二、老人福利機構的性質

老人福利機構的經營方式有政府興辦者，有公辦民營者，而大部分爲非營利組織之財團法人經營者。非營利組織的範圍和層面很多，分類並不容易，而其涵蓋的範圍包含哪些組織？一般認爲，非營利組織包含：社區組織、社會公益團體、志願服務組織、慈善組織、基金會、福利機構……等非政府部門或第三部門。

1980 年，學者 Henry Hansmann 以「財務籌措的方式」當成縱軸，將非營利組織分成捐贈型和商業型兩個類別；又將「組織的控制方式」當成橫軸，將非營利組織分成互助型和創業型兩個類別，將非營利組織交叉表列如表 7-1 的四種類型。

表 7-1　非營利組織的四種類型

財務籌措＼組織控制	互助型	創業型
捐贈型	社區組織、公益團體、志願服務、慈善組織、慈善基金會	社會救助機構、中途之家、財團法人之福利機構
商業型	鄉村俱樂部、商業目的之基金會	小型福利機構（如非財團法人之托兒所、療養院、身障機構……等）

資料來源：依據 Hansmann（1980: 835-901）修正編製。

從表 7-1 我們可以瞭解，老人福利機構是屬於非營利組織中捐贈型及創業型的組織，因為在老人福利機構設立前必須完成財務上的捐贈，經過政府單位的審核過後，才能開始進行籌設機構的行動。一般在地方縣市政府申請設立財團法人，需捐贈新台幣 1,000 萬元以上的財產才能通過審核，所以老人福利機構是屬於捐贈型的組織。

老人福利機構需投入設備及人力及經營管理始能正常運作，亦即經營老人福利機構需具備土地、設備、勞力（服務）和經營者四大要素，和生產事業相比極為類同，所以它是創業型的組織。

◆ 三、福利機構與商業機構的差異

社會福利機構和商業組織並非兩條完全沒有相同的交集平行線，實際上，福利機構的經營管理模式借用商業模式者所在多有，且和商業組織的互動也日益頻繁。鑑於台灣面臨政府補助、企業捐款、國際基金會贊助縮減的困境，加上全球經濟不景氣影響，非營利機構的財源面臨鉅大的挑戰，開始有非營利組織商業化的倡議，並且運用商業化的方式募集資源或經營商業活動，這個發展有人稱之為「社會企業」（Social Entrepreneurship）。

雖在發展上有二為一的趨勢，但二者仍有許多不同的地方；表 7-2 列出二者較明顯差異的項目。

社會福利機構設立的法源需依《民法》先申請登記為財團法人，財團法人登記完成後，再依各福利別申請設立機構，如為老人機構需依《老人福利法》等相關規定來設立，身心障礙者機構則需依《身心障礙者權益保障法》的相關法規來設立；而公司之設立需依《公司法》設立，並依《商業登記法》向主管機關完成登記始得營業。

彼得·杜拉克（Peter Drucker）在非營利機構管理上一直強調「使命」的關鍵力量，他認為領導的關鍵不在於領袖魅力，而是使命。機構的管理不能

表 7-2　福利機構與商業機構的差別

項目＼類別	福利機構	商業機構
設立法源	《民法》、各福利別法規	《公司法》、《商業登記法》
設立目的	使命	利潤
稅捐減免	免稅	營業稅、所得稅、貨物稅
財務來源	捐贈	股東或個人獨資
營收分配	不分配（用於實現公益使命）	按股份分配
志工運用	積極招募、充分利用	無志工組織
組成人員	熱心、助人、有愛心者	投資者
產出效果	公共利益	私人利益
政府補助	重要財務收入項目	無

資料來源：作者整理。

靠利潤為動機，而必須靠使命的凝聚和引導；商業機構的管理正好相反，一切以追求利潤為目標，沒有利潤公司無法生存。

　　福利機構非以營利為目的，為鼓勵國人參與公益事業，所以在稅捐上給予「免稅」的優惠，讓福利機構經營所得可以再利用於公益的使命達成上。商業機構的利潤所得是國家的主要稅收之一，不論營業稅，抑或所得稅，都是政府的主稅源。

　　私立福利機構的設立需先成立財團法人，其財源來自於私人捐贈，且捐贈後不一定會參加機構的經營，其財產需經由選任的董監事來管理；而商業組合的財源則來自於個人獨資或集合股東出資所設立，在投資的組合中出資人與公司的成敗成為一體。

　　商業機構追求利潤，最終的目的在於利潤的分配，每個投資者按其股份分回所應得的利潤；福利機構在經營中扣除營運成本後也可能產生盈餘，但這些盈餘是不能分配的，它只能用在有助於機構使命達成的項目。如老人機

構設定「創造一個讓孤苦老人都能得到生活尊嚴的地方」作爲該機構的使命，爲了達成這個使命，需將機構的盈餘盡量改善老人機構的軟硬體設備、增加人力和志工的數量、增加醫療的近便性、開發輔助器具、增加收容量……等的項目，而不能將它分配給捐款。

招募志工參加組織的服務行列是福利機構的特色之一，機構提供志工一個讓愛心發揮的園地，在經營管理上可以免費使用這些有愛心的人力來服務老人，這是商業機構無法比擬的，商業機構需用人力時，多以付薪資僱用，而無法像福利機構一樣獲得志工朋友的幫忙。

福利機構的董監事大多是捐款人，大部分具備愛心、熱心和喜歡助人的人格特質，才能奉獻金錢和心力來經營福利機構，即使是從業人員也要擁有這些特質才能在福利機構裡勝任愉快；反觀商業機構的組成，則以事業投資爲首要，所以其股東的原始目的在於獲得投資利益，而非慈善；雖商業機構的投資者也非不具有愛心，但其原始目的卻完全不同。

就二者的產出效果而言，商業機構所產出效果悉爲私人利益，而福利機構的產出則大都以公共利益爲出發點，絕少參雜私利。所以福利機構在公益的前提下可以獲得政府的財源補助，商業機構雖也有政府政策性的補助款，但仍屬特例或個案，不像福利機構受到經常性的補助。

第二節　老人機構之場地設施管理

老人福利機構設立的目的，在於提供一個舒適、潔淨、安全的環境供老人安養或養護，所以場地及設施的管理應列爲老人福利機構的首要工作，有再好的人力素質和服務，若沒有一個好的安養護環境，無法稱得上是個優質的老人福利機構。

從生理的角度上來觀察，老人身心機能逐漸退化，除由於身體型態變化造成各部位呈現尺寸縮小的情形外，五官的視力變差、視野變小、明暗色差的調適能力減弱……等；聽力退化、高音域的聲音難以辨識；平衡感、敏捷性、耐力、柔軟度、反應力……等與運動有關的能力變差，無法進行精細的器具操作。因各項機能退化的相乘效果，容易發生跌倒的事故，所以設計或改善老人機構的場地設施，創造安全的安養護環境，是機構的責任也是義務。

根據生活機能和使用頻率而言，最常發生安全問題的地點在入口玄關、樓梯、廁所、浴室、臥室、長廊等地方，老人機構除了針對這些地點的安全加強外，最重要的還要兼顧它的便利性，亦即安全設施的改善，要考慮對老人原來使用的便利性，不能偏廢。以下針對老人機構設施場地的設計或改善建議如下。

◆ 一、老人機構場地設計通則

參考內政部訂定的《老人福利機構設立標準》，老人福利機構的設立應符合《建築法》、《消防法》、土地使用規則、飲用水水質標準及環保衛生法規的規定，設有無障礙環境，並對各個起居空間訂有一般性的規範。本文建議的設計規範較內政部規定嚴謹，除安全考量外，還考慮老人生活的舒適性和方便性。

1. **房間配置**：與老人生活相關的臥室、浴室、廁所、洗臉台、餐廳應設在同一個樓層，並盡量接近臥室。臥室不得設於地下室，並應有足夠的光線和良好的通風，每位老人使用臥室面積應有 10 平方公尺以上。

2. **高低落差**：同一樓通道及連接各個房間的地板，不能有高低落差。

3. **扶手**：樓梯、電梯、走道兩側均應設置扶手，浴室、廁所的扶手應考量水平及垂直移動設置 L 型扶手，扶手材質應考量承受力和碰撞時之安全材質，並設置在適當高度（離地面約 70～80 公分）。

4.**通道寬度**：走道、長廊、各出入口的寬度，扣除扶手後應有90公分以上。

5.**裝修材質**：各部裝修使用材質應符合國家安全標準的防火材料，並盡量避免尖銳、突出或縫隙出現。樓梯、地板需使用防滑材質，以避免滑倒意外。

6.**門窗設計**：窗戶宜設在120公分以上高度，玻璃應使用膠合強化玻璃，增加安全性。出入門以90度旋轉門或電動門最為理想，如設置門把時，其高度應設在90公分左右，並使用撥桿式開關，避免用旋轉把手。

7.**其他設施**：照明亮度應充足，使用安全開關及夜燈指示，開關設置高度約為90公分。臥室、浴室和廁所應設置緊急通報器或護士通報系統。廚房應隨時注意清潔及食物儲存，夏季應設有冷凍設備。兩層樓以上之高樓層應設逃生平台及逃生設備，如緩降機。

◆ 二、老人機構場地管理

老人福利機構需負責照料老人日常生活的食、衣、住、行、育樂，以及醫療、心理支持、諮詢……等工作，良好的居住環境同時也是良好的工作環境，但設計再好的場地如果沒有善加管理，不僅不能發揮功能，反而會增加機構成本，所以場地維護及管理在機構經營中是項重要的工作。以下僅就幾項管理原則介紹如下：

1.**安全原則**：老人機構場地管理應把「安全」列為首要的考量，從設計、施工到維護都要細心的檢視，把意外事故減至最低，對各項設施設備均需自訂定期檢查期程及完整記錄，工作人員在使用時亦應隨時隨地注意場地及設施設備是否安全。

2.**方便原則**：不論老人生活機能的方便或工作人員照顧的方便，都應予注意，發現不妥適者，應隨時改善。

3. **潔淨原則**：環境清潔乾淨是對老人機構環境的基本要求，包含室內各個空間、中庭及室外庭院、停車場、步道……等，均應隨時保持潔淨。

4. **健康原則**：機構之飲食、用水、通風、自然光線設施及健身設備，應隨時保持良好狀態。

5. **舒適原則**：維護老人有尊嚴的晚年生活是社會共同努力的目標，老人機構提供的設施應把舒適原則列為考量，不論是食、衣、住、行或育樂，都應盡量提供舒適的設施服務。

6. **居家原則**：不論是社區機構亦或是大型機構，老人都必須離開長久生活的家，老人機構在房間擺設、布置和氣氛營造上，都應盡量以居家的型式設計，塑造「家的感覺」。

7. **隱私原則**：老人機構礙於空間限制，難免設有公共使用空間，如浴室、廁所、二人以上共住之房間等，應設置拉簾或其他適當的遮蔽設施，保護老人生活隱私及尊嚴。

場地維護管理是項鉅細靡遺的工作，機構的每一個角落或每一個設施設備都是維護的對象，把握以上幾個原則隨時注意保養維修，並做成紀錄，才能提供一個優質的安養護環境。

第三節　行政事務管理

行政事務管理是指老人福利機構的內部事務管理，是一種規範機構內處理行政事務的機制，目的在建立內部管理的模式，以增進機構的行政效率。

廣義的事務管理包含：文書管理、檔案管理、出納管理、財產管理、物品管理、車輛管理、辦公室管理、宿舍管理、安全管理、集會管理、員工福利和工作檢核等項目。

　　限於篇幅，本文僅選擇其中的文書管理、出納管理、財產及物品管理及車輛管理等幾項做重點式介紹如下。

◆ 一、文書管理

　　老人福利機構文書處理關係對象以政府機關、董監事、志工、院民家屬、捐款人、社區、福利機構或團體、學術教育單位、醫療單位為主，包含了個人、單位或組織。為使文書處理有條不紊，應增強文書處理人員的處理能力，並參考下列步驟進行：

　　1. **收文處理**：將來文簽收後，依序編排收文號碼，並登錄在公文登記簿上，按業務職掌分文後，交給承辦人辦理。

　　2. **文件簽辦**：承辦人收到公文後，將擬定辦理意見陳述在公文書上（或加簽條），以公文夾上陳單位主管，單位主管就公文內容及呈核意見批閱核定。

　　3. **文稿擬判**：如需由機構主動發文或回覆者，由承辦人擬定公文稿，呈送單位主管核閱判行。

　　4. **發文處理**：經主管判行的公文稿繕打成正式公文書，經校對無誤後進行用印，將公文編號（如為回函者應使用原收文號碼），再將公文裝入機構專用信封袋寄出。

　　5. **檔案管理**：檔案應分為未結案之臨時檔案、有保存期限的定期檔案和永久保存的檔案三種，依公文序號或編類目將公文稿歸入檔案櫃內統一管理，以利日後查閱。

◆ 二、出納管理

　　出納管理是指機構之現金、票據、有價證券之收付、移轉、保管及出入帳之登記管理工作，老人福利機構經營管理必有財務收入及支出，如員工薪

資、出差費、房舍修繕、每日膳食、水電、瓦斯費、車輛維修、油料、事務機器購置維修、文具紙張、清潔用品等消耗品購買……等支出；安養護費用、捐款、政府補助款及其他收入，均由出納單位掌理。

　　基本上現金的管理應注意私人挪用或借支的行為，票據及有價證券應有良好的保管處所及設備，除零用金外盡量少使用現金，以有效防杜不法支用情事發生；出納人員應登載下列簿記供帳務核對：

　　1. **現金收支簿**：登載收納款項之收入、支出及結存；必要時，可將收入及支出分立帳簿登記。

　　2. **零用金備查簿**：機構中應備有現金以供臨時支出使用，零用金管理應另登載於備查簿中，並於結報後撥還。

　　3. **存庫保管備查簿**：登載存庫保管之現金、票據、有價證券等數量和金額。

　　4. **其他簿冊**：如業務需要，得設置銀行往來紀錄簿、支票簽發紀錄簿等簿冊。

　　機構對出納事務每年至少盤點一次，視需要得不定期抽查，辦理盤點或抽查時應注意下列事項：

　　1. 存庫現金、票據及有價證券之數量、金額是否與帳面結存相符。

　　2. 存庫現金、票據及有價證券保管是否安全，手續是否完備。

　　3. 零用金支用之結存金額與未核銷單據金額合計後是否相符。

　　4. 辦公時間外收付之款項，處理程序是否完備，保管是否安全。

　　5. 機構開立收款收據與實際收入金額是否相符，收據號碼是否依序無缺。

　　6. 支票號碼、金額是否與帳簿相符。

◆ **三、財產、物品管理**

　　財產管理的範圍包括土地、建築物、機械器具、各項安養護設備、交通

運輸設備，以及其他物品設備之購置、保養維護、修繕、損壞報廢等管理工作。機構對管理之財產應予分類及數量編號，分類編號是以財產類別、項、目、號依序編列。分類編號完成後，再依財產名稱、購置數量、先後次序編列號碼。

編號完成後應辦理財產登記，設置財產登記卡，原則上採一物一卡原則，以方便登記作業及管理。但如財產種類相同且數量龐大者，可用同一形式集體登卡方式登記，化繁為簡。財產類目繁多時，可考慮卡片顏色管理，同類或同目用同一顏色之卡片識別，以方便抽取或調閱。

機構經管之土地或建築物取得後，應向地政事務所完成產權登記手續，以確保不動產產權。工具或體積較小的財產應設置物架，並設庫房存放集中保管。財產數量每年應進行盤點 1 次，以確保數量無誤及設備堪用狀態；財產狀態檢查應分成每年 1 至 2 次的定期檢查、重大災害後的緊急檢查及必要時的臨時檢查三種，讓機構內的設施設備常保堪用。

機構經管之財產逾使用年限或破損不堪用時，應予報廢處理。報廢財產如有殘餘價值者應予變賣，如可適於其他用途者，得再利用，本機構無使用用途或不適用者得尋求其他單位交換使用，毫無殘值或利用價值者，則予以銷毀或廢棄。

◆ 四、車輛管理

老人福利機構是動態服務的機構，車輛是必備的交通工具，包括：大、小客車、救護車、貨車、機車……等類型之車輛。新購車輛應向監理單位辦理登記、檢驗、領牌及請領行車執照……等手續；並且應按規定辦理定期檢驗，並繳納牌照稅、燃料稅。

車輛應集中保管統一調派，員工需用車輛時應填具派車單交調派人員派車，駕駛人應詳細記載行車紀錄表，將往返地點、里程數（共開了幾公里）、

里程紀錄（里程碼錶從幾公里起至幾公里止）、用油量等項目詳予登記。

　　車輛應保持隨時堪用狀態，經常注意保養及安全維護，並保持車輛內外之清潔，隨時檢查車輛狀態，如有損壞立即維修。車輛維修可分定期維修、里程維修和分級維修等形式，定期維修是固定每半或一年即進行維修保養，不論其使用頻率和里程；里程維修則視車輛使用情形，每跑 5,000 至 10,000 公里即進行維修保養，不以固定期間做為維修的時程；分級維修則是分平時維修保養，或當車輛使用一定年限或公里數後所進行較大範圍的拆卸和檢查，主要是引擎、變速箱……等主機件之維修，甚至整車拆卸，進行全面性的維修等程度不同的保養維修。

　　車輛之報廢應依法向監理單位登記並繳回號牌及行車執照等證件；車體應以廢棄物回收方式處理，不能任意棄置。

第四節　人力資源管理

　　老人福利機構是屬於勞力密集的事業組織體系，不論在管理階層、服務階層或志工人力，甚至外籍員工的國際人力運用，在機構經營管理中，都是重要的一環。人力資源管理（Human Resource Management，簡稱 HRM），是強調「人」的存在價值和在職場的重要性而發展出的新型態人力管理方法，有別於以往傳統的人事管理制度。

　　人力資源管理是指一種兼具效率與效果的管理過程，其目的在使組織及其內部員工及與組織有關之利害關係人均能獲致最大利益。老人福利機構屬非營利機構的性質，受社會大眾期待和監督，更受到捐款人的負託及董監事的監察，面對現代環境變動快速的現實考驗，如果要永續且成功的經營，必須網羅更多的優秀專業人才投入老人福利事業，並善加管理運用。這些工作

包括了人才的挑選、任用、評估和激勵……等項目,而這些工作正是老人福利機構成敗的關鍵。

　　機構的人力資源管理的主要內容包括了人力資源規劃、人員招募與任用、工作分析、工作設計、工作說明書與規範、績效管理、薪資制度、訓練發展等八個主項目。分別介紹如下。

◆ 一、人力資規規劃

　　所謂人力資源規劃,是指組織針對人力做長短期的需求預測及勞動市場供需情形評估,包括正式員工、短期工、臨時工、志工……等人力的需求預測及評估,同時兼顧員工與組織發展願景考量的一連串規劃活動。人力規劃的主要目的首重合理配置人力資源,使其發揮最佳效用並適應組織任務的要求;再者應著重於組織中人力資源的發展以及適當的降低組織的用人成本。

　　國內《老人福利機構設立標準》中,對老人機構人力配置及職掌有規範性的規定,如老人養護機構規定:

　　1. 老人養護機構應置院長(或主任)1 人:綜理機構業務。

　　2. 護理人員:負責辦理護理業務與紀錄,隨時保持至少有 1 位護理人員值班,每養護 20 位老人應置 1 位護理人員。

　　3. 社工員:至少應置 1 人,每養護 100 位老人應置 1 位社工員;負責老人收容與轉介業務、老人諮詢服務、社會資源之結合與運用、老人福利服務方案設計與執行、個案輔導工作及紀錄管理。

　　4. 照顧服務員:每養護 8 位老人應置 1 人,負責老人日常照顧服務。

　　5. 老人養護機構得視業務需要,設置行政人員、專任或特約醫師、治療師、營養師或其他工作人員。以 1 個養護 100 位老人的機構來計算,機構內應有院長(或主任)1 人,護理人員 5 人,社工員 1 人,照顧服務員 13 人,總計 20 人,尚不含行政人員、醫師、治療師、營養師、廚師、房舍管理……

等人員，以及 24 小時輪班所需的人力。

　　針對機構設置人力的規劃，宜先考量合乎政府法令規定之人力配置，因為老人福利機構受政府單位的監督、輔導和補助，這些機制對機構而言，可以產生正面的效益。新設立的機構人力必須符合政府規範，才能取得立案許可；已營運的機構須受到年度評鑑機制的考評，以及政府主管單位的平時監督，是缺乏彈性的設置規劃。

　　當人力配置符合法令規範後，機構必須考量機構老人數量的增減，做長期趨勢的評估及短期的變化預測，適當調整機構人力。人的生命長度無法預測，當短期因老人凋零或轉出造成機構人力過剩，是否要裁減人員以降低人事成本？或採積極增加進住老人方式解決？因安養需求增加，短期增收大量養護老人進住，機構須評估是短期現象還是長期趨勢？市場供需的競爭狀況如何？以及機構和人員的發展等情形做妥適的人力規劃，以免人力過剩增加經營管理成本，或由於人力不足，使得工作人員疲於奔命而影響服務品質。

◆ 二、工作分析

　　工作分析，是指機構內各種實際工作所需要執行的內容，包括工作任務、職責、義務……等，其工作者需要具備的知識、技術與能力。簡言之，工作分析是決定機構要做哪些事，而完成工作需要多少人力？這些人才應具備哪些條件所做的一連串系統分析。

　　從事工作分析前，應先蒐集：

　　1. 實際執行工作的活動：如社工員需負責老人收容與轉介業務、老人諮詢服務、社會資源之結合與運用、老人福利服務方案設計與執行、個案輔導工作及紀錄管理……等工作。

　　2. 對工作者的行為要求：如社工員要有愛心和助人的熱忱、需遵守社工倫理守則、需會電腦操作、還需受過社工專業訓練或大學相關科系畢業、工

作經驗若干年……。

3. 工作所需的器材和能力：如在工作場所中需要的電腦、桌椅、櫃、辦公室、諮商室……等設施，工作中的專業知識需修讀過心理諮商課程十學分。

4. 工作表現：評量工作的數量或產出品質，包括進度、時間、服務量、院民滿意度……。

5. 工作脈絡：包括實體工作條件、工作日程表、人際互動等相關資訊，也包括工作完成後的財務和非財務效益。

6. 工作的產業環境：機構所在的區位、工資水準和勞動市場的供需情形等資訊。

資料蒐集完成後，開始就內、外在環境進行分析，包括計算、分類、比較、工作者特質以及工作內容描述，據以整理出下列幾個重點：

1. 判斷工作存在的必要性，如沒有設置必要時，可進行工作合併或職務再設計。

2. 工作涵蓋的構面和影響。

3. 工作應有的責任和結果。

4. 工作與組織的配適程度。

5. 工作的問題與控制本質。

6. 工作需要的技術、物料和人力……等。

◆ 三、撰寫工作說明書及規範

工作說明書主要是在描述工作的內容，用書面方式呈現工作任務、職責和義務，以及工作中應進行的活動、工作伙伴、績效標準、工作條件及工作狀態和可能的風險……等事項。工作規範則是記載適任工作者應具備的條件和資格，如社工員需具大學教育程度並就讀相關科系，需具電腦、英文、社會工作、社團輔導、心理諮商……等知識，擁有愛心、熱心、具親和力、穩

重……的人格特質，以及具有溝通、協調、表達、資源開發……等能力。

　　撰寫工作說明書及規範，應有完整的資料蒐集為背景，進行適當的工作分析，記載時應注意下列原則：

　　1. 針對分配的職掌，需清楚詳細的描述。

　　2. 明確列出工作範圍與本質，並指出從屬關係。

　　3. 不僅低職位的責任和任務需明確，對高階職位的職責任務也應盡量使用具體的字句描述。

　　4. 盡量用簡潔的陳述句撰寫。

　　5. 寫完後須做最後檢查。

◆ 四、工作設計

　　工作設計，是針對某一職位的一連串工作的構成要素，包括為動作、工作元素、工作任務、職務、責任，以及職位所進行的設計。工作設計的主要目的是要兼顧組織營運的發展，以及工作者個別的要求，如老人機構的工作目標、內容、方法、人選、時點……等設計。

　　工作設計的重點在於效率和效果，加上工作擴大化與工作豐富化的策略所構成的個人激勵觀點，工作擴大化就是讓工作者在同一層級的工作中更多樣的工作；工作豐富化就是讓工作者可以負責更高層級的工作。

　　工作設計並無法獲得一個放諸天下皆準的模式，一個適合所有組織的最佳工作方法設計可能是空談，而設計完成的工作方法也無法永久適用於這個組織，基於這個理由，組織應視實際運作情況進行工作再設計，工作再設計的步驟同樣適用於工作設計，茲簡述如下：

　　1. 評估工作設計的需求與方案的可行性。

　　2. 組成工作設計任務團隊。

　　3. 提出特定工作的設計方案。

4. 選擇效標評量工作設計是否成功。

5. 工作設計方案推展。

◆ 五、招募任用

　　機構對現在或未來需用人力資源時，須進行人員的招募任用。機構藉由各類宣傳管道將徵才的訊息傳達給勞動市場，以吸引有興趣且符合資格的人前來應徵，達成人才招募的目標。

　　通常在甄選程序應經過履歷審查、初步篩選、甄選測驗、工作面試、背景調查、體能健檢、評估決選、僱用通知等手續。機構甄選人員的方法大致上可分為四類：

　　1. 資料審查法：在進用大量人員或特定人員時，審查個人資料可以節省時間成本，但需要應徵者提供完整的資料才能據以評斷，且對溝通能力、人際關係、服務熱忱……等項目不易判斷。

　　2. 筆試測驗法：當機構需要較高層次思考的工作者時，經由筆試測驗可以瞭解其推理邏輯、記憶、字詞運用、數理……等能力，工作愈複雜，則測驗的鑑別度愈高。

　　3. 面試篩選法：面對面的答詢可以深入的瞭解應試者的反應能力、表達和機智能力，也能在互動過程中探知其特質，是小型招募最常用的方法，但如應徵者太多時，則面試會比較耗時費力。

　　4. 參與評估法：要求應徵者參與機構預先設計的練習、模擬和測驗，然後由一群評估者共同觀察，再評量標準進行評估，決定哪位應徵者適合該職務。參與評估法因為由多位人員組成，所以較能客觀取才，且程序較為周密，但所需耗費的人力和時間會更多。

◆ 六、訓練發展

訓練發展不僅是對工作者能力的提升，也是培養機構本身成長的原動力，人力素質是影響機構發展的重要因素，訓練的目的在於使受訓練者的後續服務能有助於機構目標的達成。

機構中最需要訓練的是新進人員、新接任職務的人，或者是儲備幹部。新進人員或新接任人員對業務較爲生疏，所以機構必需給予適當的支援，施予適當的訓練，以提高工作效率。機構人員如有異動或預期會有異動，有必要早日安排接任人選，以免銜接困難，如有儲備訓練制度則可順利接任，如需由外界招募，則給予適當的訓練，對提升機構效能和員工發展潛力的開發均可發揮一定的效果。

機構在設計訓練方案的時候，要注意下列步驟：

1. **擬訂訓練計畫**：依據機構本身的特性和文化擬訂訓練的計畫，包含訓練欲達成的目標、訓練內容、訓練的方法和使用的工具……等。

2. **訓練計畫核定**：訓練計畫所訂的內容需經內部的核定程序，必要時可先請教訓練專家評論，經修正後再正式確定訓練計畫。

3. **準備訓練器材**：包括講義、課桌椅、投影機、錄影帶、工作手冊、筆記本、白板、電腦、麥克風……等器材，視授課需要準備提供。

4. **執行訓練方案**：一切準備就緒後，則開始實施訓練，訓練課程需注意受訓後移轉的問題，即受訓後能否直接在新工作上應用，尤其是在場外實施訓練時，兩者差異不宜過大。

◆ 七、績效管理

對機構內部而言，績效所代表的是組織達成任務的一種整體表現，好的績效管理不但可以協助機構完成其經營目標，也能激勵機構員工的動機，並

可產生對組織的認同，所以績效管理在機構內部中是很重要的一個管理機制。

　　績效管理是用來衡量與評估機構員工的工作特質、服務行為、產出結果的一種制度，以作為工作改善的基礎、薪資調整的標準、升遷調任的依據，以及員工訓練的參考。績效管理的目的在於：

　　1. 評估員工的優缺點，有助於改善缺點，發揚優點。

　　2. 以績效考核的結果作為機構管理決策的參據，有助於運用在對員工薪資調整、職位調動之考量。

　　3. 改善員工及機構的績效，有利於機構整體發展。

　　評量員工績效的方法會因組織型態、類型、員工數量……等不同而使用不同的方法，一般分為績效比較法、行為量尺法和產出評量法 3 種。績效比較法，是由評估者透過參與考核的個別員工與其他同仁的績效做一比較，經過比較而給予評等的考核方式，可用從最佳排到最差的次序法，也可用甲、乙、丙、丁的等第法；行為量尺法，則是依據個人的表現，在設定好的固定評定項目中得到的分數加總起來，做為其個人的整體績效，常用的量尺法可將員工績效用優等 5 分、良好 4 分、普通 3 分、不佳 2 分、很差 1 分來設計，最後再將每個受評項目的得分加總，即是該員工的整體績效表現；產出評估法，是以員工的實際產出來評定績效的方法，例如：業績達成率、件數、產量、金額、出席率……等可評量的項目做為標的的評定方式，一般業務人員、保險員常用此法。

◆ 八、薪資制度

　　老人福利機構是以人服務人的組織，服務的主力人員以受薪者占大多數，機構提供的本薪、各項津貼、獎金……等實質給付，以及保險、旅遊、休假……等福利均屬薪資的範圍，薪資制度是招募新進員工及激勵現職員工的重要管理策略。

薪資策略受到下列三種因素影響。

㈠ 外在環境因素

1. **勞動市場**：當單一職業的勞力需求大於供給時，薪資會上揚，反之，則薪資下降。

2. **經濟發展**：經濟景氣佳帶動整體薪資水準上漲，景氣差則薪資會下降。

3. **最低工資**的規定，會影響低階工作者的薪資水準。

4. **生活水平**：高物價和高生活水準的地區薪資較高，如大台北地區的薪水明顯高過其他地區。

㈡ 機構內部因素

1. **董監事態度**：董監事是老人機構的最終決策單位，董監事基於成本考量和機構的短期利益，可能採低薪策略來因應；採積極策略者，則會用高薪策略來網羅人才。

2. **職務高低**：職務高者責任較重，一般其薪資也較高，但高位的間差過多則會侵蝕整體薪資。

3. **工作內容**：工作危險性愈高，所給付的薪水往往較高，如鍋爐管理員的薪水會高過大門的守衛。

㈢ 員工個人因素

1. **年資**：年資可部分顯示員工對機構的忠誠以及對工作、環境的熟練，一般年資愈高，薪資會愈高。

2. **績效**：績效可協助機構達成目標，績效愈好的員工，其薪資愈高，藉以激勵員工。

3. **能力**：學經歷、專業技能、管理能力愈好者，往往薪資愈高。

　　老人福利機構在薪資制度管理上，宜參考上述的影響因素來訂定機構本身的策略，以最佳的組合讓機構朝向永續性、優質性的方向發展。管理大師彼得‧杜拉克說：「組織的用人的決策，應時常問三個問題：我們正在招募適當的人才嗎？我們留得住他嗎？我們在開發他們嗎？」用人的決策可說是一個機構最終的控制，或說是唯一能做的控制。工作人員的素質和表現，決定了一個機構的績效潛能，有怎樣的人才就有怎樣的機構，所以，人力資源管理的成效就直接影響了整個機構的好與壞。

第五節　志工人力運用

　　如果說在機構中員工是老人服務的主幹，志工則是老人服務的綠葉。老人福利機構提供一個服務的環境場域給有愛心、具服務熱忱而志願付出時間和能力的社會大眾，讓大家的「利他情懷」得以藉這個場域發揮，這是福利機構和商業機構的明顯差異之一。

　　志工，是自願奉獻時間和能力的無酬工作者，一般對人們加入志工的動機詮釋有各種不同說法，如交換說、利他情懷說、社會責任說、人性本善說、動物本能說、社會及個人期待說……等說法。但無論其參與動機為何，志工對老人機構的協助和發揮正面的功能，都是無庸置疑的，正如同美國前總統布希說的「志工的重要性，猶如點亮了千盞的明燈」。彼得‧杜拉克也說：「志願服務的本質和特性，主要在改善人類生活，以及提升生命品質的一項無形的東西」可見志工角色的重要性。

◆ 一、志工招募和甄選

　　志工的招募和甄選應視機構本身的需求和特性來決定，而非就職位空缺

或人力資源規劃、工作分析等人力資源管理項目決定人選，因為志工人力的來源具有不定性，而老人機構對志工的參與大都採「多多益善」的原則處理，再以運用需求來決定方案或活動要由哪些志工來執行。一方面是機構很難掌握志工的來源和服務時間，另外一方面是由於志工的素質和專長具多樣性，如事前設定需要哪些專長的人來參與，可能會產生招不到志工的窘境。

　　老人福利機構應先確定招募的原則是專才為主，還是廣納民眾。一般在都會區志工來源充足，專才志工招募較為容易，可事先設定招募人才的類別和條件進行篩選；如在鄉村地區，則參與者較為有限，人數的增加是考量的重點，招募後以專長訓練方式來改善其專業知能。

　　志工招募的可用途徑一般有下列幾種：

　　1. **網路招募**：機構自行架設網站，設計志工招募網頁，以資訊科技方式將志工招募資訊貼於機構網站上，讓社會大眾自由上網瀏覽，有興趣者可由網上直接報名。

　　2. **主動宣傳**：機構可透過文宣海報、宣傳單、宣傳手冊等方式發送給社區民眾，或召開研討會、專題演講、說明會、公益活動或開放社區民眾進入機構參觀方式，增加民眾對機構的印象，甚而產生興趣加入志工行列。

　　3. **大眾傳播**：台灣是個媒體發達的國家，電視、電影、報章雜誌、廣播……等各種形式的大眾媒體，善加利用，都可作為招募志工的橋樑。

　　4. **博覽會或園遊會**：結合廠商或其他福利機構、社團、社區等組織聯合舉辦志工博覽會或園遊會，藉由活動吸引民眾參與並認識志願服務，進而加入志工行列。

　　採專才甄選志工時，須先將機構需求的條件明列在招募公告中，如所需經驗、專長、工作內容、投入時間和個人特質等期望均須訂定，以免在篩選時讓應徵者失望。機構篩選志工時可先組成甄選小組，初步過濾應徵者所填寫的個人資料，經初步篩選通過的應徵者即通知面試時間及地點，對未能通

過篩選者應婉轉告知原因，並列為未來可能的人選。

面試時，應著重應試者之態度、品德、專業、使命感、配合度、愛心和發展性⋯⋯等項目的測試和提問；對於廣納民眾型的機構招募，篩選時可採志工自我篩選的程序，即採試用期的觀察及自我體認，對老人機構的服務內容和工作時間是否適合自己，如機構認為不適合或其個人自認無法適應，均可達到篩選的目的。

◆ 二、志工訓練

經篩選通過的志工，還要經過志工基礎訓練、特殊訓練和老人服務專長訓練的課程，才能真正投入服務的行列。基礎訓練以結合志工新秀、灌輸志願服務理念為主；由志願服務運用單位安排所屬新進志工朋友參加，課程包括以下 6 項，計 12 小時：

1. 志願服務的內涵。

2. 志願服務倫理：自我瞭解與自我肯定、快樂志工就是我（2 擇 1）。

3. 志願服務經驗分享。

4. 志願服務法規之認識。

5. 志願服務發展趨勢。

特殊訓練以強化志工專業知能、熟悉工作環境為主；安排曾經接受基礎訓練的志工參加，課程包括以下 6 項，計 12 小時：

1. 社會福利概論。

2. 社會資源及志願服務。

3. 人際關係、說話藝術、團康活動（3 擇 1）。

4. 運用單位業務簡介。

5. 工作內容說明及實習。

6. 綜合討論。

老人服務專業訓練以機構的工作內容爲重點，針對老人機構內的服務性質和工作技巧或機構外展服務的技巧進行訓練，讓已訓練完成的志工具備與老人機構同質性的服務。

對於服務 1 年以上的優良志工朋友，運用單位還可以推薦參加志工「成長訓練」，課程著重在志願服務的方法及技巧、資源結合與運用、統合協調能力、雙向溝通、活動及方案設計……等訓練。爲培養志工幹部，運用單位可安排服務滿 3 年的志工朋友參加「領導訓練」，領導訓練的課程著重在領導志工的原則及技巧、志工與督導的心理調適、認識非營利組織、志願服務與社會需求、民主素養及志工團體、如何塑造志願服務文化、領導的藝術、即席講演等項目的訓練。所以志工的訓練是一個進階的訓練，不僅機構可以成長，志工朋友個人也可透過訓練而獲得成長，是雙贏的結果。

◆ 三、志工管理與運用

志願服務是一個自願行爲，以助人爲動機的無報償工作，一般人以工作餘暇時間投入志願服務的工作，所以志工的管理及運用不同於一般機構員工，它必須是靈活、權變和智慧的管理，它也可以是個別、同儕或團體等不同方式的管理；基本上它是無強制力的管理，但卻不能成爲無效率的運用管理。

志工管理可透過教育或訓練方式，讓志工朋友認識自己的責任和義務，認同老人機構的宗旨，進而與機構產生一體的使命感，自主管理是最佳管理。行政管理是機構制式的內部管理機制，對志工的管理守則或服務要求，亦可透過行政管理機制予以規範，但應保留適當彈性。支持管理對志工朋友是協助性的方式，不論是在服務過程中遇到的挫折或同儕間的不協調，甚至是個人的困擾，機構都應盡其可能的給予協助，這些協助包括心理支持、情緒支持、工作支持和人際支持。機構在管理運用中應扮演調解者的角色，志工擔任服務者角色時可能遇到衝突或困難，機構應適時進行調解，包括內部調解、

外部調解及階層調解。

志工來自各種階層和不同領域，機構以老人服務為主，在運用上應考量志工的年齡、性別、信仰、語言（方言）、學經歷、居住區域、個人特質、體能狀態、專業能力、專長項目、可服務時間……等特點分派適當工作。機構應注意給予志工適當之自主性、增進機構宗旨與目標的認同、加強志工的社會參與度、公平公正的福利獎賞、營造組織環境及個人才能的發揮，讓志工可快樂工作、不斷成長，成為機構的終身志工。

第六節　國際人力管理運用

老人福利機構中運用人力最多的應屬從事監護（或稱看護）工作者，監護工作大部分必須 24 小時輪班，國內勞動市場在所得增加及高等教育普及等因素影響下，不願從事所謂「三 K」（三 K 是日本話發音，指辛苦、骯髒和危險）的工作，加上國人工資普遍較高，使得福利機構考量經營成本及低層人力缺乏之現實環境下，只得僱用國際廉價勞力從事監護工的工作。

根據行政院勞委會的統計，外籍監護工的人數 1997 年為 26,233 人，至 2001 年已增加到 103,780 人，監護工的數量在短短 5 年內增加了 3 倍，占全體在華外籍勞工 304,605 人之 34%，並有逐年增加的趨勢。政府為因應福利機構低層人力的問題，逐年放寬外籍監護工在機構的比例，1994 年頒布的僱用比例為每 3 名養護老人可核配 1 位外籍監護工，只要其僱用人數不超過本國監護工的人數，即可申請僱用。

全球化的國際勞工流動是自由市場的必然現象，國際人力流動的主因是被各國或區域性的工資明顯差異所吸引，我國工資較東南亞國家高出許多，且缺乏低層人力，促使國際人力自然湧入。在台外籍監護工的國籍以菲律賓、

印尼、越南和泰國四個國家爲主，這些工作者離鄉背井到一個陌生的國度，可能會因文化的差異產生焦慮，或因語言隔閡造成溝通問題，或因宗教信仰不同，造成心理空虛……等因素而影響生活適應問題。在工作中，工作人格中的工作技能和工作價值，以及組織環境中的組織氣氛、組織管理和個人支持，也可能會影響外籍監護工的工作適應。

老人福利機構在現實環境考量下僱用國際人力，但在管理運用上卻面臨了極大的挑戰和考驗。一群不太懂華語、信仰不同、飲食習慣不一樣、風俗相異的外國人，遠渡重洋來照顧我們的弱勢者，大部分的外籍監護工必須在夜闌人靜的時候工作，如果外籍監護工的工作適應良好，則住在機構的老人就會受到好的照顧，機構的宗旨和目標得以實現；反之，被服務者無法獲得良好照顧，機構品質和發展也會受到限制。

根據筆者進行外籍監護工作適應之研究，對社會福利機構管理運用外籍監護工有以下幾點建議：

1. 本國低學歷員工（大都爲監護工）對外籍監護工的工作表現普遍不滿意，應找出原因，消弭彼此歧見以免形成對立。

2. 外籍監護工的管理由機構本身主導，挑選外語能力較佳之員工，專門負責工作訓練、生活輔導及語文（華語）訓練，以縮短適應期，也能減少外籍監護工生活及跨文化適應問題。

3. 對增加外籍監護工的僱用人數，本國員工和機構負責人的立場不同，機構應加強與員工溝通說明緣由，同時應加強外籍員工的適應能力，讓國際人力也能成爲工作的好伙伴。

4. 外籍監護工的管理以資深外籍監護工帶領新進者爲主要方式，但各機構仍有自己獨特的管理運用方式，建議機構可互相觀摩、管理經驗交換，使管理工作更趨完備。

5. 來台工作資訊之完整提供對外籍監護工的滿意度有相關影響，在遴選

前應完整提供工作資訊，僱用後要訂定工作約定書或工作契約，讓雙方遵守約定，減少紛爭。

6. 外籍監護工的管理宜用「同理心」，減少壓榨勞力的負面印象。

7. 鼓勵同仁多與外籍監護工互動，給予個人支持力量，及早適應工作環境。

8. 建議機構訂定明確的工作管理規則、生活管理規定、外出原則……等規範，翻譯成該國文字，並囑其簽署願遵從機構訂立之規定。

9. 外籍監護工的遴選工作不宜太過依賴仲介業者，造成專長不符、條件不足、語言不通……等現象發生，如能自行到當地遴選或聯合其他機構共同遴選，可徵得較佳人力進入機構服務。

國際人力在老人機構的人數正逐年增加，甚至接近半數，所以建立一個適正性的管理機制，妥善規劃國際人力需求，輔導生活及工作適應等工作，是老人福利機構的重要課題。

案例分享

　　瑪利亞是泰國人，已婚，有一個 3 歲的小孩和丈夫留在泰國，於某老人養護機構擔任監護工的工作，來台灣已經 1 年多。平常她工作表現很好，且很樂意幫助其他同仁，最近因一年期滿想請假回國看看小孩和家人，但想到回國要花一大筆錢，且留在台灣可多賺點薪水，思子之情和經濟壓力讓她感到很為難，心情沮喪。

　　昨天晚上值夜班的時候，因為心情不好，一不小心而沒有扶好養護的癱瘓老人，讓他摔落地上，所幸老人只是額頭有點小擦傷，沒什麼大礙；但她的失誤被本國籍的員工看到，隨即向值班主管報告，說瑪利亞故意把老人推倒受傷，要主管處理。

　　瑪利亞知道犯下錯誤會受到處分，非常害怕，躲在宿舍裡不斷哭泣，機構夜間主管沒有立即處理這件事，下班後也沒有交待接班主管。因為機構沒有人懂得泰語，也不知道瑪利亞發生了什麼事而獨自哭泣。

問題討論

一、機構對夜間值勤人員的態度要如何管理？如何防止老人受虐或發生意外？

二、機構對外籍監護工的思鄉之情要如何協助紓解？要如何注意他們的身心狀況？

三、機構要如何解決與外籍監護工的語言溝通問題？

四、機構要如何改善本國與外國監護工間的交流關係？

摘要

　　國內社會福利機構民營化的演進和蓬勃發展是近 10 年來社會福利發展的盛事，一般將社會福利機構列為非營利的類別中，所以社會福利機構設立具一定規模以上者，必須向法院登記為財團法人後才能申請設立，老人福利機構亦不例外。

　　老人福利機構以非營利型態出現並不是唯一的方式，因為有些機構是由公部門經營的，也有些是公辦民營的，也有些是 49 床以下免辦財團法人的小型機構，所以在經營管理上會顯現部分差異。

　　一般以為老人福利機構即是以營利為目的的機構，和商業上談的「經營管理」根本沾不上邊，在這裡談「經營管理」會讓公益慈善的形象大打折扣，況且老人機構的服務許多是感性的表現，不僅無法量化，更難以評估績效。

　　其實老人福利機構的經營管理著重在設施設備管理、人力資源管理、行政事務管理，以及志工和國際人力……等，和生產為主的工商業經營或服務業經營管理有若干相同之處，但也有其特殊的地方。

　　老人福利機構運用的人力許多是志願服務的人力，易讓管理失去約束力；機構也受到許多外在因素而影響其結果，所以機構經營理的變數實難以掌控。另外，老人福利機構也大量運用國際人力資源來服務老人，各種管理難題正考驗著機構的領導者，外籍監護工的生活適應和工作適應問題仍有待機構克服。

問題習作

○ 一、Hansmann將非營利機構分為哪四種類型？老人福利機構是屬
　　　於哪一種類型？

○ 二、福利機構和商業機構在性質上有哪些差異？

○ 三、老人福利機構的場地設施管理應注意哪些原則？

○ 四、老人福利機構的行政事務管理重點有哪些？概要的內容及注
　　　意的事項為何？

○ 五、何謂人力資源管理？它包含哪些內容？

○ 六、老人福利機構要如何招募志工？選用志工時應注重哪些重
　　　點？

○ 七、志工訓練有哪五種？基礎訓練和特殊訓練包含哪些課程？

○ 八、老人福利機構僱用國際人力在管理運用上，對其工作適應上
　　　應注意哪些事項？

名詞解釋

○ 非營利機構　　　　　　　○ 志工

○ 人力資源管理　　　　　　○ 國際人力

○ 行政事務管理

參考文獻

Hansmann, H. (1980). The role of nonprofit enterprise. *Yale Law Journal, 89*, 835-901.

第 八 章

老人服務事業的
行銷策略

學習目標

研讀本章內容後，學習者應能：

一、瞭解社會福利機構為什麼需要行銷。

二、瞭解如何制定機構的行銷策略。

三、瞭解老人服務事業推展行銷策略的功用。

四、瞭解老人服務事業推展行銷的方式。

五、瞭解如何塑造並行銷老人服務事業的文化。

第一節　社會福利機構爲什麼需要行銷

　　小君的媽媽臥床已經好幾個月了，家人爲了照顧她，個個是筋疲力竭，只好決定要送到老人養護機構去。這天小君把這個意思告訴阿姨，想不到她立刻暴怒：你們這些不孝子，媽媽的養育之恩都忘了嗎？現在她老了，你們就不要她了……。

　　或許有人在看到這個題目的時候，會深深不以爲然，認爲：「因爲我們都是老人福利機構，也就是所謂的非營利組織（Non-Profit Organization, NPO），既然NPO的設立宗旨不以營利爲目的，而是以服務人群爲目標，那麼只要自己盡其在我，只問耕耘不問收穫，那來的『行銷』呢？還談什麼行銷策略？」這樣的論點，聽來是氣勢磅礴，鏗鏘有力，一付天下興亡捨我其誰的抱負，令人敬佩；但是，NPO的經營目標既是要服務人群，那麼如果機構不存在了，就不能服務人群了，是不是就乖違了最初的設立宗旨？如果NPO採取不盈利的手段，但是機構要生存，一定需要有人事、業務……等維持費用，長此以往，只出不進，NPO有再多的捐助，也有坐吃山空的一天。因此，首先便要釐清NPO與PO之間的異同：它們同樣都需要考量成本效益，也都要有營利的概念和方法，所不同的是，營利組織的所有盈餘，都歸入業主權益項目下，但NPO則必須將累計餘絀，滾入資金，繼續服務更多的人群。因此，NPO爲了幫助更多的人，必須要有更多的盈利，如此一來，老人服務事業的行銷策略，也就具有正當性和必要性了。

　　事實上當前老人服務事業的營運，會有許多瓶頸。首先，因爲國人的接受度低，認爲住到老人機構就像是被子女棄養，但是隨著時代背景的變遷，

老人愈來愈不喜歡與子女同住，以免造成子女的困擾；而子女無意願，或無能力奉養雙親的也愈來愈多，所以這個問題會漸漸解決。

　　老人服務事業目前經營的另一個問題，是政府的干擾太多，例如：每位住民的收費標準要先由主管單位核准。而服務的內容，也限制很多，例如：65 歲以上才可以到老人機構來住，64 歲就不行；安養機構的老人功能衰退了，只要一插管就得移到護理之家。幸好 2007 年修正的《老人福利法》，已將這個問題解決了，但是老人服務機構要計算盈餘，也有諸多問題。例如：每一個住民的需求都不太一樣，因此要設計好多種個別化服務方案（ISP）而增加許多成本，偏偏國人普遍認為做福利事業是「做功德」，因此許多成本也被扭曲了（例如：當志工，就沒有人工成本的問題）。此外，由於老人福利機構是非營利事業，因此不像營利事業可以透過財務報表，或每股盈餘（earnings per share, EPS）來瞭解，因此外界很難看出 NPO 的經營績效；加上 NPO 的很少做廣告，除了住民的口耳相傳，老人福利機構幾乎沒有什麼促銷推廣的活動。而在現今這個行銷的年代裡，NPO 如果能夠在法律允許範圍內善用行銷策略，不但可使它的餘絀極大化，也可使它的市場占有率極大化。

第二節　如何制定機構的行銷策略

　　經過一番折騰，小君的姨媽總算向現實低頭，同意把媽媽送去老人養護機構。但是要送去哪家機構呢？小君上了老人福利機構的網站，一看，傻眼了！那麼多家，怎麼知道他們哪個好，哪個不好？

　　老人服務事業在制定行銷策略時，首先必須做好市場區隔；其次進行市場定位；最後才能確定目標市場。

◆ 一、市場區隔

任何一個企業都有它的產品特質，不可能大小通吃，所以先要開始市場區隔。區隔的方法可以使用地理位置區劃，如：全國性或地區性；如果向內政部申請立案，那它的服務範圍大概是全國性的。但也會受到地區性的制約，如花東離島就很難涵蓋全國需求者；而機構如果向縣市政府申請立案，通常也要協助地方政府做政策安置、公費安置。機構的大小，也會影響到它服務的對象，如：財團法人機構，收容的對象可能來自東南西北，小型機構就比較可能是在地縣市，甚至是機構附近鄉鎮的人。而根據消費者行為來劃分顧客群，也是常見的方式：同樣是自費安養，如果 1 個月收費 3 萬多，那可能住的是單人套房，如果 1 個月只繳 1 萬多，那就只能住 6 人房了。

◆ 二、市場定位

SWOT 分析是最常用的方式。先檢視一下機構本身有哪些優勢、哪些劣勢，尤其注意是否具有不可替代的優勢，或無法改變的結構性致命傷；然後檢視競爭對手的優勢、劣勢，並評估潛在顧客在哪裡，具有哪些特點；最後就能篩選出機構本身的機會在那裡。做完 SWOT 分析，就很容易瞭解機構本身的前進策略和撤退策略了。

◆ 三、目標市場

做過前面市場區隔和市場定位之後，機構便可以訂出目標顧客群是哪些，他們的需求是什麼。不過由於服務業具有無形性和易逝性的特性，所以我們有時會覺得很茫然，覺得不知道市場在哪，像空氣一樣，感覺得到卻抓不到；或者好不容易抓到了，不久卻變化了。尤其在服務滿意度上，機構不知道住民真正的期望（這叫企業缺口），住民自己想得到的服務（期望服務），與

機構所能提供的服務（實際服務）又有差距（這叫顧客缺口），所以老人服務機構便必須時常檢討自己的目標市場，根據實際的變化來調整因應。

顧客為什麼會選用這個商品呢？住民為什麼要來進住這家機構呢？除非這個機構別無選擇，不具備替代性，否則住民和其他家屬來進住之前，便會將所有可能進住的機構羅列出來，依照他們所得到的資訊，建立評估指標，如：收費、服務內容、服務態度、口碑（商譽），甚至還會親自參觀比較，或是試住，然後排出第一、二、三志願。儘管事實上沒有那麼嚴謹，但實際上大概都會透過類似的程序。

老人服務機構和其他商品之不同，在於其他商品使用後，消費就告一段落，如果買到不好的產品，大概就抱怨一陣子，怪自己倒霉，頂多向自己親朋好友作負面宣傳，或決定下次不再去同一家購買。但老人服務機構的產品，是全面而且連續的服務，也就是說：消費行為是持續在進行的。因此老人在進住以後，對服務的滿意度、其他住民的意見，甚至社會的觀感，都會影響老人是否對機構死忠（忠誠顧客），或不再繼續進住。此外，老人服務機構還有一個特點，就是使用服務的老人，並非全然的消費決定者，有些因為老人已不方便表示意見，有些則是出錢的子女較為大聲，因此老人服務事業的行銷策略，除了要對一般社會大眾做外部行銷外，還得對機構內的住民和員工做內部行銷，甚至對住民以及住民的家屬做互動行銷。

第三節　老人服務機構推展行銷策略的功用

為了要選定媽媽下半輩子的好去處，小君逢人便打聽，還親自挑選了幾家去參觀一番。最後在離家附近的機構中選出前三志願，召開家庭會議討論表決。雀屏中選的這家，除了口碑好，離家近，最主要的是工作人員對老人

超有耐性的。因此雖然收費貴了點，小君還是選定這家機構。

老人服務機構的行銷，既然具有迫切性和必要性，我們可以簡略地來檢視 NPO 推展行銷策略，具有哪些功能：

1. **增加新顧客**：由於行銷之後，機構的知名度提升了，建立正面有效的商譽，而基於口碑良好、口耳相傳，想要進住的院民勢必增加。在行銷學上稱為「蝴蝶效應」，說是美國東岸的蝴蝶拍動翅膀，所激起的氣流，竟然引起南亞的海嘯，這也就是中國人所謂的「造成風潮，鼓動時勢」。

2. **減少舊顧客的流失**：因為行銷推動的結果，使得住民及工作員工自動形成共同意識，建立「全家就是我家」的概念，以住在這裡為傲，舊住民的流失就會減少到最低。

3. **形成附加效果**：行銷策略的推展，造成外溢效果，使機構原先投入的行銷費用，透過乘數效果，得到數倍或更多的效益。此外，行銷策略如果成功，還可以在主要產品之外，以週邊產品的型態（如：外展服務、老人福利政策的發言權……）得到更大的效益。

老人服務機構常用的行銷策略有哪些呢？當然最重要的就是廣告了。雖然礙於規定，福利機構不能大張旗鼓地在電視、廣播、報紙……上登廣告。但是還是有很多非廣告的廣告手法，例如：機構辦活動就會在報紙上登出來，這種「新聞式廣告」效果比登廣告更大。因此機構可以透過各種形式的活動，如：比賽、慶生會、園遊會、募款、懇親會、外展活動、講座……等活動，並透過活動預告、徵求志工、徵求參與者、活動報導、專題報告等方式，收到多次廣告效果。

在做促銷活動時，通常必須考量下列幾項因素：

1. **市場型態**：如：老人安養中心，通常住戶不多，因此市場型態呈現超額供給型態；但如果是養護機構，或失智症老人的機構，則是需求遠大於供

給，套句經濟學的術語，這是「賣方市場」。

2. **競爭狀態**：如：小型機構全台灣超過 800 家，所以數量龐大，競爭也很激烈，這時就不能採用高價策略；但在花東離島，即使小型機構也沒幾家，這時就呈現寡占市場。而高品質的安養機構，如「潤福」，全國幾乎別無分號，就可採取高價位策略了。

3. **瞭解顧客特質**：如：「榮民之家」住民清一色是退伍軍人，同質性相當高，因此用部隊那一套的管理方式或許管用，但在民間的老人機構，這一套就不管用了。所謂「見人說人話，見鬼說鬼話」，我們要用消費者的話語，說出他們的心聲，也就是所謂的「使用者導向」。

4. **產品特性**：我們在大賣場，經常可見到試吃產品，而且效果還不錯，那老人福利機構可不可以試住呢？有些可以，因為他們的市場是鎖定高政經地位的消費群，但有些老人是子女刻意棄養，那試住就造成問題了，總不能把老人趕出機構，任其流落街頭。因此老人福利機構的服務特性，在做行銷策略時就要列入思考。

■ 第四節　老人服務機構推展行銷的方式

　　這天，小君一如往常地下班後順便繞道養護中心看看媽媽，發現機構與往常不一樣，每個人都笑逐顏開。小君才到媽媽病房，護理人員便迫不及待地拿份報紙給小君說：我們機構拿到評鑑優等！看著媽媽在旁似懂非懂的跟在旁邊傻笑，小君鼻頭一陣酸，心想：幸好當時選對了好機構。

　　媒體的報導，不但事關老人福利機構的形象、商譽，而且還會與潛在住民的進住意願息息相關。因此老人福利機構可以設置公共關係專責單位或負

責人，平時負責企業形象設計，並兼任機構發言人，扮演機構化妝師的角色，其首要之任務就是要與媒體記者保持良好關係，並且知道政府相關單位以及民間資源之所在，以協助機構營運，一旦機構發生負面事情，則馬上組成危機處理小組，使機構所受到的傷害減到最低。

正面的公共報導，至少可收到下列的助益：

1. **社會形象的導正**：使機構的公益形象得以塑造。

2. **知名度提升**：不管好事、壞事，媒體不停的報導，絕對可使社會大眾容易知道機構的存在；如果是正面報導，更可以收到「洗腦」的效果。

3. **住民的榮譽感**：若機構是大家肯定的，不僅現住戶會覺得很光榮、與有榮焉，潛在住戶也會產生「西瓜偎大邊」的心理，更強化進住的腳步。

4. **使機構員工產生向心力，形成「共榮圈」的意識**：不僅有助內部氣氛的融洽，而且更使業務的推動格外順利。

正因為公共報導的這些利益，所以老人服務機構得要改變以往「默默耕耘」、「只問耕耘，不問收穫」的保守心態，致力於行銷。我們固然不鼓勵做 50 分講 100 分，也不贊成做 100 分只講 50 分，但至少講個 80 分總是應該。更何況公共報導從積極面而言，固然可增加機構利益；從消極面而言，又可以減少機構的損失，自是不可等閒視之。

俗語說：「品質是最好的行銷」，廣告、促銷、公共報導、形象設計，都只是輔助的角色。也就是說：這些手法都只是產品外面的包裝而已，包裝得再華麗，打開一看完全不是這麼回事，那種受騙的感覺，相信消費者很難再度上門。因此，品質才是決定一切的根本因素，是以顧客滿意度，就是老人服務機構永續經營的決勝關鍵。不過，老人服務機構的顧客是誰？有一個比較俏皮的比喻：老人住民是案主，他的家屬是金主，所以都不能得罪。因此老人服務機構的品質，除了本身的品質控管外，還得看使用者滿不滿意。

一般而言，老人福利機構的品質構面，又可以分為下列三項：

1. **可靠性**：就是機構所提供的服務，符合使用者的預期。

2. **確實性**：使用者對機構的服務產生信賴，尤其是住民家屬。

3. **回應性**：使用者的需求獲得滿足的程度。

通常老人服務機構為了達到可靠性和回應性，都會做滿意度調查，並將調查結果加以分析處理，甚至內政部在做老人福利機構評鑑時，也會把服務滿意度調查納入評鑑指標。但事實上，滿意度調查並不是常常在做，可能一年半載才做一次，使用者如果對服務不滿意，不可能等個一年半載才發作。通常抱怨者可分為四種類型：1. 消極型，逆來順受，縱有不滿，也不會或不敢說出來；2. 申訴型，會向服務人員表達不滿意，但不是很強烈；3. 憤怒型，他極可能散發負面口碑以致傷害機構，或以退住來表達不滿；4. 行動型，譬如向消費者文教基金會申訴，或投書媒體，甚至不惜訴訟。由此可知：顧客如對服務不滿，機構要在第二類型時就建立停損點，切不可讓它形成第三類型、第四類型，因為那樣一來，機構就要蒙受重大損失了。

怎樣處理住民的抱怨呢？方法通常有三：

1. 最好的方法，就是第一次就做正確，讓第一類型的抱怨者都無從發生。

2. 一旦顧客（指住民、家屬、其他相關人，甚至是社區民眾）有抱怨，這時員工要有「嫌貨才是買貨人」的心理，歡迎抱怨，並且在第一時間，迅速處理。通常機構得先授權員工如此處理，員工不必事先報准，只需事後報備。

3. 建立回饋機制，一旦抱怨處理完畢，機構主管可主動請教抱怨者對機構的處理是否滿意？是否對機構還有其他建議？將「抱怨者」轉化成「忠誠者」。

從顧客抱怨處理中，我們發現員工的向心力是很重要的，因為服務業顧客的滿意，主要來自第一線工作人員，而這些工作人員的表現，也就形成機構產品（服務）的品質。因此老人服務機構的行銷策略，最後一個就是「內

部行銷」，也就是向機構本身員工行銷機構。

　　優質的員工對機構有什麼好處呢？首先，便是良好的服務品質，使顧客滿意度上升，口碑良好，潛在顧客也加快進住的腳步；其次，因為員工穩定，機構不用三天兩頭訓練新員工，減少訓練成本和訓練損失。此外，由於住民與服務人員相處久了，有了交情，即使有什麼不如意事，「有關係就沒關係，沒關係那就大有關係」，機構內部往往更和諧。

第五節　老人服務機構行銷文化的塑造

　　社會服務機構在從事行銷活動之前，首先應在機構內部做好行銷文化的塑造，從機構本身內部的員工做起，也就是讓全體員工都有行銷意識。但要如何才能訓練好員工呢？

　　1. **將員工納入機構願景**：有些大企業採用員工入股方式，使員工與機構有了共同利益，員工就會打造雙贏。老人服務機構無法實施員工入股，但可以用共享願景的方式使員工參與決策，塑造平行利益。

　　2. **建立機構特有文化**：慈濟是國內最大的 NPO，會員超過 400 萬人，這麼龐大的組織，其維持成本卻壓縮到最小，因為慈濟參與者中絕大多數是志工，他們以參加慈濟為榮，不會斤斤計較慈濟是否待遇不公、年終幾個月。如果老人服務機構能夠形成這樣的文化，服務品質必然提升。

　　3. **內部行銷**：一言以蔽之：「待員工如顧客」。住民有滿意度調查，員工也有；住民有人性化管理，員工也有；甚至住民有慶生會，員工也有。蓋乃服務業有一個特性──「生產與消費同時進行」，如果員工與顧客同時消費服務，也同時提供服務，那機構內部氣氛，勢必融洽如一家人。

　　老人服務機構的最後一個行銷策略，叫做「創新」。以前的人說：「不

進則退」，現在的人說：「進步緩慢就是落伍」。服務的特質就是「易逝性」，現在滿意，不代表明天仍然滿意；明天不滿意，說不定後天反而滿意，面對瞬息萬變的住民需求，創新是唯一的生存之道。

由於社會福利機構不同於一般的商業活動，福利機構的行銷活動必須以受服務者的需求來作為訴求的重點。老人服務機構有哪些創新的點子呢？以下試著列出幾個創新方式：

1. **新服務方式**：如將老人餐飲、關懷訪視及電話問安，結合成社區照顧據點，或將老人住宿方式改變為老人日托。

2. **現在市場之改良**：如：老人美容，或日本之老人洗澡車，或我國之老人文康巡迴車。

3. **現有產品的改進**：如：「雙連老人福利機構」延長家屬探視時間，甚至歡迎住宿機構；或如「西湖渡假村」將老人安養中心擴充據點成 7 個，各個據點老人可以輪流住。

4. **延伸新產品**：如：「雙連老人福利機構」的主產品是老人安養，為了方便家屬探視，衍生出探親旅館；「田園老人福利機構」的主要產品也是老人安養，但旁邊的「流星花園」，也跟著生意興隆。

5. **風格創新**：如「戊山園」將機構內的走道，命名為「獅頭山」、「後龍溪」、「勝興車站」，使老人宛如漫遊苗栗縣境；或有些機構把房間號碼從死板板的「301」、「302」、「303」⋯⋯改成「長頸鹿」、「孔雀」、「薰衣草」⋯⋯，甚至員工改穿制服，機構改刷油漆，都是這類的創新。

第六節　結語

　　「你不理財，財就不理你」。有心從事老人服務事業的人，基本上都具有悲天憫人的襟懷，不過要幫助更多的老人，首要條件便是自己要有更大的能力，才能服務更多的人。行銷策略，進可攻，退可守；一旦發生負面情事，可幫助機構設定停損點，使傷害降到最低。非營利組織仍需參酌營利組織的行銷策略，使機構適存，更加壯大，以便服務更多人，這是投入老人服務事業所必須體認的。

摘要

　　非營利組織雖然不是以營利為目的，但是為了要讓組織能夠永續經營，以及改變使用者對機構的刻板印象，樂於使用機構的服務，行銷策略的運用是要讓機構與社會能夠彼此更加瞭解的必要方式。

　　非營利組織必須掌握事業體的特性來制定其行銷策略，也就是要先做好市場區隔，其次進行市場定位，最後才能確定目標市場。

　　非營利組織推展行銷策略的主要功用是為了增加新顧客、減少舊顧客的流失，以及形成附加效果。讓潛在使用者願意與機構進行接觸，對機構留下良好印象，在家人或者朋友需要使用機構服務時，能夠立刻想到機構可以提供的服務而樂於使用，正確的行銷也有助於機構形象的提升。

　　非營利組織推展行銷時要考慮市場型態、競爭狀態、顧客特質與產品特性等因素，掌握機構的優勢、減少劣勢、開創機會，並使機構的外部威脅減小。

　　行銷文化的塑造首先就是要將員工納入機構願景，用共享願景的方式使員工參與決策，塑造平行利益。其次是建立機構特有文化，以建立機構的特色，並運用內部行銷來提升組織內部的凝聚力。

 問題習作

○ 一、請說明社會福利機構為什麼需要行銷。
○ 二、請說明如何制定機構的行銷策略。
○ 三、請說明老人服務機構推展行銷策略的功用。
○ 四、請說明老人服務機構推展行銷的方式。
○ 五、請說明如何塑造並行銷老人服務事業的文化。

 名詞解釋

○ 非營利組織　　　　　　　　○ 行銷策略
○ 老人服務事業　　　　　　　○ 內部行銷

 參考文獻

內政部彰化養護中心（2000）。**社會工作業務手冊**。彰化：內政部
　　彰化養護中心。

李開敏、王玠、王增勇、萬育維等（譯）（1996）。Abraham Monk
　　等著。**老人福利服務**。台北：心理。

阮玉梅等著（2001）。**長期照護概論**。台北：華杏。

內政部（2006）。**社區照顧資源篇**。台北：內政部。

第九章

志願服務與
高齡者人力資源

學習目標

研讀本章內容後，學習者應能：

一、認識志願服務之意涵。

二、瞭解志願服務及社會需求。

三、如何塑造志願服務文化。

四、詳述高齡者志願服務人力資源之運用。

第一節　志願服務的意涵

◆ 一、志願服務之定義

志願服務（Volunteer Service）亦稱為「義工或志工」，係指自動自發不求報酬參與各種社會福利的活動者而言（江亮演，2003）。

我國《志願服務法》第 3 條第 1 項將志願服務定義為「民眾出於自由意志非基於個人義務或法律責任，秉誠心以知識、體能、勞力、經驗、技術、時間等貢獻社會，不以獲取報酬為目的，以提高公共事務效能及增進社會公益所為之各項輔助性服務」。對照其他的定義，這個已成為我國法定的說法，事實上已是相當周延，包括了自由意志、以能力奉獻社會、不取報酬、提高效能、有利社會等要素，使志願服務的精神能充分的顯示。

上述的定義雖然已將志願服務的要素分別列出，但是美國學者艾斯利（Ilsley, 1990）曾經對志工經驗進行大規模的訪談調查，歸納出志願服務的要素，有不同於上述的說法，其要素分別是：

1.利他主義：意指對他人或社會進行服務無私的承諾。

2.承諾：志工對個人、組織或願景、理念的承諾，願意去服務。

3.自由意志：不受命運、他人、團體或組織的影響，有自行決定的權力。

4.學習：志工透過服務工作的需要和體驗，去學習相關的知識、技術、態度、觀念和公民意識等。

5.沒有財物酬勞：志工沒有薪資，但可以領誤餐費、補助活動註冊費，使用設備或打折購物。

6.組織：志工可以個人或透過組織行動，但趨向是以組織活動為主流；

7.心理的好處：志工的動機不只是利他主義，也能在工作中得到成就感及個人與事業的成長。

8.犧牲：志工服務別人，卻可能犧牲自己的時間、個人生活、家庭生活、婚姻等，這種犧牲精神已成為志工行動的基礎。

這八項要素超越一般志願服務的認知，但也充分的將志願服務的意涵完全展現出來，因此將其加以組合成為新的定義：「志願服務是一種在自由意志下，對個人或組織給予服務的承諾，犧牲個人時間、體力或生活，不以財物報酬為考量，透過個人或組織的利他行為，但其服務也帶給個人的學習經驗和心理成就。」這定義所包含的內容，將志願服務的內涵做更進一步的闡示，增加對志願服務的深一層瞭解。

在我國的《志願服務法》中，已將對社會提出志願服務者定義為「志工」，使得未來欲從事志願服務者，需以「志工」為名，然而我國傳統上常使用「義工」來稱呼助人者，其展現的行為與志工相近，因此有此研究（林萬億，1993）及著作（吳美慧、吳春勇、吳信賢，1995；陳武雄，2001），視二者為通用詞，但也有民間團體認為二者有其不同，因為義工是義務工作，在休假或工作休閒的空餘時間，去做不支薪的服務工作；志工則是將付出、服務人群當志向，出錢又出力，有責任心、使命感，不計較時間、代價、體力的付出，能克服困難，完成任務，並且做得滿心歡喜。這二種的差別在於前者是以自願且不支薪的服務為考量，後者則是以奉獻犧牲的角度來從事服務行為，具有較高的心理動機。也有人認為義工是不拿任何報酬的服務者，而志工則是不支薪但可領取車馬費或誤餐費的服務者。事實上，「志工」的名詞是從英語的 Volunteer 翻譯而來，多為學術界採用，尤其是社工界，以致此名詞在不斷的研究和使用下，成為主流名詞，取代了義工的習慣用法，因此就一般通俗的使用，二者應無差別，可以互用，但就學術上的使用，志工應為較被接受的用語（陳金貴，2003）。

◆ 二、志願服務發展趨勢

志願服務的發展因著時代背景有所不同，美國早期的志願服務起源於保護鄉土的民兵，1960 年代著重於青年服務。華人社會中正式的志願服務較不普及，大都是非正式的志願服務。茲分述如下。

㈠資訊科技的影響

資訊科技日新月異，電腦使用率在個人與家庭都愈來愈普及。資訊科技的發達使得志工管理的方式亦有所改變，例如：教育訓練可透過網路教學，平時與志工的聯繫也可採用電子郵件，甚至有些組織根本不需要與志工面對面，志工只要在網路上提供服務即可，這就是所謂的「虛擬志工」。

㈡人口因素的影響

1. 高齡化

1993 年，台灣地區 65 歲以上的老人占總人口數的 7.1 ％，使台灣邁入高齡化社會。截至 2006 年 3 月，老年人口已占總人口的 9.8 ％，預估 2026 年老年人口比率將飆高到 20 ％，台灣地區每 5 人中就有 1 位老人。這些數據所呈現的意義是台灣地區人口的快速老化。人口快速老化，意味老人相關需求的快速成長，也就是社會對老人的負擔相對增加。但換另一個角度來看，如果將長者真得當成「寶」、視為是社會的「資產」，或許我們也增加了許多資源。

老人做為社會的重要資源，不一定要在職場上或家庭內貢獻心力，也可以在社區內從事各種公益活動。美國幾個特別為老人設計的志願服務方案，例如：退休老人志工方案（Retired Senior and Volunteer Program, RSVP）、老朋友方案（Senior Companion Program）、寄養祖父母方案（Foster Grandparent Program）、退休經理人員工作團（Senior Corps of Retired Executives, SCORE），可供參考。

2. 志願服務年輕化

過去我們的年輕人過度注重於課業，較缺乏從生活的體驗中去學習。像是目前在學校中所推展的「服務學習」（service learning），就是一種重視學習因素的服務，透過有計畫的服務活動方案，以滿足被服務者的需求，同時促進服務者的發展（林勝義，2001）。從學習的角度，志願服務方案不僅大學生與中學生可從事，更可將年齡降低至兒童志工。

3. 婦女就業率提高

從許多國家的統計資料來看，女性從事志願服務的比例均高於男性。也讓社會大眾認為志工就是那些有空閒的家庭主婦做的事。那麼若有愈來愈多的女性進入職場，那投入志願服務的人數將減少。對志願服務觀念不普及的我國而言，這是有可能的。也有不少人因投入就業市場而中斷了志願服務，特別是在經濟不景氣的時候，更是嚴重。

4. 鼓勵支持性志願服務

英國的志願服務調查顯示，最高所得的族群，參與正式志願服務的比例，兩倍於最低所得的人，也就是經濟弱勢族群參與志願服務的機會較少，形成了志願服務的社會隔離（social exclusion）。弱勢族群無法參與志願服務可能有許多因素，因此應設法排除障礙，特別為低所得者、身心障礙者、少數民族、外籍配偶提供志願服務的機會，這就是所謂「支持性志願服務」。

㈢宗教因素

最近這幾年來，各種宗教在台灣蓬勃發展。許多的教義都可透過志願服

務來實踐。一些佛教與民間信仰的宗教團體,也逐漸從傳統的救濟走向弱勢族群,提供面對面的服務;一些基督宗教的信仰分享小組也轉化成關懷行動小組。相信未來會有更多有宗教信仰的人,將信仰的理念化為實際關懷他人的志願性行動。

㈣志工管理專業化

在一個多元化的社會裡,非營利組織的角色漸被重視,而志工通常是非營利部門最重要的人力資源。而政府部門為了提升公共服務品質及擴大民眾參與,也大量引用志願服務人力。甚至企業界為了善盡企業公民的責任和提升企業形象、動員企業內部人力資源,也開始投入「企業志工」方案。志願服務的管理已逐漸走向專業化,像是美國的「志工管理協會」(Association for Volunteer Administration)結合了世界各地的專業志工管理人員,並不時提供志工管理的專業知識。志工管理的專業化也特別重視志工的興趣與技能、新的教育訓練方法、合作與結盟、重視服務品質與績效等議題。

㈤新的志願服務模式

1. 家族志工

最近一份美國家族志工(family volunteers)的研究報告指出,28％的志工和家人一起從事志願服務工作,且這個比例有逐年增加的趨勢。雖然現代社會的家庭每個成員都愈來愈忙碌,但他們願意在一起透過志願服務,找時間家族聚在一起,傳遞一些社會價值,分享助人的經驗。

2. 企業志工

企業為了善盡企業公民的責任,由企業主動將員工組成志工團或提供服務機會,鼓勵員工參與志願服務。如此,不僅企業的產能未見降低,反而提

高工作效率，而且企業志工方案也是最好的員工教育訓練方案，將形成企業、員工與社區三贏的策略（Seel, 1995）。

3. 服務學習

服務學習是一種愈來愈普遍的教育策略，教育工作者認為服務學習是改善社區、活化教室、回應社區需求、建立自信與培養學生思考能力的方法（Cipolle, 2004）。從國外的學習服務經驗顯示，服務學習有多元的目的，要達成這些目的需要運用不同的策略；而不同的策略所需的資源就不同。所以，當我們論及服務學習需要哪些資源前，我們先要釐清服務學習的意義與目的。

4. 專業志工

許多人認為志工大都是一些有閒的人，事實上越來越多的專業人士，提供自己的專業知識與技能於志願服務工作，像是律師為非營利組織的案主提供免費的法律諮詢；會計師為非營利組織提供免費的稽核、簽證服務；醫師從事義診；社工師提供社會服務；程式設計師為非營利組織建構資訊化等（張英陣，2006）。

◆ 三、志願服務之特質

從志願服務定義所揭櫫之涵義，志願服務具有許多特質，分述如下（曾華源、曾騰光，2003）。

㈠志願服務不以牟取個人之經濟利益

有人認為志願服務必須是沒有金錢利益，但允許有部分報酬，這並非衡量個人的服務能力而提供的經濟性的報酬行為，聯合國對遠赴國外幫助落後國家的各種工作人員在不願領取薪資之情況下提供旅費，甚或基本生活費用，這只是志願服務者，所付出的遠越過物質和金錢之回饋。

㈡志願服務是出於自願的利他行為

志願行為（voluntary）係以發自內心自動自發的行為，而非受命於他人的助人行為，基此，志願服務是在自由意志下的一種利他行為表現。

㈢志願服務具有社會公益精神

志願服務是改善社會問題所表現出的積極性行為，是以關懷社會的意念，尊重和關心他人的行為提供服務，不帶有階級性和歧視性，以實踐社會理想及社會正義精神。

㈣志願服務是以滿足個人心理需求

從事志願工作過程中，除奉獻的精神外，更擴大人際網絡，豐富個人的社會生活。

㈤志願服務是以組織型態提供服務

志願服務強調個人應積極主動關注社會需求，並透過實際參與及行動，有計畫的提供社會各項需求，所以是一種有組織、有計畫和有目標的一項社會服務。

第二節　志願服務的功能

志願服務之運作，雖屬服務社會的助人行為，但隨著時代的變遷，產生不同的功能，在實際的運作下，已改變了傳統的角色，並提升了既有的助人功能，更具社會的意義。其功能為（陳金貴，2003）。

◆ 一、輔助或替代政府辦理公共服務輸送的功能

目前政府再造的趨勢中，已有愈來愈多以政府和民間組織或企業結成夥伴關係，來輸送公共服務的事實。志願服務來自民間，具有靈活、彈性、快速、親切的特色，因此政府透過志願服務者的協助，不僅可節省人力，也能提供民眾優質的服務。可協助政府延伸公共服務，普及至更多的社會弱勢族群或更偏遠的地區。

◆ 二、提供大眾多元的社會服務

志願服務可以依據不同的需求，提供多元的社會服務，滿足不同的對象，其做法包括直接對受服者服務，例如：照顧老人、社區照顧，或是間接的協助受服務者整理生活環境或整理資料等。志願服務的多元角色，使它可以因應時代和環境的變化，不受時空影響，發揮其最適切的功能。

◆ 三、深化及擴大非營利組織的服務功能

非營利組織近年來的蓬勃發展，與志願服務的發展有密切關係，由於大量志工的出現，使非營利組織能夠獲得充沛的免費人力，不僅在支援、諮詢及執行等各方面，可以得到適當的人力加以運用，減少非營利組織的人事費用，更可透過不同專才的志工，開拓新的服務領域，提升服務品質。

◆ 四、增進志願服務者心理和知識技能的成長

志願服務工作的參與，使得志工在奉獻犧牲之時，也可得到學習及成長的機會，在心理成長方面，得到支持、鼓勵和分享，產生團體歸屬感；而在協助受服務者時，從其感謝的眼神、語調或恢復情形，得到心理的成就感及自我的信心，尤其有些退休人員或家庭主婦，因為參與志願服務，而得到重

新投入社會行動的行列，避免產生社會疏離感，也促使個人心靈的再成長。

◆ 五、提供多元的社會參與機會

志願服務的工作，可以因為人、事、時、地、物的需要而有所調整，使得其服務的範圍、種類和對象，可以有很大的變化空間，而志工也因此可以經由不同的組織，提供各種的服務，扮演適當的角色。條件也必需隨之而改變，志願服務可以提供適切的服務機會，也就是說社會中的任何人，願意從事志工活動，可以有多種選擇參與的機會，帶給社會多元的服務。

◆ 六、強化社會資本的形式

社會資本是社會組織的特徵，譬如信任、規範和網絡，將其透過推動已協調的行動來改進社會效能，因此社會資本包括組織、關係、態度和價值，支配了民眾的互動，並對經濟和社會發展有所貢獻。社會資本包含社會行為的共同價值和規範，充分表現在個人關係、信任和公民責任的共識，志願服務是有效的行動方式，因為透過助人的歷程，可以加強人們的互動，協助民眾緊密的結合在一起，透過服務活動可以建立公民間的信任和互惠行為，對更安定與和諧的社會有更好的貢獻。

◆ 七、建構公民社會的基礎

公民社會（civil society）是指由獨立在國家和市場之外的正式和非正式的團體和組織所組成，以提升社會的多元利益（World Bank Group, 2001）。公民社會的重要作用是創造健康的公共生活，它必須依賴自願而又負責的公民，來共同解決問題，分享共同利益及提升集體理想，而志願服務可透過各種服務，帶給民眾安全、正義、機會和自由，正符合公民社會之所需，因此公民社會提供志願服務發展的溫床，志願服務也作為公民社會行動的核心。

◆ 八、展現人類崇高的本性

志願服務的行動是人們在自由的狀況下，依自主的精神帶給個人和組織的實質利益，凝聚了社會的相互信任的感覺。它是深植在文化和社會衝擊下的人類精神，代表來自人們內心的習慣和公民的本性，它對其他人需求的關切和回應，是人類最高動機的呈現，展現出人類以愛和熱情來互助的本性。也就是說，志願服務的深層精神面及象徵的意義，不在於為別人做些事，而在於無私無悔的自我奉獻，這是人性高貴尊嚴的發揮。

第三節　志願服務與社會需求

隨著全球化、都市化、資訊化、高齡化等現象，社會不斷在變化之中，志願服務雖具備前述之各項功能及特性，但志願服務要如何轉化，以更符合社會之需求，則有待做更進一步的討論。

例如：2001 年聯合國宣布為國際志工年（International Year of Volunteers, IYV），其五大目標為：1.增強對志工價值之認知；2.提升資源統合與推動；3.建構網絡之互動與連結；4.促進政府與企業對志工之運用；5.鼓勵志願服務的全民參與。我國為因應國際潮流與社會需求之衝擊，更演化以下幾種志願服務發展之重要方向如下（李明憲，2005）。

◆ 一、專業化的志願服務組織

以國外發展的方向來看，志願服務多是從社區的活動發展而起，因為需求而結合形成一個志願服務機構，遂有整合的志願服務活動產生，而後因為工業化與都市化，開始需要系統的、科學化的志願服務組織。

目前我國社會也開始有此趨勢，例如：老年人的社區照顧問題就需要受過訓練的志工來進行服務，而服務的過程更需要有系統的評價才能精益求精，因此目前社會對於專業的志願服務組織已經需求甚殷。

雖然目前國內各志願服務組織對於志工及組織的專業化已經逐步重視，可是目前大多數仍缺乏辦理專業化教育訓練的資源與能力。因此，如何改善以因應專業化社會的需求，應是現今及未來發展所應重視之處。

◆ 二、志願服務應與政府部門建立合夥關係

近年來基於民主政治的落實，政策的擬定與推動均有民眾的參與，而志願服務部門對於社區及弱勢族群需求的瞭解與關懷，更是公部門所無法取代的，因此志願服務組織可以提供政策擬定更深層的思維。

但是目前由於政府各部門均有志工的計畫，卻缺乏統合橫向的整合，例如：衛生署有保健志工、青輔會有青年志工、文化單位有文化志工等等，在做法上多有差異。對於公部門與志願服務組織之間的關係亦有多種不同的運作模式，例如：在經費的補助方面，有的以資本門補助為主，有的則以經常門為主，以致於影響志願服務組織的發展走向，雖說應在一種相互制約的關係下運作，但在某些政府部門的運作下，反而似乎成為公部門的附屬機構，這不是我們所樂見的結果，也是志願服務組織應自我戒慎之處。

丹麥政府在此一方面的做法可提供我們參考，丹麥政府在 1992 年成立國家志工中心，1993 年成立志願服務委員會，全力整合推動志願服務，他們提出政府推動志願服務政策的幾個基本原則：1.確保社會福利廣泛性；2.保障志願服務組織的自主性；3.對志願服務組織經濟支援的同時，必須尊重其多樣性；4.提升主動的公民權利義務；5.不同的社會角色應共同合作。

提倡志願服務的方法應該有以下原則：1.提供財務上支援；2.減稅；3.提供訓練機會；4.消費志願服務的障礙；5.加強提供有關志願服務相關資訊；6.

支持志願組織募款活動。

◆ 三、志願服務組織結盟合作

在社會多元的發展之下，服務的對象不只是單方面的需求，常需要整合性的服務，例如：弱勢關懷常常必須結合醫療服務，生態服務則與社區服務有關。我們服務的對象面對的是整體的生活，而不是如志願服務組織分工般的內容，因此為因應此一需求，志願服務組織應相互結盟，瞭解對方的專長，並且互相轉介個案，互相支援與交流，建立所謂的夥伴關係。

而結盟的方式包括：功能的合作、程序的合作、地理區域的合作、訓練的合作、資訊的交流等等。從各個角度進行結盟，使得志願服務由點而線而面擴大整合，以發揮最大的志願服務效益。聯盟的組織除了志願服務組織之外，也應包括其他非營利組織、學校、民間企業等不同的組織型態。結盟的原則應是組織成員的相互認識、而非執行長與執行長之間的熟識。

◆ 四、召募志工年輕化

台灣目前除了特定部會的志工較為年輕外，志工組成仍以中、老年及女性為主，將志工視為行有餘力回饋社會的人仍占多數，而實際上志願服務工作應是落實於我們一生之中，而不是一小段的晚年回饋。

志願服務是 21 世紀的潮流，從志願服務廣義的定義來看，其包含了三個層次：社會服務（social services）、議題倡導（advocacy）、社會領袖培育（leadership）。因此，志願服務對青年人的意義尤其重大，青年人可透過投入志工的行列，在服務中學習組織、溝通、領導與被領導，以及做決策的技巧，並針對自己社區的問題提出分析，規劃研擬解決之道，這就是公民社會參與民主的具體表現，這樣的表現不但能替非營利組織培養人才，提升非營利組織水準，更是培養青年領袖最好的方式。

　　因此，我們必須及早養成青少年志願服務的正確態度，志願服務組織應盡量與學校結盟推動志願服務工作，讓青少年走出校園，有機會去體會志願服務的真諦，並體察社會的各個面向。

◆ 五、志願服務資訊化

　　資訊時代的來臨，使得許多資訊的交流都來自於網際網路的傳播，志工的成長以及個案的來源，均有可能來自於網路的交流、轉介與發掘，因此，志工必須培養資訊素養，而志願服務組織管理必須資訊化。至少應包括以下幾個要項：

　　1. 運用網路服務（web service）建構知識交換平台。

　　2. 建置志願服務 e-learning 發展平台。

　　3. 全面訓練與養成志工的資訊能力。

　　4. 協助各志願服務組織系統資訊化。

◆ 六、志工組織的社區化

　　當社區愈進步後，社區中每個人之間的交流互動反而愈少，當有事故發生時，幾乎只有自助，要不然就是必須申請來自於社區外的志願服務組織來進行協助，而此類組織有時申請程序繁瑣，有時緩不濟急，有時不瞭解社區的生態，錯誤的介入方式反而造成申請者的困擾，因此，來自於社區立即的關懷與協助是每個人所衷心盼望的。

　　目前衛生署持續推動社區健康營造，社區健康營造是期望結合不同專業力量，激發民眾主動參與，提供民眾參與地方事務決策之機制，尊重文化的多元性，將健康導入日常生活中，建立社區居民自決健康照護需求優先順序，並由居民共同建立健康生活支持環境，透過居民互相支持，實踐健康的生活，共同營造健康的社區。

因此，各類型的志願服務組織亦可如社區健康的網絡一般，在社區中建立聯絡的點、線、面，應可滿足更多社會需求。

◆ 七、強化老年服務的工作內容

台灣人口老化的問題有愈來愈嚴重的趨勢。一般而言，老人問題可以歸納為生理健康、心理健康、經濟、社會適應，以及休閒生活等五方面，其中又以健康老化衍生的長期照顧問題最值得重視，這應是未來志願服務組織著力協助的部分。

第四節　如何塑造志願服務文化

志願服務是民眾出於自由意志，非基於個人義務或法律責任，不以獲取報酬為目的，以服務利他，提高公共事務效能及增進社會公益所為的各項輔助性服務為宗旨，必然有其追求的基本價值或核心價值。志願服務核心價值之中，包括：多元（diversity）、以學習為基礎（learning-based）、以社會正義為焦點（social justice focus）、合作（collaboration）、互惠（reciprocity）。據此言之，領導者在樹立正確的服務觀念時，可以從下列項目去考量（林勝義，2005）。

◆ 一、樂於服務

參加志願服務是出於個人的自由意願，而不是外力所能強迫。通常，志工可以有多元選擇的機會，包括對服務機構的選擇，以及從機構眾多服務項目之中選一、二項來做。既然是自己的選擇，即應負責，只要機構或服務對象有需要，就高高興興服務。志工樂於服務，服務才會受到歡迎，也才比

較有服務績效。

◆ 二、服務學習

　　志工應該有「服務學習」的觀念，充分運用自己過去所學去服務他人，並且從服務之中繼續學習，不斷成長。志工必須具有服務所需的專長，始能獲得被服務者的信任。

◆ 三、就近服務

　　志願服務是部分時間的付出，比較適合在自己所居住的社區之中，就近參與服務，並且優先服務鄰里的弱勢者。在志願服務的理論之中，社區化理論就是強調運用草根志工，落實在地服務。

◆ 四、合作服務

　　現代的志願服務，必須結合志工共同的力量，經由群策群力的團隊活動，協助服務單位提高公共事務效能及增進社會公益。因為，個別從事志願服務的力量比較有限，如能透過志工團隊組織，彼此分工合作，比較容易達成預期的服務目標，並延續服務的效果。

◆ 五、服務對象優先

　　志願服務是為有需要的人群而提供服務，照道理應該是服務對象所獲得的好處大於志工本身的成長。至少，志願服務的結果，無論志工或服務對象都可以受益，兩者之間是互惠的。所以，志願服務工作必須優先幫助服務對象完成他的心願，然後再完成志工本身想服務、想成長的心願。

第五節　高齡者志願服務人力之運用

　　由於醫療水準進步，高齡人口比例逐年飆高，國人面臨退休年齡提前，使得人力資源之年齡層提高。為避免高齡者成為依賴人口而影響經濟發展，高齡者人力資源之開發極具社會發展之必要性。

　　芬蘭和丹麥已延長法定退休年齡，經濟更趨繁榮，歐洲委員會與經濟合作暨發展組織最近並警告會員國，他們未來的繁榮繫於能否有效利用高齡者人力。經建會亦表示，因應台灣人口高齡化延後退休是必然趨勢。基此，如何規劃運用高齡者人力資源是極為重要的，而高齡者志願服務人力之優點及困難如何，茲析述如下（曾華源、曾騰光，2003）。

◆ 一、運用高齡者志工之優點

　　老人參與志願服務之用意是希望能增加信心、能力與自主性，而非由社會中自行撤退，而是更積極的參與社會上的各項活動，以及讓高齡者願意留在社會職場，一般而言，高齡者人力資源有其長處，如：經驗豐富、工作時間充裕、不計較報酬、維護傳統規範、珍惜服務機會等，高齡者志願服務的利他性色彩濃厚，不期待財務上的報酬，與志願服務的精神不謀而合。據研究顯示，高齡者參與社會服務介入措施後，其心理健康與生活滿意度皆有所提升，由此看來，高齡者參與志願服務不僅對社會有貢獻，而且對高齡者，社會生活有積極性價值。

◆ 二、運用高齡者志工可能之困難

　　運用老人志工有其優點，但是相對地亦有其限制，如新知識的學習與運

用相對較困難、科學化的技巧學習不易、體力持久不易、行為習慣改變困難、容易健忘、受到挫折時容易撤退等。因此，要積極建構讓老人可以參與社會之志願服務制度。在規劃老人參與社會服務時應瞭解其個別差異，以及老人心理逐漸退化之特質。除此之外，老人志工也常面臨與專職人員相處及對機構認同與投入之問題，應以「供方為主，用方為輔」，並依據人、時、地、事四大原則來運用老人志工：即用人之長，配合老人的時間，靠近其居住或工作的場所，客觀地就事論事。

第六節　結語

　　鼓勵民間積極參與已是世界的潮流，更是政府目前既定的政策，志願服務工作乃是鼓勵民間擴大參與不可或缺的重要因素，其功效除可彌補政府人力之不足，並能舒緩民眾對政府行政措施不滿之怨尤，伴隨經濟社會之不斷發展與民眾需求殷切，志願服務工作必愈顯其重要性，對於高齡者投入志願服務行列，若高齡者身體狀況佳，沒有經濟壓力，係最適合高齡者維持社會關係之方式，高齡者透過參與不以報酬為目的之志願服務，貢獻其經驗與智慧，頗符經驗傳承，造福人群之精神，即以事實證明高齡者，不是社會的依賴、負擔，而是社會寶貴的資源，「一個老人就是一座圖書館」，每位高齡者都具有各種知識，技術專長和生活閱歷等各方面之經驗，猶如取之不竭的寶藏，其資源豐富值得開發以協助社會需求之滿足，機構組織有無善用高齡者人力，必須投入更多專業人力之規劃，面對高齡化社會的來臨，謀求更多高齡者、志願服務之方案，乃是政府不容忽視之課題。

摘要

　　志願服務是公民社會發展之基礎，以付出、服務人群當作志向，出錢又出力，有責任心、使命感，不計較時間、代價、體力的付出，能克服困難，完成任務；志願服務之實踐，不僅可以針對目前社會發展失衡問題，更能培養社區公民意識，增進群我關係，促進社會之溫馨與評和。是以，世界各國莫不大力提倡志願服務理念，鼓勵群眾投入服務行列，俾使志願服務成為當下的社會發展趨勢。

　　據內政部統計處（內政部，2007）最新統計顯示，台灣人口出現低生育與快速老化兩大危機，隨著醫學進步和少子化趨勢，台灣人口老化的速度非常快速，全台 65 歲以上的老年人口數已高達 231 萬 7493 人，占全台人口總數的 10.11 ％，預估 2026 年，老年人口比率將飆高至 20.6 ％，跨入超高齡齡社會；再過 34 年左右，台灣則會面臨第二次的老人潮，在 1976 年所出生的 39 萬名嬰兒，將於 2041 年達 65 歲。屆時全台灣每 5 個人就有 1 個老人，面對此一問題，相關理論指出，老人的生活滿意度，其實與高齡者是否仍能參與社會活動有關，志願服務正是提供老人社會參與的一項工作，若能善用老人投入志願性服務工作的相關影響因素，將更有助於運用此項潛在社會資源，並增進高齡者的生活滿意度。

 問題習作

- 一、志願服務之定義為何？
- 二、志工與義工有何異同？
- 三、志願服務具有哪些功能？
- 四、如何塑造志願服務文化？
- 五、運用高齡者志工之優點有哪些？
- 六、如何建構公民社會之基礎？

 名詞解釋

- 志願服務
- 高齡者人力資源
- 社會需求

內政部網站（2007）。2007 年 11 月 1 日，取自 http://www.moi.gov.
　　tw/stat/index.asp

江亮演（2003）。**社會福利導論**。台北：洪葉。

李明憲（2005）。志願服務及社會需求。載於**社會福利類志工領導
　　訓練教材**（頁 155）。台北：內政部。

林萬億（1993）。**現行公務機關義工人力運用情形之探討**。台北：
　　行政院研考會。

林勝義（2005）。如何塑造志願服務文化。載於**社會福利類志工領
　　導訓練教材**（頁 205）。台北：內政部。

林勝義（2001）。**服務學習指導手冊**。台北：青輔會。

吳美慧、吳春勇、吳信賢（1995）。**義工制度的理論與實施**。台北：
　　心理。

陳金貴（2003）。志願服務的內涵。**人事月刊，36**(5)，6。

陳武雄（2001）。**志願服務理念與實務**。台北：志願服務協會。

曾華源、曾騰光（2003）。**志願服務概論**。台北：揚智。

張英陣（2006）。志願服務的發展趨勢。**研習論壇，63**，6。

Cipolle, S. (2004). Service-learning as a counter hegemonic practice: Evi-
　　dence pro and con. *Multicultural Education, 11*, 3.

Ilsley, P. J. (1990). *Enhancing the volunteer experience*. San Francisco:
　　Jossey-Bass.

Seel, K. (1995). Managing corporate and employee volunteer programs.
　　In T. D. Connors (Ed.), *The volunteer management handbook*. New

York: John Wiley & Sons.

World Bank Group (2001). *What is crvil society*? 2006.6.1, Retrieved from
http://www.worldbank.org/ proverty/scapital/sources/civill.htm

第十章

社區發展及營造

學習目標

研讀本章內容後,學習者應能:

一、瞭解社區不同之定義與範圍。

二、瞭解社區發展之主要工作項目。

三、瞭解社區總體營造內涵,及與社區發展之異同。

四、瞭解老人、社會及社區三者之關係。

五、瞭解目前老人福利服務社區化之相關政策。

六、透過實例探討及 SWOT 分析,學習自我檢視之能力。

七、瞭解社區發展及營造之困境,及其應強化之途徑。

第一節　前言

　　社區發展（community development）一詞乃是近五、六十年所倡行，但是如果探究其淵源及做法，在世界各國則早有悠久歷史與貢獻，尤其近代工業革命與第二次世界大戰以後帶來的後果，更是社區發展工作蓬勃發展的主因。工業革命以後，歐洲工業國家為應付當時因工業革命而帶來的社會問題，傳統的救濟制度已無法應付隨著人口大量移居城市日趨複雜的社會問題，不但原有的鄉里組織為之瓦解，也未能在短時間內建立互助合作的社區與團體，再加上城市居民在就業安全、經濟安全問題上的層出不窮，於是產生了德國濟貧制度的改革、英國「慈善組織會社」（Charity Organization Society）的成立、與英美社區「睦鄰運動」（Settlement House Movement）的發展，開啟社會工作中的社區組織工作（徐震，2002）。

　　1948 年聯合國成立，在聯合國及其附屬機構特別倡導社區發展工作，謀求各地區人民生活的改善，形成一種世界性的社會改造運動（movement），其目的是希望透過一種簡易而有效地方法（method），運用政府與民間力量的統合，解決社會問題並用以改善居民的生活水準，提升生活素質。我國於1965 年行政院頒行「民生主義現階段社會政策」，列有七項社會福利措施，社區發展為其中之一，這是台灣首次將社區發展列為正式的政策，而其他社會福利措施如社會保險、就業輔導、社會救助、國民住宅、社會教育、福利服務等，也都採取透過或配合社區發展方式來推行。1968 年行政院頒布《社區發展工作綱要》，揭櫫社區發展的目標，加強各方之協調配合，貫徹社區發展之推行，台灣省也於同年頒行「台灣省社區發展八年計畫」，就全省各縣市，依自然形勢及居民生活上之共同需要劃分社區，此時台灣開始全面性

推動社區發展，而當時所謂的社區範圍即是村里行政區域，社區工作的項目有基礎工程建設、生產福利建設及精神倫理建設三大建設（賴兩陽，2002）。

　　1983 年行政院將《社區發展工作綱要》修定為《社區發展綱領》，1991年又將《社區發展綱領》修定為《社區發展工作綱要》，規定社區發展應採人民團體方式組織「社區發展協會」運作，可說是一種志願性組織（voluntary organization），其組織區域亦有所規範，係經鄉（鎮、市、區）社區發展主管機關劃定之範圍，工作項目仍為三大建設。除上述的村里社區發展之外，行政院文建會在 1993 年提出了「社區總體營造」的理念和政策，社區總體營造係源自於西文 community renaissance 一詞，直接翻譯為「共同體復興」。社區總體營造其真正意涵是自己的社區自己來營造，建立自己社區的特色，本質上其實就是在「造人」；社區總體營造沒有一定的模式或內容，也沒有一定的切入點，只要是居民自發地行動，希望自己居住的家園更美好，就是社區營造的表現。文建會將社區營造工作分為三步驟，其文化白皮書中，所指之「社區」與內政部社區發展工作所指之「社區」範圍不同，並不侷限於村里的行政劃分，可以小到樓梯間、一座公寓、一條街巷，也可大到整個社會、國家，甚至全世界（行政院文建會，1998）。

　　多年來，在政府及民間兩股力量結合推動之下，已有社區組織（community organization）能自動自發的關懷自己社區的事務，並以社區的力量結合社會資源從事各類社區活動與行動。但隨著經濟的發展，社會流動（social mobility）的加劇，政治民主化與社會多元化，人口結構的改變，高齡化（old aging）社會的來臨，社會福利服務的需求社區化如老人社區照顧等，如何在「社區發展」與「社區營造」既有基礎上，予以落實並持續推動，將是政府與社區未來努力的一大課題。

第二節　社區發展與社區營造

◆ 一、社區的定義

　　何謂「社區」？社區一詞原本專有所指，近年來，已成為政府推動基礎建設最基本單元，以及居民日常生活中常用的名詞。但時至今日，對此一名詞的定義與用法未盡一致，有誤以社區即公寓大廈，復有將「社區發展」誤為地方自治基層單位，造成社會上，甚至學術上常有爭議。就以《社區發展工作綱要》來講，依第 2 條規定：「本綱要所稱社區，係指經鄉（鎮、市、區）社區發展主管機關劃定，供為依法設立社區發展協會，推動社區發展工作之組織與活動區域。……社區居民係指設戶籍並居住本社區之居民。」社區發展主管機關依此條文，幾以劃定一村里為一社區組織區域，其劃定範圍與民政系統之村里組織區域重疊，迭有紛爭產生，如果村里長和社區發展協會理事長非同一人，而且對社區缺乏共識，就難免發生衝突，各自結合地方派系，互相牽制，造成地方上的分裂甚至對立，嚴重影響社區發展業務的推動，實值得政府推動社區發展工作上深思。

　　然而，再檢視第 5 條規定：「鄉（鎮、市、區）主管機關為推展社區發展業務，得視實際需要，於該鄉（鎮、市、區）內劃定數個社區區域。社區之劃定，以歷史關係、文化背景、地緣形勢、人口分布、生態特性、資源狀況、住宅型態、農、漁、工、礦、商業之發展及居民之意向、興趣及共同需求等因素為依據。」據此，依該綱要政府所指的「社區」，並沒有一定地理區域之限制，只是各主管機關基於作業方便，及避免社區資源分散所做的劃定，此措施卻深深地影響了居民社區的概念，再經過政府多年來社區發展工

作政策執行（policy implementation）採由上而下模式（top-down approach），也使得居住於被劃定區域內的社區居民，在生活上及心理上形成一道藩籬而畫地自限。

在蘇景輝（2004）所著《社區工作——理論與實務》一書中，指出在社區工作方法中，社會工作者所要協助的社區有五種：

1. **鄰里型社區**：指由 1、2 個村里所組成的社區範圍。

2. **日常生活圈型態社區**：指在鄉鎮市區內某些日常生活圈範圍的社區，例如：台北市民生社區。

3. **鄉鎮型社區**：係以一個鄉鎮市為組織範圍的社區，例如：北投文教基金會。

4. **區域型社區**：係指一個縣市範圍內的鄰近數個鄉鎮所構成的社區，例如：台中縣牛罵頭文教基金會。

5. **功能性社區**：係指弱勢人口群、案主群等。

社會學家稱人們居住的地方為「社區」，並加以界定：「所謂社區是指一個人們能常相互動，並能參與活動的，有認同感，有附屬感的一個社會組織的空間地域單位。」因此，在社會學家口中的社區，跟一般人平常的某些用法是不同的，例如，美國常有「黑人社區」（the black community）或「商業社區」（the business community）（蔡文輝，2002）。Twelvetrees 提及社區有兩個意涵，一是地理社區，一是指一群具有共同性質的人群，又稱「共同體」。前者為結構概念有形的社區範圍，後者為互動及行動概念無形的社區範圍，尤其後者所要協助的對象是人群，而人群社區又包括地理社區（geographic community）與功能社區（functional community）或旨趣社區（community of interest）兩大類，地理社區是指在某一特定地理區域範圍內的所有人，它可以是村（village）、鎮（town）、鄰里（neighborhood）、區（district in a city）、城市（city）的所有人，也可以是州（state）或省（province）、國

家（nation），甚至是世界（world）的所有人；功能社區係指一群具有共同特徵、旨趣、利益或次文化或遭遇共同問題等的人所形成，例如：原住民、身心障礙者、老人等等，正由於這種共同的問題、共同的利益，以及共同的需要，於是產生了一種共同的社區意識，為了達成共同目標，社區必須組織起來，互助合作，採取集體行動，以求共同發展。所以，社區有其獨特之歷史背景、地理環境、經濟條件、政治結構等因素，會影響社區成員之行為模式、生活型態、意識觀念等（李誠日，1987）。

社會學家希拉蕊（Hillery）將 1950 年代以前的 90 種社區的定義加以整理，得出社區的要素包括以下四者：人民（people）、土地（place）或地盤（territory）、社會互動（social interaction）、認同（identification）。徐震（2002）將社區的內涵分為 5 項要素：居民、地區、共同的關係、社會的組織及社區的意識。以當代社會的多元複雜性，要用一個標準化的定義來界定社區，是不容易的，有些社區已超越地理空間的架構，依社區發展專家學者的觀點，社區包括下列三種涵義：1.側重地理的、結構的、空間的與有形的社區；2.側重心理的、過程的、互動的與無形的社區；3.側重社會的、組織的、行動的與發展的社區（李增祿，2000）。近年來，我國所推動的「社會福利社區化」、「社區照顧」、「社區總體營造」等，亦已超越地理空間，在文建會「文化白皮書」所說明的社區的界定為：「人們公共的生活領域，從我們走出家庭開始算，樓梯間、道路、市場、學校、公園及運動場等……都是我們的社區……所以社區的範圍可以小到一座公寓、街區、村落鄰里，也可以大到一個鄉鎮、縣市，甚至是整個社會、國家和全世界。」即並不侷限於村里的行政區分。因此，學者 Garvin 與 Tropman 主張將社區再分為以下四種：

1.地理社區（geographic community）：人們居住在一個特定的地方（location），共享在地感，如：鄰里、街區。

2.利益社區（community of interest）：人們因共同利益而結合成一個社區

感,如:運動、志願服務。

3. 信仰社區(community of believes):因共同的信仰、認同、種族、文化而構成的社區,如:佛光會、慈濟功德會、長老教會等。

4. 組織社區(organizational community)或工作社區(community of the workplace):因共同的活動而產生共同的社區感形成的社區,如:工業區、人民公社、監獄等。

由以上的論述,社區的定義頗多,爭議始終不斷,Bulmer 更使用「社會網絡」(social networks)一詞取代定義的混淆。有學者綜合各定義歸納出社區共同的構成要素為:

1. 有一定境界的地理範圍。

2. 由一群人組成的團體。

3. 有一個以上的共同活動場所或服務中心。

4. 有共同目標。

5. 有共同意識或地緣的感覺。

6. 有共同的行為。

◆ 二、社區發展

台灣推動社區發展最主要是受到聯合國於 1950 年代推動社區發展所影響。聯合國於 1955 年發表一篇〈經由社區發展獲致社會進步〉(Social Progress Through Community Development)之重要文獻,指出社區發展是一種經由全區民眾積極參與,充分發揮創造力,以促進社區的經濟、社會進步的過程,並揭櫫社區發展 10 大原則(唐學斌,1988)。因此,聯合國對「社區發展」的界定,成為國際上採用的定義:「社區發展是藉由人民自己的努力,結合政府當局的力量,以促進社區的經濟、社會與文化條件,以利於整合此一社區進入國家的生活內,進而同步促成國家進步的一種過程。」(林萬億,

2002）之後，更倡導此項世界性運動，目的就是結合政府及社區的力量去改善人民的生活，重點在於鼓勵居民參與社區及國家建設，鼓吹社區自助與互助精神，運用社區本身的資源去提高生活水準。在如英國、美國等已開發國家，社區發展被視爲鄰舍或地區的自助工作，藉以培養居民對社區的歸屬感，減低居民對社區的疏離，透過鼓吹居民參與，加強社區的自我解決能力（self-reliance ability）及社區整合（community integration）（甘炳光等，2003）。

因此，社區生活本來就是一種共有、共治、共享的生活，有了社區的組織，人類才能透過服務體系而互蒙其利，例如：由於社區照顧，老人更能生活於自己社區；由於守望相助，大家安全更有保障；由於文化營造，更能發現自己社區的豐富等等。每個社區的形成，都必有其特殊的因素，如果運用其優勢（strength）給予專業的社區工作（community work）輔助，透過其社區組織推動，推展社區發展工作，就能發揮社區力量。依桑德斯（Sanders）的說法，社區發展其實是結合了社區組織與經濟發展，每一種專業把社區發展都看作是一種過程、方法、方案、以及運動。

依 1999 年我國修正之《社區發展工作綱要》第 2 條規定：「……社區發展係社區居民基於共同需要，循自動與互助精神，配合政府行政支援、技術指導，有效運用各種資源，從事綜合建設，以改進社區居民生活品質。」目的是爲促進社區發展，增進居民福利，建設安和融洽、團結互助的現代化社會。不但於第 3 條明訂政府：「爲使社區發展業務順利有效執行，主管機關在辦理社區發展業務單位，應加強與警政、民政、工務、國宅、教育、農業、衛生及環境保護等相關單位協調聯繫、分工合作及相互配合支援。」且於第 15 條明訂：「社區發展協會應與轄區內有關之機關、機構、學校、團體及村里辦公處加強協調、聯繫，以爭取其支援社區發展工作並維護成果。」目的乃爲避免由於利益、資源分配、價值、文化、信仰、生活目標等的差異，不同的團體與人口群因不能共享社區發展目標，而產生「社區衝突」（community conflict），特別是弱勢的一方如受到優勢者的壓制或剝削，而會群起積極反抗或消極抵制來防衛其利益，此即爲社區與里的衝突面向。因此，條文之精神誠如Robinson所提的社區衝突管理可從「預防」與「調解」兩方面著手。

前所提及之社區組織，依該綱要規定主管機關應輔導社區居民依人民團體型態設立社區發展協會（Community Development Association），依章程推動社區發展工作，不再是以往社區理事會組織的運作模式；依內政部統計，台灣地區迄 2005 年底已成立 6,150 個社區發展協會。而且主管機關應遴派專業人員（通常是社工人員）指導社區發展協會，循調查、研究、諮詢、協調、計畫、推行及評估等方式辦理社區發展工作之推行。所以，專業人員首先應指導社區發展協會根據社區實際狀況，建立下列社區資料：1.歷史、地理、環境、人文資料；2.人口資料及社區資源資料；3.社區各項問題之個案資料；4.其他與社區發展有關資料。而社區發展協會也應針對社區特性、居民需要，配合政府社區發展指定工作項目、政府年度推薦項目，以及社區自創項目，訂定社區發展計畫、編訂經費預算，積極推動；而哪些才是社區發展指定工作項目？綱要第 12 條中即已明列三大建設工作項目，對改善基層民眾生活環境，均衡地方發展，縮短城鄉差距，助益甚鉅：

1. 公共設施建設：(1)新（修）建社區活動中心；(2)社區環境衛生及垃圾之改善與處理；(3)社區道路、水溝之維修；(4)停車設施之整理與添設；(5)社區綠化與美化；(6)其他。

2. 生產福利建設：(1)社區生產建設基金之設置；(2)社會福利之推動；(3)社區托兒所之設置；(4)其他。

3. 精神倫理建設：(1)加強改善社會風氣重要措施及國民禮儀範例之倡導與推行；(2)鄉土文化、民俗技藝之維護與發揚；(3)社區交通秩序之建立；(4)社區公約之制訂；(5)社區守望相助之推動；(6)社區藝文康樂團隊之設立；(7)社區長壽俱樂部之設置；(8)社區媽媽教室之設置；(9)社區志願服務團隊之成

立；⑽社區圖書室之設置；⑾社區全民運動之提倡；⑿其他。

因此，社區發展就是一種多目標、長遠性、綜合性的社會福利事業，是一項永無止境的工作，主要是以結合各級政府及社區民眾之力量，共同努力，透過社會運動方式與教育過程來培養社區意識，啓發社區民眾發揮自動自發、自助人助的精神，貢獻人力、物力、財力，配合政府行政支援與技術指導，來改善社區居民經濟、社會、文化及生活環境，提升社區居民生活品質。

◆ 三、社區營造

在社政部門的社區發展工作仍舊以社區發展協會爲執行單位，循以往模式努力推動社區發展工作之際，1990 年代台灣又推動了「社區總體營造」運動，掀起另一波政府與民間互動模式的社區運動；1993 年文建會即提出了社區總體營造的理念和政策，試圖從文化重建的角度，促進居民的自覺與動員，一起改造自己生活的家園，並重建人與人、人與社區、人與環境的新關係，進而帶動地方社區的全面改造與發展。文建會並予以定義：「社區總體營造是以社區共同體的存在和意識做爲前提和目標，藉著社區居民積極參與地方公共事務，凝聚社區共識，經由社區的自主能力，配合社區總體營造理念的推動，使各地方社區建立屬於自己的文化特色，也讓社區居民共同經營……，如此因社區民眾的自主與參與，使生活空間獲得美化，生活品質獲得提升，文化、產業、經濟再行復興，原有的地景、地貌煥然一新，進而促使社區活力再現。如此全面性、整體性的規劃與參與社區經營創造的過程，稱爲社區總體營造。」前文建會主委陳其南等人亦指出推動社區營造的原因有五項：

1. 由社區來運用資源，從事社區建設、改善生活環境，提升生活品質。

2. 加強社會組織及認同意識。

3. 養成公民意識。

4. 建立互助共濟、相互關照的社區、心的社區凝聚力。

5. 建立民主化的社區共同體，形成有機社會體。

到了 1997 年，已經有不同於抽象理念的形式操作模式營造，其模式可分為三個步驟：

(一) 第一步驟：建立推動社區文化組織

1. 強化現有的社區社團以及社區發展協會功能。

2. 鼓勵社區居民自發性成立基金會、相關協會等社區組織。

(二) 第二步驟：結合社區組織、地方人士及專業工作者展開規劃工作

1. **展開社區資源調查，尋求切入點**：社區資源含人、文、地、產、景五大部分，進行社區居民的文化需求調查。

2. **建立社區文化資源資料庫**：將社區歷史、先民事蹟、鄉土文物等整理出版。

3. **以新故鄉運動整合社區資源**：推動愛鄉運動，尋求旅居他鄉之本地居民，或移居本社區之外地居民，一起投入社區營造工作。

(三) 第三步驟：以社區文化特色切入社區總體營造工作

1. 社區環境景觀及有特色的社區空間之營造。

2. 地方特有產業之開發與文化內涵的提升。

3. 推動傳統聚落、古蹟、歷史空間之保存。

4. 民俗廟會祭典活動與生活文化的展現。

5. 社區資源之開發與營造：文史、人物、典故遺蹟。

6. 推動建立生活價值觀、提升生活品味及藝術傳承為主軸的終身學習活動。

7. 地區與國際文化交流活動之舉辦。

8. 健康福祉與遊憩住宿品質設施之改善。

9. 生活的商店之營造。

10. 社區形象與識別體系之營造：社區之歌、鄉歌、鄉樹……。

簡言之，社區營造在執行策略上明示了三大方向：「由下而上」（bot-tom-up）、「社區著手」與「文化切入」（賴兩陽，2002），這些項目過去由不同部門在許多地方實施過，但由於缺乏整體的整合，而績效不彰，文建會試圖透過補助地方社區，自發自主地計畫，達成社區總體的發展。文建會也提到社區總體營造不只是在營造一個社區，實際上它已經是在營造一個新社會、營造一個新文化、營造一個新的人，換句話說，社區總體營造工作的本質是「造人」（林萬億，2002；林勝義，2003）。營造雖然沒有一定的模式或內容，以及切入點，但只要是居民在日常生活中能感受體會到的課題，就可以成為切入點。文建會亦依據行政院「十二項建設計畫」擬定多項計畫，可歸納為核心計畫、輔助計畫及相關計畫三部分。依《縣市層級社區總體營造工作手冊》一書中就列有 12 項參考的切入方式：1.生活問題的解決；2.社區環境景觀改善；3.社區生活空間的創造；4.古蹟、建築、聚落與生活空間保存；5.地方文史、人物、傳說、典故整理呈現；6.民俗廟會祭典與地方生活文化展現；7.社區藝文聯誼活動；8.社區終身學習活動；9.增進地方健康福祉的合作事業；10.地方特有產業開發與文化內涵提升；11.生活商店街營造；12.社區形象與識別系統之創造（行政院文建會，1998）。

該項社區總體營造運動，在行政上是由文建會主導，使得以基層行政區域為單位的行政系統，在原有的公寓大廈管理委員會工務系統、村里民政系統及社區發展協會社政系統之外，再多一個文建會體系；而基層社區組織在「管理委員會」、「村、里」及「社區發展協會」之外，又多了一個「文史工作室」。事實上，黃煌雄認為只要是以居民參與為主軸所推動的改善生活環境且能表現「社區營造」的精神內涵者，都可以算是社區總體營造，例如：

內政部的「社會福利社區化」、經建會「創造城鄉新風貌」、經濟部「形象商圈區域輔導計畫」、環保署「生活環境總體改造」、衛生署「社區健康營造」、農委會「富麗農漁村」，以及最近「新故鄉社區營造」等，都是社區總體營造具體做法，行政院 2005 年 5 月 18 日核定之「建立社區照顧關懷據點實施計畫」源起說明中，亦有提到係「以社區營造及社區自主參與為基本精神，鼓勵民間團體設置社區照顧關懷據點」。如果將上述社區總體營造的概念和做法，與前述社區發展推動模式作比較，可以擇要臚列如表 10-1。

第三節　老人福利導向之社區發展及營造

◆ 一、老人發展上的特點

在探討老人福利導向之社區發展及營造之前，如更能瞭解老人在人生發展上有什麼特點，對推展老人福利工作更有助益。古語所云：「人生七十古來稀」，已不適用於今日，隨著醫學衛生的發達，人類平均壽命逐漸增加，由過去的 50 多歲已經延長到達 75 歲左右（曾文星，2004）。按 1997 年 6 月我國修正頒布的《老人福利法》之第二條，特訂定「老人」係指年滿 65 歲以上之人。老人福利是社會福利其中的一環，社會福利又是一門相當應用的科學，甚至可以說是應用再應用（the application of applied science），許多社會科學的知識常被運用到社會福利的分析中，如精神病醫生艾利克生（Erikson）在《人類行為與社會環境》一書中，把人類的自我發展過程分為八個主要階段，「老年期」（old age）是最後一個階段，年齡層在 65 歲以上，這一時期，老年人對以往的一生加以回憶和評價，認為很有價值，沒有白浪費一生，值得驕傲的莊嚴感；或者懊悔失去太多的機會，對來日無多，產生無限的恐

表 10-1　社區總體營造與社區發展之比較

	社區總體營造	社區發展
策劃單位	文化中心	社會局
政策理念	文化營造	福利工作
法規依據	社區總體營造獎助辦法	社區發展工作綱要
經費來源	文建會	內政部
社區界定	社群、生活共同體	村里
著重點	文化重建	綜合性工作
概念	是一種工作意識	是一種工作方法
目標	促進居民自覺、改造生活家園、社區改造與發展	提升生活品質、現代化社會
切入點	地方特色景觀、產業、古蹟、祭典、文史、藝術、商店街、社區形象與識別系統	政府指定工作項目 政府年度推薦項目 社區自創項目
工作項目	造景、造產、造人	公共設施建設、生產福利建設、精神倫理建設
工作原則	社區歷史屬性、社區文化精華、居民的內發性	依村里劃定、運用社區資源、居民自動自發
執行單位	街坊、社區、村里、鄉鎮、文史工作室	社區發展協會
專業人員	文史藝術工作者、社區工作者、建築景觀設計者	社工人員、社區工作者
目前狀況	經費大幅縮減、熱潮已退、仍持續推動	持續推動、可申請獎補助經費

資料來源：筆者自行整理而成。

慌，也就是說，將要面臨最後一個「莊嚴與驚恐」或「自我統整與失望」之間的危機，而這都是一種心理狀態（萬育維，2005）。以社會學的觀點來看，老人角色的轉換可以說是老年生活的重心，也是每個人到了老年時，勢必都會面臨到的，因此，我們是如何看待老人？而老人又是如何看待他們自己呢？這些都是我們推動老人福利時所必須注意的問題。

　　一位老年人不論在情緒心理、外表容貌、行動反應等方面，均不同於成年時期，最主要是必須面對「老化」的衝擊，老化的結果對老人的生理與疾病、心理與人格、經濟所得與生活安全、社會地位與退休調適等層面都有影響。蔡文輝（2002）則認為牽涉的層面很廣泛，包括下列五方面：

　　1. 年歲老化（chronological aging）：係指一個人從出生以後所累積的歲月。年紀愈大，年歲老化程度愈深。

　　2. 生理老化（biological aging）：係指人體結構和生理上的長期衰老。年紀愈大，身體系統功能愈退化。

　　3. 心理老化（psychological aging）：係指個人行為上的老化現象，年紀愈大，則較為保守、持舊、頑固等。

　　4. 功能老化（functional aging）：係指年齡增長所導致工作能力效率的減低。年紀愈大，則視力減退、耐力不足等。

　　5. 社會老化（social aging）：係指個人因年齡老化而導致在社會上所扮演角色的改變。年紀愈大，則愈從社會中退出。

　　在社會福利弱勢群體上，老人不但是體能上、就業機會上的弱勢人口，也可能是經濟上的弱勢人口，雖然我國在近幾年來已漸漸立法保障老人權益，然而社會上對老人仍存有負面的看法與迷思；老年人的相關議題常是被忽視或遺忘的一群；最可怕的是老人接受自己被扭曲的形象而作為自己行為的依歸；新世代文化對老人因為其年齡所設定的角色規範與適當行為的定義，往往與老人的生理心理等有所出入，導致代間（intergenerational）矛盾與衝突（conflict）。

◆ 二、老人、社會、社區

　　我國由於醫療衛生、科技的快速進步，促使國民平均餘命（life expectancy）延長，但也增加人口老化的速度，依據內政部人口統計資料顯示，至

2003 年底止，老年人口已增加到 2,087,734 人，占總人口 9.24%，老化指數（index of aging）為 46.58%，老年人口依賴比（dependency ratio）為 13.02%，平均每 7 到 8 位工作年齡（15 至 64 歲）人口要負擔 1 位老年人口。據行政院經建會 2002 年的推估，到 2027 年老年人口將達到 490 萬餘人，占總人口的 20%，也就是說，屆時，每 5 人中就有 1 位是老人。因此，高齡化社會的快速變遷，勢必引發龐大新的問題與需求，如何讓老人維持尊嚴與自主的生活是一大挑戰，也是整個社會包括家庭、民間部門、政府，甚至老人本身的責任。

前一節論及老年人發展上的特點中，老人必須面對的是老化的衝擊，此衝擊分別是來自於本身內在的失落感、無力感，以及社會外在的失落感因素，造成老人權力的喪失，如圖 10-1 所示。

另外，由於社會大眾對於老人的不重視，而使得老人常常會貶低他們自己的價值。總括來說，老人社會地位的喪失乃是由於：1.年輕人對他們懷有這樣的社會期望；2.僅僅獲得一些微不足道的補償；3.只有在某些特殊的情形下，才會令老人感到相當恐懼；4.需要一段時間才能逐漸適應的。除此之外，由於年齡規範的影響，老人必須使自己的行為以及思想符合所謂的「社會標準」（潘英美譯，1999）。

因此，對老人的支持，有時並不是來自於自己的配偶，或來自於自己的兒女、媳婦與女婿。反而老人家的支持需要經常來自於社會環境，尤其是住家附近的「社區」。至於如何讓老人知道並運用社區所具有的福利與服務系統，則要靠社區工作人員與專業人員指點與安排，有了這些社會環境的支持，許多老人就又可以活躍起來，跟別人相處來往而找到生活的重心。

社會學家華倫（Roland L. Warren）指出社區有六種主要功能：1.生產、分配、消費的功能；2.社會化的功能；3.社會控制的功能；4.社會參與的功能；5.互助的功能；6.防衛的功能（蔡文輝，2002）。Moroney 則認為對多數以社區為基礎的服務（community-based service），其所發展出之原則，往往認為

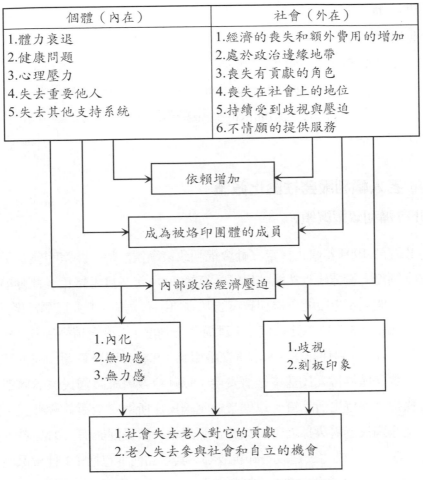

圖 10-1 造成老人權力喪失的因素

資料來源：修改自趙善如、趙仁愛譯（2001）。

家庭若能負起照顧的主要責任，對家庭和照顧需求者而言是最有利的，同時，也認為社會能負起某些照顧範圍的話，會有助於家庭的照顧。因此，「照顧網絡」（caring network）一詞便經常出現在社區照顧重要的文件上。一般而言，社區照顧中的「社會網絡」（social network）主要包括正式以及非正式資

源和部門，從非正式到正式網絡以及與政府部門間的連結光譜上，大致可包括 6 種不同的網絡：非正式照顧者（informal carers）、互助團體（mutual aid group）、鄰里照顧團體（neighbourhood care group）、志工（volunteers）、正式組成的志願組織（voluntary organization）、政府部門機構（黃源協，2003），這些正式與非正式網絡所連結而成的「照顧網絡」，就成為社區照顧提供福利服務的基礎所在。

◆ 三、老人福利服務社區化政策

㈠《社會福利政策綱領》

　　行政院於 1994 年修正核定《社會福利政策綱領》時，開宗明義宣示建立社會安全制度，發揮政策功能之目標。復於 2004 年 2 月再修正《社會福利政策綱領》，明列現階段社會福利政策的基本原則有九項：1.人民福祉優先；2.包容弱勢國民；3.支持多元家庭；4.建構健全制度；5.投資積極福利；6.中央地方分工；7.公私夥伴關係；8.落實在地服務；9.整合服務資源。在內涵上，期望以社會保險維持人民基本經濟安全；以社會救助維護國民生活尊嚴；以福利服務提升家庭生活品質；以就業穩定國民之所得安全與社會參與；以社會住宅免除國民無處棲身之苦；以健康照護維持國民健康與人力品質；再以社區營造聚合眾人之力，建設美好新故鄉。其重點內容包括：1.社會保險與津貼；2.社會救助；3.福利服務；4.就業安全；5.社會住宅與社區營造；6.健康與醫療照護等 6 大項。在老人及社區方面，除了既有措施之外，也針對其需要，以全人的思考規劃提供福利服務，提升其生活品質；保障國民人人有適居的住宅；加強社區參與互助，活化社區組織，建立公民社會；建立以社區為基礎之傳染病防治體系，並全面提升醫療品質，發展優質、安全、可近性之全人的醫療照護體系。

(二)《社區發展工作綱要》

於 1965 年行政院所頒之《民生主義現階段社會政策》，確立社區發展是我國社會福利措施 7 大要項之一，並明確規定「以社區發展方式，促進民生建設爲重點」，1968 年乃頒行《社區發展工作綱要》，經過了兩次修訂，繼續推行社區公共設施、生產福利，以及精神倫理等三大建設，目前社區發展工作有關老人福利服務主要措施有：

1. 設置社區活動中心

依據內政部統計，截至 2003 年底止，台灣地區已設置 4,272 所社區活動中心，提供社區發展協會召開會議、辦理老人等福利服務活動，並作爲社區居民平日休憩聚會與聯絡情感之場所。

2. 辦理精神倫理建設活動

爲凝聚社區居民意識，提升社區居民精神生活，發揮崇老敬老傳統倫理美德，辦理各種老人生活講座、研習、休閒及健康活動、民俗文化技藝活動、社區性福利服務等，以達到敦親睦鄰，促進社區居民互動。

3. 成立長壽俱樂部

依據內政部統計，截至 2003 年底止，台灣地區於社區發展協會設置長壽俱樂部共有 3,562 個。透過敬老活動、休閒旅遊、醫療保健講座、各種研習、適宜性競賽活動、下棋聊天等，讓社區老人都能夠快樂地生活於自己社區。

4. 辦理社區守望相助

透過社區居民的付出參與和關懷，建立「社區共同體」的意識，發揮我國「守望相助、疾病相扶持」傳統互助美德，利用巡邏關心注意獨居或特殊情形之老人，以促進更好、更安全的老人生活環境。

5. 推動社區志願服務

鼓勵並組織社會上或社區內熱心人士參與社區工作，結合社區內團體、機構、學校、寺廟、公司行號等社會資源投入社區老人福利服務，關懷訪視貧、病、孤、苦、老者，改善社會風氣。

(三) 推動社會福利社區化實施要點

1. 社會福利社區化理念

社會福利社區化基於三項基本理念：第一是「在社區內提供照顧」（care in the community）：將需要關懷、照顧的弱勢族群留在自己的社區內，給予妥適的關懷與照顧；第二是「由社區提供照顧」（care by the community）：經由社區願意付出愛心奉獻的居民與志工，提供社區內弱勢族群服務；第三是「與社區一起來照顧」（care with the community）：建立社區居民休戚與共、相互扶持的生命共同體意識。

2. 社會福利社區化意涵

社會福利社區化是將社會福利與社區工作結合的具體措施與方法，並且是當前國內有關直接福利服務輸送的重心。在消極面，其主要的服務對象為社會上的弱勢族群，如老人、身心障礙者等；在積極面，則在於建立一個能夠就近滿足社區需求的福利供給。狹義的說，即指社區照顧或機構運用社區發展方式，所推行的社區福利措施；廣義的說，即指以社區的基礎而建立的社區福利服務網絡。

3. 訂頒沿革

國外學者多已主張「去機構化」（deinstitutionalization）或「社區化」，提倡社會福利服務的「可近性」（accessibility）、「可接受性」（acceptability）、「可及性」（availability），將福利服務回歸社區或家庭中。此外，復

依據 1994 年「全國社區發展會議」的結論，於 1996 年 5 月訂頒「加強推展社區發展工作實施方案」中，揭示推動福利社區化，同年 12 月並訂頒該要點，據以實施。

4. 實施目的

　　為增進有組織、有計畫的福利輸送，強化家庭及社區功能，結合社區內外資源，建立社區福利服務網絡，以確保福利服務落實於基層。

5. 實施要領

　　(1)選定福利社區；(2)確認福利需求；(3)加強福利服務；(4)落實社區照顧；(5)配合國宅整建。

㈣ 社區總體營造相關計畫

　　在政策的發展過程中，文建會依據行政院「十二項建設計畫」，擬定多項相關計畫，這些計畫可歸納為核心計畫、輔助計畫、相關計畫等三部分，每一項子計畫均可能成為推動社區總體營造的切入點，例如：在增進地方銀髮照顧等健康福祉的合作事業。

　　在選擇社區營造點方面，常見的甄選原則有五項：1.有健全運作的社區發展組織；2.居民有進行社區營造的意願；3.已有營造主題或有迫切的社區營造議題；4.社區具有明確的特色或特殊的資源；5.配合縣市特色或發展方向相關的營造主題，甄選適合的社區。

㈤ 內政部推展社會福利補助作業要點、內政部 2005 年度推展社會福利補助經費申請補助項目及基準

1. 訂定目的

　　協助各級政府與結合社區發展協會、社會團體、社會福利團體、基金會

或社會福利機構等民間力量，推展各項社會福利，提升社會福利品質及水準。

2. 老人福利方面

(1)補助養護機構及長期照護機構；(2)補助安養機構；(3)補助辦理日間照顧服務；(4)補助老人營養餐飲服務；(5)補助中低收入老人重病住院看護費；(6)補助辦理各項老人福利活動；(7)補助辦理長青學苑；(8)補助社區老人休閒活動設備；(9)補助辦理老人福利教育訓練及宣導推廣工作；(10)補助居家服務專業人力。

3. 社區發展有關老人福利方面

(1)補助開發社區人力資源，營造福利化社區；(2)補助社區人力資源開發培訓；(3)補助辦理精神倫理建設活動；(4)補助社區守望相助設備。

4. 補助推展志願服務工作（含辦理照顧服務社區化專案計畫）。
5. 補助辦理社會工作專業宣導、研習訓練等活動。

㈥行政院「挑戰 2008：新故鄉社區營造計畫」

1. 計畫目標

利用在地資源，引入人才及創意，營造活潑多彩的地方社區。

2. 老人福利服務社區化方面

(1)整合鄉村社區組織；(2)社區人力資源開發；(3)社區環境與空間設施整建；(4)社區化長期照護網絡；(5)健康生活社區化；(6)社區健康資源整合；(7)提升社區照顧質量；(8)發展照顧服務產業。

◆ 四、建立社區照顧關懷據點福利服務

(一) 計畫緣起

1.老人照顧需求增高；2.家庭照顧功能漸弱；3.配合健康社區六星計畫推動；4.鼓勵社區提供在地的初級預防照護服務；5.連結各級政府各項照顧措施；6.期建置失能老人連續性長期照顧服務。行政院於 2005 年 5 月 18 日核定計畫實施。

(二) 計畫內容

每一關懷據點應至少具備下述四項服務項目的功能：1.關懷訪視；2.電話問安、諮詢及轉介服務；3.餐飲服務；4.健康促進活動。

(三) 補助對象

社區照顧關懷據點經費補助對象，除直轄市、縣市政府外，民間團體部分，亦非限定於《社區發展工作綱要》所劃定的社區，有：1.立案之社會團體（含社區發展協會）；2.財團法人社會福利、宗教組織、文教基金會捐助章程中明訂辦理社會福利事項者；3.其他社區團體，如社區宗教組織、農漁會、文史團體等非營利組織。

(四) 實施期程

自 2005 年 5 月至 2007 年 12 月止，為期 3 年，實施期程分為：1.培訓社區人力階段；2.社區照顧關懷據點試辦階段；3.社區照顧關懷據點全面推廣階段。

㈤ 實施策略

社區照顧關懷據點之運作採由下而上模式，包括以下三種：

1. 鼓勵社區自主提案申請設置據點，結合當地人力、物力及相關資源，進行社區需求調查，提供在地老人預防照護服務。

2. 輔導現行辦理老人社區照顧服務之相關團體，在既有的基礎上，擴充服務項目至 3 項以上，設置據點提供服務。

3. 由地方政府針對位處偏遠或資源缺乏的社區，透過社區照顧服務人力培訓過程，增進其社區組織能力，進而設置據點，提供服務。

第四節　老人福利服務社區化實例探討

本實例是一個聯合社區於 2004 年建立老人社區照顧關懷據點的案例，係透過社會研究方法之「參與觀察法」（participant observation）、「訪問法」（interviewing）面對面訪問，以及根據政府公布之檔案資料（archical data），蒐集有關執行上相關資料，藉以對照本章所述有關以老人福利服務為導向之社區發展及營造的論點，以及檢驗由下而上模式直接推展方式的政策。

◆ 一、社區背景

該聯里型區域為本省北部一城市行政區域劃分 7 個里所組成的聯里組織，為一「鄰里型聯合社區」。七聯里面積共 3.2197 平方公里，設籍人口有 12,040 戶、35,854 人，外來人口與世居居民約各占一半，65 歲以上老人共有 1,819 人，約占聯里人口數 5%。聯里社區型態兼有都市型、鄉村型及混合型社區。

該聯里中除了政府部門投入資源外，本身也有豐富的社區資源：在人力

方面，有在議會擔任副議長的民意代表、熱心社區事務的里長、社會福利團體的負責人、巡守隊員，以及志工等等；在物力方面，有長壽會館、里集會所、社區活動中心、學校、量販店、寺廟等；在團體組織方面，有巡守隊、里長聯誼會、志願服務團體、社區發展協會、家長會、老人團體、管理委員會等。近年來，在副議長聯合 7 個里長積極推動下，該聯里社區居民已逐漸形成社區意識，並願意投入社區的公共事務。

◆ 二、開辦緣起

　　該聯里型社區人口原以農業為主，但隨著都市發展的向外擴展，農地除尚未納入都市計畫之特定農業用地外，幾已建造房屋，除了因外來人口大量移入，大樓林立，尚未形成在地之社區意識，對當地老年人的生活機能更造成很大的影響，常閒賦在家，子女及婦女也大都投入就業市場，家庭照顧功能喪失而無法照顧老人，再加上缺乏足夠公共設施供老人活動聯誼，影響生活品質及在地老化意願，社區居民無不渴望能有老人福利服務的提供。

◆ 三、開辦經過

㈠ 第一階段

　　地方政府依據行政院「挑戰 2008 國家發展重點計畫：提升社區照顧質量計畫」及福利社區化之政策方向，邀約志願服務團體說明推展社區老人照顧設立社區老人關懷站之構想，2003 年 1 月安排團體負責人至中部觀摩成功的社區老人關懷站，2003 年 12 月聯里長壽會館落成，志願服務團體認為此處是辦理關懷站適合地點，即進行如下工作：

　　1. 需求調查與志工招募：2003 年 12 月於會館落成啓用辦理活動時，進行社區老人需求調查及社區志工招募。

2. **計畫研擬**：向主管機關提出社區照顧計畫。

3. **志工招募說明會**：2004 年 4 月計畫核准，5 月志願服務團體在聯里長壽會館辦理志工招募說明會，簡介社區老人關懷服務及此服務對參加老人有何好處，參加說明會志工 40 多位，預計招募 30 位志工。

4. **志工培訓**：2004 年 6 月請地方政府機關協助辦理老人照顧服務志工培訓，分兩日進行，40 多位志工參加。

5. **任務編組**：2004 年 6 月中志工進行任務編組，分行政、活動、廚房 3 組，並通過關懷站組織章程，選出志工幹部。

6. **試辦暨說明會**：2004 年 6 月底辦理關懷站試辦暨說明會，邀請副議長、7 位里長、社區老人及志工共同參與，並請主管機關、友站關懷站負責人到場協助，預計招收 50 位社區老人。

(二) 第二階段

2004 年 7 月正式開辦，每週兩次定時辦理老人關懷服務，包括：

1. **動態活動**：宇宙操、趣味競賽、戶外踏青、身心機能活化運動（例如：健康環、手指棒、高爾槌球、賓果投擲……）。

2. **靜態活動**：手工藝、知性與談話、節慶與懷舊、歡樂歌唱……。

3. **健康美食**：提供營養餐點，以促進老人飲食均衡及正常。

4. **健康觀測**：每次活動前為老人量血壓、體溫，並不定時請醫院為老人做健康檢查。

(三) 第三階段

運作數月，志工由生疏至熟練，關懷站也漸漸出現一些難題：

1. **志工流失**：志工流失嚴重，社區志工開發不足，以致推動吃力。

2. **缺乏專業且專職的人力**：志工幹部皆在上班，無法長期投入。

3. **宣導不夠**：福利社區化觀念宣導不夠，社區雖認同關懷站，但觀念無法突破。

4. **共識不足**：社區或團體間的共識不足，缺乏自信，過度依賴志願服務團體。

5. **場地限制**：由於場地空間不足，關懷的老人人數有限，未能進入的老人頗有微詞。

◆ 四、開辦效益

1. 凝聚社區居民社區意識，利於推動社區發展及營造。
2. 開辦老人社區照顧關懷站，落實預防照護社區化。
3. 發揮社區發展及營造的精神，發展社區生活特色。
4. 透過在地化的社區照顧，使社區老人留在社區生活。
5. 減緩家庭照顧者負擔，提供其適時的喘息服務。

◆ 五、SWOT 分析

由本實例可以明確的看出社區工作者常見的主張：

1. 社區發展是「人」的發展，社區營造是在「造人」，其目的都是在營造居民的意識、能力和合作精神。

2. 什麼是社區實際的需要，什麼是社區共同的問題，應由社區居民自己討論找出。

3. 所有社區計畫與社區行動的擬訂，應以社區居民共同討論與共同思考的模式，促進居民自覺與社區改造及發展，提高社區的自我解決能力與自主能力。

公共管理領域之策略規劃與管理（strategic planning and management）方面，美國學者 Steiner 最早於 1979 年即提出此一概念，1997 年 Koteen 認為過

程應包括四個階段分別為：內部與外部環境的分析、策略規劃、策略執行，以及策略管制與評估。組織內部環境包括：優勢（Strength）與劣勢（Weakness）條件的分析，外部環境包括：機會（Opportunity）與威脅（Threat）的分析，簡稱「SWOT 分析」。結合本實例來說，就是指「一方面先行瞭解自己社區的優勢條件與弱勢條件；另一方面，則注意社區外在環境變遷的特質，掌握機會，避開威脅，以研擬可行創意的行動策略。」（丘昌泰，2000）

　　茲將本實例 SWOT 分析表格化加以探討，並作為研擬社區發展策略的參考，如表 10-2。

表 10-2　SWOT 分析表格

組織名稱：○○聯里		計畫名稱：開辦老人社區關懷站計畫	
SWOT	判斷依據	行動策略	判斷依據
優勢條件	社區內豐富的人力物力資源、社區居民渴望開辦	請社區意見領袖號召與結合	副議長、里長與志工有高度社區意識
弱勢條件	1. 無足夠場地與公共設施 2. 移入人口增加	1. 由副議長積極爭取興建會館 2. 里長鼓勵參與	1. 政府補助興建 2. 里長親自帶領社區居民參與
外在機會	1. 志願服務團體願意支援 2. 政府編列經費，積極推動	1. 提供專業指導 2. 擬訂計畫爭取	1. 志工進駐發起 2. 政府同意補助
外在威脅	政府補助減少，致經費不足	開源節流	鼓勵捐助，減少開支
總體發展策略： 1. 請社區意見領袖號召與結合。 2. 由副議長積極爭取興建會館。 3. 里長鼓勵參與。 4. 志願服務團體提供專業指導。 5. 擬訂計畫，爭取政府經費補助。 6. 關懷站開源節流。			

資料來源：筆者自行整理而成。

第五節 未來社區發展及營造的努力方向

◆ 一、社區發展及營造之困境

　　我國在推動社區發展與社區營造工作以來，雖獲致一些成果，提高人民的生活文化內涵，已逐漸形成社區特色。然而，也因為諸多面臨以及存在的問題，不但使既有成果難以維護，也造成推動工作上的阻力與極需解決的問題。茲舉其大者，分述如下。

㈠ 社區發展方面

　　1. 政府部門各自推展與社區有關之營造工作，未建立協調聯繫與「單一窗口」機制，使社區降低推動及參與意願。

　　2. 社區缺乏政府部門專業指導，無法掌握工作目標與重點，無法凝聚居民向心力，建立社區特色。

　　3. 社區發展的目標與重點，有時會因社區組織理事長的改選而改變，影響後續推動與成果維護。

　　4. 社區劃定範圍太小，人力與物力等資源不足，過於仰賴政府補助，缺乏專業人才規劃長遠性及完整性計畫，影響工作的推動。

　　5. 社區組織的組成人數太少，難具代表性及易有派系介入；又組織區域與村里範圍多重疊，易造成混淆及與村里長間之對立糾紛，影響社區和諧與社區意識之凝聚。

　　6. 社區發展工作之推動，以及社區組織之運作，常因公職人員選舉而有所變化，甚至立場明顯，使真正熱心於社區事務者卻步。

7. 興建之社區活動中心未能充分運用，未興建之社區因本位主義而無法資源共享使用其他公共設施（如集會所等）。

8. 政府長期由上而下執行模式，致使社區組織幹部未建立社區發展之正確觀念，未隨潮流趨勢規劃發展方向。

9. 缺乏推動社會福利專業人員，未有效結合相關照顧服務資源投入，影響社區照顧辦理意願及社會福利社區化推動成效。

(二) 社區營造方面

1. 政策未能延續，經費大幅減少，營造工作即陷於停頓，原有成果漸歸於毀滅。

2. 政策過於龐雜，地方政府與社區缺乏經驗，能力不足，甚至無法承載，較難顯現出成效。

3. 未能成為社區發展工作的主軸，造成資源整合不易，淪為社區諸多事務當中的一項工作而已。

4. 政策方向不明確，陳義過高，無法引起社區共鳴與熱烈參與，對社區意識之形成，幫助有限。

5. 初期編列大量經費補助社區推動，使社區形成錯誤觀念，仰賴政府補助，喪失自立自強的能力。

6. 無法擺脫地方政治經濟派系利益的糾葛，社區因文史工作室的進駐，形成與社區組織新的衝突與分裂。

7. 缺乏專業人力指導與年輕成員投入，社區居民參與意願低落，無法持續配合推動，難以營造出社區特色。

◆ 二、強化社區發展及營造之途徑

社區發展與社區營造工作所面臨的問題，已列舉於前，學者賴兩陽

（2002）舉出台灣社區工作共同面臨的問題有：1.政策理念與實際執行之間的落差；2.專業指導角色的分際不易拿捏；3.社區居民社區意識薄弱；4.社區派系的利益糾葛；5.社區的承載能力不足等5項。再加上無高層首長支持、無有力的行政體系，以及經費與人力的缺乏，要加以推動，實屬不易。

　　我國在實施那麼多年社區發展工作，以及曾如火如荼地推動社區總體營造工作下，已累積相當的經驗，亦深切瞭解問題之所在，未來應將社區發展與營造視為專業的社會工作重要的一環，規劃其未來努力的方向：

　　1. 提高社會司位階，並成為政府各部門社區發展與營造工作的主導者與單一窗口，計畫性的輔導社區。

　　2. 透過「善因合作」行銷，鼓勵企業界等參與社區事務。

　　3. 結合社區組織、地方人士及專業工作者展開在地社區發展規劃，擬訂短期、中期、長期發展計畫，有計畫的推動。

　　4. 檢討修正社區組織區域劃分之規定，回歸《人民團體法》之精神，鼓勵聯合社區，擴充社區資源，充實社區機能。

　　5. 建立「社區式的政府」（community-owned government），透過「充權」（empowerment）社區組織提供公共服務，減少官僚控制，避免在經濟上和社會上產生對政府的依賴（辛振三，2003）。

　　6. 採用社區工作方法輔導社區實施三大建設時，須增加福利服務的功能，使社區朝向福利服務社區化發展。

　　7. 發展及協調社區可用之資源網絡，促進服務提供者間的合作關係，強化福利服務的廣度與深度，增進輸送效率。

第六節　結語

　　「社區發展」是現階段政府重要的基礎建設;「社區營造」不只是在於營造一些實質環境,最重要的還是在於建立社區共同體成員對社區事務的參與意識,和提升社區居民在生活情境的美學層次為文化建設;而「社會福利社區化」是政府實施「在地化」社會福利服務重要政策之一,主要是運用社區內資源,配合政府施政措施,改善社區生活環境,以增進社區民眾福祉,提高社區生活品質的一項社會改造運動。因此,基本上社會福利社區化已含有社區發展與社區營造之精神。

　　在美國愈來愈重視非營利組織所扮演的角色,特別是以「社區」為基礎的發展組織(Community-Based Development Organizations, CBDOs),這類組織與國內社區組織一樣,大多數是草根性的地方組織,多數由志工所組成,配合政府或自發性地為社區鄰里居民提供健康照顧、文化活動、情感聯絡等服務;而「社區化」最大優點就是能夠迅速回應社區人口的高度需求,以及推展以社區鄰里居民為驅動力的社區發展計畫,對社區居民而言,頗為受益。因此,發展政府、社區與居民的參與感及夥伴關係,並發揮所扮演的角色與功能,必能有效地推動社區發展與社區營造工作。

摘要

　　「社區發展」在聯合國的倡導與推動下，形成一種世界性的社會改造運動。我國於 1965 年首次將社區發展列為正式的政策，並頒行多項發展措施，唯依《社區發展工作綱要》規定，將「社區」規範在劃定的區域定義與運作，此舉卻使社區居民在生活上及心理上形成藩籬而畫地自限，也引起與村里間紛爭而阻礙基層發展。及至 1993 年，文建會提出「社區總體營造」理念與政策，並進一步推動後，逐步打破原有「社區」的概念與思維，不只範圍不同，也鼓勵社區自動自發來營造自己的「社區」，最後乃在營造一個「新社會」、「新文化」及「新的人」。

　　前述社區發展與社區總體營造工作，分屬內政部與文建會掌管，期間亦有其他部門推出不同形式的營造工作，該二單位皆曾如火如荼地投入與推動，也獲致不錯的成果。然而，仰賴政府補助經費來推動，則為其共同現象。一旦政府減少甚或停止補助，不但無法持續推動，原有之成果也無法繼續維護而閒置、荒廢。

　　我國於 1993 年已達「高齡化社會」，近年來，人口老化現象愈趨嚴重，極需照顧或照護的老人人口快速增加，其福利服務需求已遠遠超過政府的供給，但由於福利多元主義理念興起，舉凡個人、家庭、社區、學校、企業、機構、政府等，皆是社會福利服務的提供者。未來如何在建全社區發展與社區營造的同時，將老人福利服務導入，建立完善的輸送體系，真正達到「社會福利社區化」目標，使老人能「在社區內提供照顧」、「由社區提供照顧」及「與社區一起來照顧」，將是社會福利工作一大課題，也可說是將老人照顧與社區發展工作結合，而畢其功於一役之有效途徑。

 問題習作

○ 一、綜合各定義可歸納出社區共同的構成要素為何？

○ 二、《社區發展工作綱要》規定社區發展有哪三大建設工作項目？

○ 三、推動社區總體營造工作上，有何切入方式可供參考？

○ 四、試比較社區發展與社區總體營造之異同？

○ 五、造成老人權力喪失的因素可分內在與外在，請列舉之。

○ 六、《社會福利政策綱領》之基本原則及重點內容為何？

○ 七、社會福利社區化係基於哪三項基本理念而來？

○ 八、試以 SWOT 分析您的社區，並研擬總體發展策略？

○ 九、社區發展與社區營造工作，在推動上有何困境？

○ 十、未來強化我國社區發展與營造工作之途徑為何？

 名詞解釋

○ 社區　　　　　　　　　○ 照顧網絡

○ 社區發展　　　　　　　○ 社會福利社區化

○ 社區總體營造　　　　　○ SWOT

參考文獻

行政院文建會（1998）。**縣市層級社區總體營造工作手冊**。台北：
作者。

丘昌泰（2000）。**公共管理——理論與實務手冊**。台北：元照。

甘炳光等（2003）。**社區工作理論與實踐**。香港：香港中文大學。

辛振三（2003）。**我國老人長期照護政策執行之研究——以新竹市
為例**。私立玄奘大學公共事務管理研究所碩士論文，未出版，
新竹市。

李誠日（1987）。**老人福利服務**。台北：台灣商務。

李增祿（2000）。**社會工作概論**。台北：巨流。

林萬億（2002）。**當代社會工作——理論與方法**。台北：五南。

林勝義（2003）。**社會工作概論**。台北：五南。

徐震（2002）。**社區與社區發展**。台北：正中。

唐學斌（1988）。**社區組織與社區發展——理論與實際**。台北：台
北市社區發展學會。

黃源協（2003）。**社區照顧——台灣與英國經驗的檢視**。台北：揚
智。

曾文星（2004）。**老人心理**。香港：香港中文大學。

萬育維（2005）。**社會福利服務——理論與實踐**。台北：三民。

賴兩陽（2002）。**社區工作與社會福利社區化**。台北：洪葉。

蘇景輝（2004）。**社區工作——理論與實務**。台北：巨流。

蔡文輝（2002）。**社會學**。台北：三民。

潘英美（譯）（1999）。J. A. Thorson 著。**老人與社會**。台北：五

南。

趙善如、趙仁愛（譯）（2001）。E. O. Cox & R. J. Parsons 著。**老人社會工作——權能激發取向**。台北：揚智。

第十一章

老人社區照顧

學習目標

研讀本章內容後，學習者應能：

一、瞭解老人社區照顧的意涵。

二、瞭解老人社區照顧的範圍。

三、瞭解老人社區照顧的工作內容。

四、瞭解老人社區照顧的影響因素。

五、瞭解福利社區化的意義。

六、我國照顧服務福利及產業發展情形。

在傳統觀念上，老人的照顧問題是家人的主要功能之一，但隨著「少子高齡化」社會的來臨，以及核心家庭崛起，獨居老人的日益增加，即使許多老人仍然與家人一起居住，傳統的家庭式照顧漸漸有力不從心的情況發生，造成工商業愈是發展，許多家庭的成員都忙著讀書或者工作賺錢，照顧老人往往成為家人沉重的負擔，因此，老人的照顧問題容易被忽略，這不僅是家庭或者老人所須要面對的問題，也是社會需要正視的問題。

目前我國人口高齡化的趨勢非常明顯，也出現被照顧者快速增加及家庭照顧能力減弱的現象。因此老人照顧的需要性非常迫切。但推動老人照顧宜尊重一般老人都存有「在地老化」的觀念，必須以「生活正常化」及「服務社區化」為目標，讓老人能夠繼續住在熟悉的環境裡，維持既有的生活習慣，因此，居家照顧服務也就顯得格外的重要。另外，有許多不需專業醫療照顧的失能及身心障礙者，亦需仰賴專業的居家照顧服務，使得居家照顧服務，成為照顧產業的重點之一。社區照顧服務是政府所推動的幫助家中減輕照顧者負擔的重要方案之一，其主要的功能是讓病情穩定的老人接受社區照顧，另一方面亦可減輕家庭的負擔。

第一節　社區與社區發展工作

社區是以部落、村里、社區等地方性組織作為核心。不排除因特定公共議題（如老街保存），並依一定程序確認，經由居民共識所認定之空間及社群範圍。社區工作除以在地居民為主體外，並鼓勵結合區域性及專業性團體之共同參與及投入，強化社區工作品質與永續推動目標。

社區是一個互助的組織，通常是由社區居民基於共同需要，循自動與互助精神組織而成的，政府為推展社區工作經常會給予行政支援、技術指導，

讓社區能夠有效運用各種資源，從事綜合建設，以改進社區居民生活品質。

在政府部門，內政部於 1991 年頒布《社區發展工作綱要》，其中第 2 條規定「本綱要所稱社區，係指經鄉（鎮、市、區）社區發展主管機關劃定，供為依法設立社區發展協會，推動社區發展工作之組織與活動區域」。另外在《社區營造條例草案》中，將社區定義為：「指直轄市、縣（市）行政區內，就特定公共議題，並依一定程序確認，經由居民共識所認定之空間及社群範圍。」

因此，社區發展協會雖然是人民團體，但社區也可以是經由居民共識所認定之空間及社群範圍，在政府的支持與輔導下，社區發展協會可以自行依社區的需要推動工作項目。

社區發展的工作項目依《社區發展工作綱要》第 12 條規定「社區發展協會應針對社區特性、居民需要，配合政府社區發展指定工作項目、政府年度推薦項目、社區自創項目，訂定社區發展計畫、編訂經費預算、積極推動。」社區發展指定工作項目如下。

(一) 公共設施建設

1. 新（修）建社區活動中心。
2. 社區環境衛生及垃圾之改善與處理。
3. 社區道路、水溝之維修。
4. 停車設施之整理與添設。
5. 社區綠化與美化。
6. 其他。

(二) 生產福利建設

1. 社區生產建設基金之設置。

2. 社會福利之推動。

3. 社區托兒所之設置。

4. 其他。

(三) 精神倫理建設

1. 加強改善社會風氣重要指施及國民禮儀範例之倡導與推行。

2. 鄉土文化、民俗技藝之維護與發揚。

3. 社區交通秩序之建立。

4. 社區公約之制訂。

5. 社區守望相助之推動。

6. 社區藝文康樂團隊之設立。

7. 社區長壽俱樂部之設置。

8. 社區媽媽教室之設置。

9. 社區志願服務團隊之成立。

10. 社區圖書室之設置。

11. 社區全民運動之提倡。

12. 其他。

政府年度推薦項目由推薦之政府機關函知，社區自創項目應配合政府年度社區發展工作計畫。

「社區主義」的核心價值包含三項主要價值觀，即：以社區作為政府最基礎之施政單位，強調社區的主體性及自主性；培養社區自我詮釋之意識及解決問題之能力，以及培育社區營造人才，強調充權過程（empowerment）的重要性。

第二節　老人社區照顧

◆ 一、老人社區照顧的意涵

老人社區照顧是針對居住在家庭中的老年病患，由社區設置多種支持性的服務項目，使以協助老人能夠恢復失去的功能，或維持全部或部分獨立生活的能力，以及做到延續病患的生命，並減輕家庭及照顧者的負擔。換句話說，就是動員社區資源，運用非正規的支援網絡，聯合正規服務所提供的支援服務及設施，讓有需要的人士在家裡或社區內的家居環境得到照顧，過著正常的生活，加強在社區內的生活能力，達到與社區的融合，並建立一個具關懷性的社區（王淑芬，2005：533，535）。

◆ 二、老人社區照顧的發展

社區照顧的發展可以從長期照顧的發展來瞭解，長期照顧主要是針對失智和失能的老人所做的照顧措施。在 1950 年以前，認為這是個人及家庭的責任；1950 年以後至 1960 期間，機構式照顧興起，機構分擔了部分個人及家庭照顧的責任；1960 年以後，老人「在地老化」（aging in place）的觀念成為老人照顧的主流觀念，老人照顧必須尊重老人個人意願及讓其覺得有尊嚴，因此，社區照顧的觀念開始興起，成為各國推展老人照顧的重要做法。

我國的老人社區照顧發展可從 1995 年內政部舉辦「全國社區發展會議」是社區朝向「福利社區化」發展的關鍵。在 1997 年將社區照顧擴大為內政部福利社區化方案；1998 年推動福利社區化實驗計畫；2000 年行政院社會福利推動小組通過「建構長期照護體系三年先導計畫」，內政部與行政院衛生署

合作將「社區照顧」納入「長期照顧」的範疇。

行政院也在 2005 年發布「台灣健康社區六星計畫推動方案」，其中，將發展社區照護服務的策略定位為：「建立社區照顧關懷據點」，使得生活照顧及長期照護服務等工作可以就近社區化。另外，並發布「建立社區照顧關懷據點實施計畫」（吳明儒，2005）。

◆ 三、老人社區照顧的主要範圍

老人社區照顧包括居家照顧與社區照顧。老人社區照顧是針對居住在家庭中的老年病患，由社區設置多種支持性的服務項目，使這些老人能夠恢復失去的功能、維持全部或部分獨立生活的能力，以及延續病患的生命，並且減輕家庭及照顧者之負擔。

老人社區照顧也包括在社區內設置有服務項目的老人住宅，提供給正在逐漸衰退中的老人居住，以及支持其繼續生活在社區中，避免不適當的提前安置於療養機構。

我國的長期照顧分別由社政部門與衛生部門主管。不同的行政體系各自有其不同的法律依據，衛生部門所主管的部分，涉及許多醫療方面的問題，而社政部門體系的老人社區照顧所提供的服務大致如下。

㈠ 老人在宅服務及居家護理服務

1. **家事管理員服務**：對於獨居老人或者與子女分居而無法受到子女照顧之老人，協助其打掃、洗衣、烹飪等家事。

2. **居家照護人服務**：對於罹患嚴重疾病或長期疾病老人，因其行動不便或長期臥床，必須有人照顧其日常生活，諸如餵食、梳理、洗澡、穿衣、陪同就醫、住院時之照顧、提醒服藥、處理大小便，以及需要具備護理知識及技術的工作，如量體溫、量血壓、急救、陪同復健訓練、緊急情況之處理等。

3. **膳食服務**：由社區依據營養師所開之菜單為老年病患準備飲食，到府服務，甚至於協助餵食。

㈡ 老人社區服務的項目

1. **交通及購物服務**：由社區依社區老人之需求規劃定期性路線，供老人外出時使用，對於身體極度衰弱之老人，可由志願工作者或者服務人員陪同購物。

2. **一般事務處理服務**：對於身體衰弱已無法自行處理日常事務之老人，由社區工作人員協助其繳交稅費或寫信、申請救助等。

㈢ 為照顧者及家庭代勞的服務

1. **老人日托服務**：對於心智衰退或生活無法自理之老人，如因家人上班單獨留其在家裡容易發生意外，因此家人於上班前將其送達老人日間托顧中心，下班後接回。

2. **老人安置寄養服務**：家人因故無法照顧老人，或是發生老人被虐待時，可將老人安置於寄養家庭，讓其得到較妥適的照顧。

3. **照顧者喘息服務**：長期照顧生活無法自理的老人，對家屬而言是一項沉重的負擔，為使照顧者能夠有喘息機會，社區可招募志願服務人員或專業工作人員，定期給照顧者適當之休息，由其照顧老年病患。

老人社區照顧也包括在社區內設置有服務項目的老人住宅，提供正在逐漸衰老中的老人居住，使其能夠繼續生活於其所熟悉的環境中，延緩或減少老人安置於療養機構的時間。

㈣ 其他服務

1. **老人住宅改設無障礙環境**：向政府申請補助部分款項。

2. **老人公寓**：通常是為健康老人所設置，等到老人隨著年齡的增加，行動不便時再遷入鄰近的養護所接受長期照顧。

3. **復健及各項訓練**：老人住在家庭接受各項社區支持性的服務，如體能訓練、感覺訓練、呼吸訓練、人際關係訓練等。訓練已失去獨立生活能力的老人使他們恢復一部分的功能。

4. **文康設施及休閒娛樂**：行動不便及患病老人，無法參與為一般老人所設的教育項目或老人中心的休閒娛樂項目時，可利用社區內設置小型的活動場所，例如：圖書、報紙、錄影帶，以及健身娛樂器材（陳月娥，2003：323-325）。

◆ 四、老人社區照顧的影響因素

社區照顧所遭遇到的問題主要的有四大面向，分別為：法令問題、政治問題、財務資源問題，以及人的因素問題，分別說明如下。

㈠ 法令問題

1. 目前居家式及社區式服務之標準、督導、營運及管理規範尚未完備，需盡速研訂「居家服務服務準則」及「管理基本規範」。

2. 由於照顧服務員之工作非屬典型之僱用就業型態，照顧服務員工作缺乏保障制度，有待研議強化照顧服務員之工作保障，除維護其應有之權益外，亦可降低工作流動性。

3. 老人福利機構及醫療機構設立標準規定過於繁複，應簡化相關法規。

4. 照顧服務員名稱、訓練內容、標準及結業證明均尚未統一，缺乏明確規範，同時也影響品質。

(二) 政治問題

1. 社區組織區域和里的區域範圍經常發生重疊的情形，因此社區常易受到地方政治介入，成為政治的角力場所之一，影響地方團結。

2. 社區照顧涉及許多人力、物力及專業問題，一般會認為是執行困難度較高的方案，主政者往往畏懼失敗，基於政治上的考量，不會積極進行推動。

(三) 財務資源問題

1. 社區資源有限，開源能力不足，在缺乏充裕的財務支持下，影響開辦老人社區照顧的意願。

2. 地方政府經費編列受到其他項目壓縮，除非地方首長重視並列為優先編列補助經費，否則即使中央政府有全額補助，但由於地方對於後續經費能否持續到位，抱持疑慮，不敢輕易開辦。

3. 政府的經費補助及核銷方式，往往限制用途和科目，缺乏彈性，也使得照顧服務無法依專業去執行。

4. 社區工作項目及次級團體眾多，造成經費排擠效應。例如：社區土風舞班、守望相助隊，以及其他活動、建設等，均造成有限的經費運用遭到擠壓。

(四) 人的因素問題

1. 社區照顧的工作人員需要有專業能力始可勝任，而非一般的志工能夠負責，因此由社區發展協會來辦理日間照顧及居家服務等事宜，在專業能力上顯得不足。

2. 國內社區老人的觀念問題尚未普遍開放，尚不習慣接受社區照顧。

3. 子女孝道觀念作祟，將長輩送到社區照顧恐遭左右鄰居議論，為避免

遭到誤解，不願輕易利用社區照顧資源。

4. 社區幹部對於社區照顧的認識，普遍缺乏深入瞭解，缺乏形成願景的能力。

◆ 五、老人社區照顧的原則與工作方法

辦理老人社區照顧必須要把握下列原則及工作方法。

㈠ 推行老人社區照顧的原則

1. 需清楚釐定及評估受助者的照顧需要。

2. 各項照顧要有清楚、有計畫及有系統的統籌。

3. 不要視社區照顧為廉價服務，政府要有適當的資助。

4. 要讓被照顧者有更多選擇的機會，以及獨立自主的能力。

5. 要尊重照顧者的自由及能力。

6. 應向非正規照顧者提供適當的輔助、支援及訓練。

7. 要認同非正規照顧也有其一定的功能。

㈡ 老人社區照顧的工作方法

老人社區照顧是社會工作重要的一環，在執行上我們可以從下列三個內涵來進行社區照顧的工作。

1. **在社區內照顧**（Care in Community）：讓被照顧者能夠有尊嚴、獨立的生活在家庭或社區內，而不需要去大型機構收容照顧，也就是被照顧者可以留在自己熟悉的社區內，以自己喜歡的生活方式生活。

2. **由社區來照顧**（Care by Community）：動員社區內各項支援網絡來提供照顧服務，這些服務的項目很多，例如：家務協助、電話問候、情緒支持、護理照護、老人日托、諮詢服務，以及提供交通服務、陪同購物等等。

3. 與社區一起照顧（Care with the Community）：就是將正規照顧與非正規照顧連結起來，彼此合作，互補有餘及不足之處，一起來從事照顧工作（王淑芬，2005：534）。

第三節　福利社區化與資源的認識

◆ 一、福利社區化

福利社區化就是將社會福利體系與社區結合起來，也就是透過社區組織和財力資源的規劃，結合社區的人力資源，提供給社區居民各種福利服務，以滿足社區居民的福利需求，並凝聚社區意識促進社區的發展。福利社區化可以使社區居民就近得到福利服務，同時也可以使政府的福利政策落實到社區的基層組織。

對於福利社區化的說明，包括有下列兩個意涵，亦即：

1. 就是「福利社區內」：需要福利服務的老人（福利的需求者）不必到機構去接受福利輸送，可以就近選擇由社區所提供的服務來滿足福利需求。

2. 就是「由社區提供福利」：運用社區的支援網絡來提供福利輸送的工作，這些工作包括有：

(1)支持性的服務：如協助處理家務、電話問安、情緒支持、護理照護，以及日間照顧等。

(2)諮詢服務和參與機會的服務：如法律諮詢、親職教育，以及參與社區活動的機會。

(3)工具性的服務：如提供老人交通工具、生活輔助器材的維修或改善硬體環境（王淑芬，2005：530）。

　　在政府方面的做法，1995 年內政部舉辦「全國社區發展會議」，這次會議是「福利社區化」發展的重要關鍵。在該會議中，國家建設研究會提出：「爲落實社會福利政策，社會福利應推動社區化，並建議加強社區各相關社會福利措施及服務方案的普及。」內政部爲推動社會福利社區化於 1996 年 12 月 16 日核定實施「推動社會福利社區化實施要點」及「推動福利優先區實施計畫」，結合社會福利體系與社區發展工作，整合社區資源，建立社區福利服務網絡，使福利服務落實於社區。其實施要點爲：

　　1. 選定福利社區：省（市）、縣（市）政府原則以社區（或聯合鄰近社區）爲核心，以生活共同圈之服務輸送可近性、社區居民參與性、福利資源完整性作爲規劃福利社區之範圍，經勘定後實施。

　　2. 確認福利需求：指定專人協助社區訂定計畫，蒐集資料，瞭解民衆之問題及需求，掌握福利服務之現況，協調福利資源之運用，據以實施。

　　3. 加強福利服務：以社區現有之福利工作，繼續加強辦理，進而擴大福利工作項目，充實服務內涵，並結合社區內、外福利服務體系，建立社區服務網絡，提升社區服務品質。

　　4. 落實社區照顧：推展社區福利機構小型化、社區化，並倡導福利機構開拓外展服務，促使資源有效利用。

　　5. 配合國宅整建：增設福利設施，便利各項福利設施之使用，達成福利可及性之功能。

◆ 二、老人社區照顧方案

　　2000 年行政院社會福利推動小組通過「建構長期照護體系三年先導計畫」，內政部與行政院衛生署合作將「社區照顧」納入「長期照顧」的範疇。行政院也在 2005 年發布「台灣健康社區六星計畫推動方案」，其中將發展社區照護服務的策略定位爲：「建立社區照顧關懷據點」，使得生活照顧與長

期照護服務等工作可以就近社區化。

為配合「台灣健康社區六星計畫推動方案」，也同時發布「建立社區照顧關懷據點實施計畫」，該計畫之目標為：

1. 落實台灣健康社區六星計畫，由在地人提供在地服務，建立社區自主運作模式，以貼近居民生活需求，營造永續成長、健康的社區環境。

2. 以長期照顧社區營造之基本精神，分3年設置2,000個社區照顧關懷據點，提供老人社區化之預防照護。

3. 結合照顧管理中心等相關福利資源，提供關懷訪視、電話問安諮詢及轉介服務、餐飲服務、健康促進等多元服務，建立連續性之照顧體系。

此實施計畫有助於鼓勵社區自主參與初級預防照護服務工作，對於位處偏遠福利資源缺乏的社區，可經由人力培訓進而設置據點提供服務，以縮短城鄉差距；至於原已具有辦理照顧服務基礎的單位，可經擴充服務項目成為據點。該計畫之推動，除具初級預防功能，延緩人口老化外，遇有需正式照顧資源協助的個案，更可協助轉介至長期照顧管理中心接受專業協助。

老人福利社區應掌握組織重組、連續性服務、個案管理和社區自助互助體系的工作執行重點，其主要工作項目及步驟如下：

1. 社區照顧暨服務需求評估調查。

2. 社區照顧暨服務供給及相關資源調查。

3. 徵募社區照顧暨服務志工及培訓。

4. 辦理家庭訪視、友誼電話訪問、社區通訊等服務項目。

5. 編輯社區照顧暨服務基本知能學習手冊及辦理相關宣導活動。

6. 成立社區照顧暨服務自助團體。

7. 成立社區照顧暨服務志工自治團體。

8. 成立社區照顧暨服務儲蓄互助人力銀行。

9. 社區照顧暨服務供給者之組織重組和服務整合。

10. 成立連續性社區照顧暨服務體系及輸送網絡。

11. 建立社區照顧暨服務的個案管理模式及工作方法。

12. 模擬及建立社區照顧暨服務的自助互助體系模式（陳月娥，2003：323）。

第四節　我國照顧服務福利及產業發展

多年來，我國的照顧服務因涉及內政與衛生部門，以致於形成政出多門，主管的事項既有重疊部分，也有模糊地帶。近來始受到政府的重視並開始整合；老人社區照顧在整個照顧體系裡究竟立於何種地位？以及政府對於照顧體系整體政策為何？透過本節之說明，可以獲得較明晰的概念。

一、我國照顧服務福利及產業發展

照顧服務產業屬於勞力密集的產業，推動照顧服務產業不但可使老人獲得較完善的照顧，亦可促進國民就業，減少失業人口。政府於 2003 年發布《照顧服務福利及產業發展方案》，將執行期間分兩階段，並配合納入「挑戰 2008：國家發展重點計畫」之「產業高值化」與「新故鄉社區營造」。第一階段為 2002 至 2004 年，第二階段為 2005 至 2007 年。該方案照顧服務產業所設定的重點工作主要是對於老年及障礙者之生活及醫療服務。主要特色為：

1. 服務項目：社區照顧＋機構照顧＋居家服務。

2. 服務對象由中低收入失能擴及一般失能者。

3. 服務經營者由非營利團體及民間企業共同投入照顧服務產業。

4. 服務提供者以本國人力取代外籍看護工，鼓勵離農、原住民、中高齡

及婦女共同投入。

行政院經建會在發展策略的規劃方面，提出下列七項策略，並分期執行：

1. 整合照顧服務資源，落實照顧服務管理機制。

2. 充實多元化照顧服務支持體系，全面提升照顧服務品質。

3. 強化照顧服務人力培訓與工作保障，促進照顧服務專業化。

4. 適度調整外籍看護工之引進政策與審核機制。

5. 開發輔具及無障礙空間之使用與發展。

6. 充實與調整相關法令、措施與規範，促進福利及產業平衡發展。

7. 加強宣導工作，推廣照顧服務資源網絡。

我國照顧服務福利及產業發展分期實施的策略如下表：

表 11-1　我國照顧服務福利及產業發展第一期及第二期策略表

第一期發展策略（2002 至 2004 年）	第二期發展策略（2005 至 2007 年）
一、建立照顧服務管理機制。 二、引進民間參與機制、充實多元化照顧。 三、全面提升照顧服務品質。 四、健全照顧服務人力培訓與建立認證制度。 五、排除民間參與障礙。 六、適度調來外籍看護工之引進。 七、推動溝通及宣導工作。	一、整合照顧服務資源，落實照顧服務管理機制。 二、充實多元化照顧服務支持體系，全面提升照顧服務品質。 三、強化照顧服務人力培訓與工作保障，促進照顧服務專業化。 四、適度調整外籍看護工之引進政策與審核機制。 五、開發輔具及無障礙空間之使用與發展。 六、充實與調整相關法令、措施與規範，促進福利及產業平衡發展。 七、加強宣導工作，推廣照顧服務資源網路。

資料來源：行政院經建會（2004）。

政府部門於第一階段（2002 至 2004 年）對於照顧服務產業的發展執行情形如下。

(一) 整合照顧服務資源，落實照顧服務管理機制方面

1. **整合社政與衛政照顧服務資源**：內政部已於 2002 年成立「推動照顧服務產業輔導團」，輔導各縣市政府成立「照顧服務推動小組」，行政院衛生署也召開「長期照護管理示範中心輔導會議」，但是社政部門與衛生部門的整合，目前尚無法看到具體成果。

2. **落實照顧管理制度方面**：衛生署之「長期照護管理示範中心」與內政部「照顧管理中心」，部分功能重疊，尚未完成整合，未來仍然應該統合起來，以單一窗口提供多元服務，共同推展照顧管理制度。

3. **建立照顧服務資源通報系統方面**：照顧服務資訊網，包括資源配置、個案通報轉銜、照顧管理、服務提供申報、服務品質監測、行政等。建置長期照顧資料庫，可供定期分析服務現況與品質。但因部分縣市已自行開發資訊通報系統，與中央原訂的系統存在資料交換無法接軌，因此尚未完成。

(二) 引進民間參與機制、充實多元化照顧方面

1. 內政部於 2002 年開始實施「非中低收入戶失能老人或身心障礙者補助使用居家照顧服務試辦計畫」，將居家服務對象由中低收入失能者擴大到非中低收入失能者；2004 年中，又開始試辦「極重度失能者居家服務部分時數補助」。

2. 依照顧服務產業之特性，已修訂《就業促進津貼實施辦法》，將個人僱主納入適用範圍，增列受推介人員之薪資累計或工作時數累計達相關規定者，為符合推介人員適用的條件。

3. 針對相關廠商「鼓勵研發本土化輔具」進行技術輔導。

4. 已有 22 縣市設置「輔具資源中心」，衛生署輔導國內 13 家醫院成立「醫療復健輔具評估中心」。

5. 培訓 4,000 民眾參與「推廣無障礙空間與技術開發」。

6. 開發社區式服務，輔導農會開放閒置資源經營照顧服務產業。

7. 輔導養護中心辦理日間照顧以及部分衛生所附設居家護理所。

8. 通過《推動民間參與老人住宅建設推動方案》。

㈢ 全面提升照顧服務品質方面

1. 進行機構評鑑以及訂定服務內容與設施分級標準。

2. 制訂養護定型化契約範本，擴展急性後期照護服務，保障接受照顧者及機構經營者之權益。

3. 辦理照顧服務技術士技能檢定。

4. 訂定居家服務標準化服務內容。

5. 將日間照顧之交通費納入內政部推展社會福利服務補助經費申請補助項目，以提高老人接受日間照顧的意願。

㈣ 強化照顧服務人力培訓與工作保障，促進照顧服務專業化方面

1. 中央政府已於 2003 年公告「照顧服務員訓練計畫」統一照顧服務員訓練內容、標準及結業證明。

2. 由行政院勞委會完成職類規範編定工作，建立照顧服務員技術技能檢定制度。

3. 由農業發展委員會擬定計畫，鼓勵離農人口投入照顧服務產業。

4. 開發原住民人力投入照顧服務產業，增加原住民就業機會。

5. 開發身心障礙、中高齡及婦女投入照顧服務產業。

6. 鼓勵大專院校開設照顧服務課程，增加各類專業照顧服務人力及經營

者進修管道。

(五) 適度調整外籍看護工之引進政策與審核機制方面

在外勞政策方面，為建立外籍看護工審核機制與國內照顧服務體系接軌機制，分階段納入各縣市之照顧管理機制，對於聘僱外籍看護工者，加強查核外籍看護工違法使用，也已調整僱主申請外籍家庭看護工辦理國內招募之合理聘僱標準。

(六) 充實與調整相關法令、措施與規範，促進福利及產業平衡發展方面

1. 應檢討修正相關法規，修正《老人福利法》、《身心障礙者保護法》及《護理人員法》等相關法規，整併長期照護及身心障礙機構之設置標準與管理等相關規範。

2. 將照顧住宅納入「推動民間參與老人住宅建設推動方案」。

3. 於2004年修正發布《非都市土地申請變更作為社會福利設施使用其事業計畫審查作業要點》，使未來經行政院核定為公共建設，得使用非都市土地特定農業區經辦竣農地重畫之農業用地。

(七) 加強宣導工作，推廣照顧服務資源網絡方面

目前主管機關所做的宣導工作仍然不夠普及，只是藉由印製「照顧服務資源手冊與簡訊」分送相關單位，以及召開「長期照護管理示範中心」輔導會議作為宣導網絡。

在行政院經建會2005年對於「照顧服務福利及產業發展方案」第一期的總檢討報告顯示，在第一期的具體措施方面，尚未達到原訂目前的尚有：「照顧管理中心資源整合問題」、「照顧服務資源通報系統有待建立」、「小規模事業團體參與照顧服務的管道受限」、「醫院看護工未全面納入管理」、

「宣導策略規劃不足成效有限」等，可見我國無論是政府部門或者是民間團體對於照顧服務產業的開發與發展還有很大的努力空間。

◆ 二、實例介紹──台北市政府社會局老人社區照顧服務

㈠ 台北市辦理社區照顧關懷據點實施計畫書
（資料來源：台北市政府社會局，2006a）

壹、依據： 內政部建立社區照顧關懷據點實施計畫。

貳、計畫目標

　　一、由社區提供在地服務，透過社區活動據點辦理，建立社區自主運作模式，促進長者社會參與，營造永續成長、健康的社區環境。

　　二、以長期照顧社區發展之基本精神，分 3 年共設置 200 個社區照顧關懷據點，提供老人社區化之預防照護。

　　三、結合相關福利資源，提供關懷訪視、電話問安諮詢及轉介服務、餐飲服務、健康促進等多元服務，建立連續性之照顧體系。

參、補助對象條件

　　一、立案之社會團體（含社區發展協會）；財團法人社會福利、宗教組織、文教基金會捐助章程中明訂辦理社會福利事項者；其他社區團體如社區宗教組織、農漁會、文史團體等非營利組織，及本市各里辦公處。

　　二、可提供非違建合法房屋室內樓地板面積至少50平方公尺（約15坪）之場地空間（限地上樓層），約可容納 200 位以上長者活動。

　　三、所提供之場地需有安全、衛生、通風採光良好之環境，消防安全事項應符合消防法及其有關法令規定。

　　四、以上申請單位須行政組織及財務健全、辦理社會福利成效良好者。

肆、實施期程：本計畫自 2006 年 2 月至 2006 年 12 月止（內政部計畫為 2005 至 2007 年，為期 3 年）。

伍、計畫內容

一、每一關懷據點應至少具備下述 3 項服務項目之功能，並提供足夠空間供長者參與相關活動及服務：

1. 關懷訪視。

2. 電話問安、諮詢及轉介服務。

3. 餐飲服務。

4. 健康促進活動。

二、每一關懷據點於每週至少開放 3 個時段（每時段至少 2 小時）予長者使用或辦理相關服務。

陸、補助項目及標準與其他相關規定

一、補助項目及標準

1. 開辦費：最高補助新台幣 10 萬元，如電腦、辦公桌椅、傳真機、影印機、文康休閒設備、健康器材、溫度計、血壓計及電話裝機費等，以設置社區照顧關懷據點所需設施設備為主，並優先補助老人可使用之設備。

2. 業務費：每月最高補助新台幣 1 萬元，如水電、書報雜誌、瓦斯費、文具耗材、茶水、文宣印刷費、活動講師費、器材維護費等，以補助社區照顧關懷據點之經常性支出為主。

3. 申請單位若有志工保險費、志工誤餐費、志工交通費（限外勤服務）等需求，可提出申請辦理志工或社區人力培訓，亦得併案提出申請。

4. 原已辦理日間照顧、老人營養餐飲等服務之單位，若有足夠空間可設置據點者，視辦理項目補助新台幣 5-10 萬元開辦費，另每月

最高補助新台幣 1 萬元業務費部分。

5. 申請單位申請經常支出如業務費、志工相關費用、志工訓練及社區人力培訓等項目，應編列 20%以上之自籌款；申請資本支出如開辦費（設備），應編列 30%以上之自籌款。

二、有關里辦公處申請之規定

1. 申請據點計畫書中所需印信及負責人印章，以里辦公處之圖記及里長印章為準。

2. 經內政部核定之補助款未能直接撥付個人，將撥至本局，再轉撥至區公所，由區公所交付里辦公處執行。

3. 里辦公處所需購置之設施設備、業務費、志工相關費用，可向區公所提出申請依內部請購、請款程序辦理，必要時應檢附相關清冊做為核銷依據；所有憑證需由區公所會計人員審查與核章，再送本局核銷。

4. 相關自籌款經費請自行籌措。

三、其他相關規定

1. 申請程序請依附件格式填列申請表，及依辦理社區照顧關懷據點申請補助計畫書格式填列，由本局進行初審合格後，彙送內政部核定。

2. 為發展社區自助互助精神，在符合計畫效益下，原則補助 3 年（仍須每年提出申請，每次核定執行期間為 1 年），申請單位於接受補助期間，應妥為規劃財務，以達成自給自足為目標。自第 4 年起，內政部依據據點辦理績效，搭配獎勵機制提供獎補助，惟每年業務費仍以 12 萬元為補助上限；績效不佳者，不予補助。

3. 本計畫之推動，以偏遠地區、原已具社區照顧服務基礎，及台灣健康社區六星計畫所列 500 個績優社區為優先補助對象。

柒、申請方式及計畫執行時間

一、申請單位應備妥相關資料，第一階段申請時間為 2006 年 3 月 15 日前，第二階段申請時間為 2006 年 7 月 25 日前，申請單位應備妥相關資料於截止日前送達或寄達本局第四科，地址：台北市信義區市府路 1 號，逾期恕難受理。有關事項請電洽：27256966，黃嘉瑤小姐。

二、申請文件不齊全者，由承辦單位以電話或傳真通知於 3 日內補齊，逾期未補正或補正不全者，不予受理。

三、計畫之執行期間不得超過 2006 年 12 月 31 日。

捌、申請應備文件（乙式 3 份）

一、申請補助計畫書。

二、依規定應編列自籌款案件，應附自籌款證明（如主管機關證明、最近 2 個月內之金融機構存款證明等）。

三、應檢附章程、立案證書、負責人當選證書影本及理（董）監事名冊，如申請單位為法人，應加附法人登記證書影本。

四、房屋租賃契約、房屋所有權狀或建築物使用執照影本等可資證明申請單位為合法使用該場所及坪數證明之文件。

五、提出文件為影本時，應於影本文件內加註並簽章切結與正本相符。

六、場地照片至少 8 張，拍攝需包含場所入口處、逃生出口、場地空間擺設與隔間等；惟申請據點若為本市區民活動中心或公民會館者可免附。

七、申請單位以同一事由或活動向多機關提出申請補助時，應列明全部經費內容，及擬向各機關申請補助項目及金額。

玖、審查作業

一、審核重點

1. 申請單位所附資料符合資格。

2. 無同一計畫重複申請補助之情事。

3. 申請補助計畫符合補助範圍及項目規定。

4. 計畫以具延續性能永續辦理為優先。

5. 計畫執行範圍以資源稀少具開創性為優先。

二、經審核合於規定者，彙整層轉內政部核定，核定結果將通知申請之
　　單位。

拾、本計畫所需經費，由內政部相關經費項下支應。2007 年度補助經費，視
　　立法院審議通過之預算辦理。

拾壹、核銷

一、依內政部推展社會福利服務補助作業要點相關規定辦理。

二、已核定之單位若實際效益未達預期效益 60%，將依比例核銷核定補
　　助金額。

三、接受補助之單位於第一階段（2006 年 3 月 15 日）審核通過者採二次
　　核銷，2006 年 7 月 5 日前應辦理開辦費、業務費（6 月底前）及志
　　工相關費用核銷，並於 2006 年 12 月 31 日前辦理業務費（7 至 12
　　月）及志工相關費用核銷及成果結案；第二階段（2006 年 7 月 25
　　日）審核通過者一律於 2005 年 12 月 31 日前辦理核銷及成果結案。

四、跨年度執行之計畫仍應逐年辦理核銷。

拾貳、督導與考核

一、接受補助之單位須受內政部及本局績效考查，並定期填交報表。

二、依內政部推展社會福利服務補助作業要點相關規定辦理。

拾參、預期效益

一、本市 3 年預計設置 190 個社區照顧關懷據點，落實預防照護普及化
　　及社區化目標。

二、發揚社區營造及社區參與之基本精神，發展在地社區生活特色。

三、發揮長期照顧社區化之預防功能，建立社區之照顧支持系統。

四、透過在地化之社區照顧，使失能老人留在社區生活。

五、減緩家庭照顧者負擔，提供適當之喘息服務。

拾肆、本計畫未盡事宜，依「內政部建立社區照顧關懷據點實施計畫」及「內政部推展社會福利服務補助作業要點」相關規定辦理。

拾伍、本計畫奉核後實施，修正時亦同。

(二)台北市政府社會局老人社區照顧服務簡介

（資料來源：台北市政府社會局，2006b）

◎什麼是居家照顧？

　　為了讓自理能力缺損老人或身心障礙之台北市市民能在家中得到適當照顧，紓解家庭經濟、照顧人力的困擾，台北市政府社會局特委託民間專業機構提供居家照顧服務，由受訓合格的居家服務員到家中協助分擔照顧事宜。

◎服務對象

　　1.設籍台北市65歲以上因身心受損，致日常生活功能需他人協助之居家老人（含獨居老人）。

　　2.領有身心障礙手冊且日常生活功能需要他人協助之居家身心障礙者。

◎服務內容

　　1.家務及日常生活照顧服務：換洗衣物、環境改善、家務與文書服務、友善訪視、電話問安、餐飲服務、陪同或代購物品、陪同就醫或聯絡醫療機構、法律諮詢、其他相關居家服務。

　　2.身體照顧服務：身體照顧服務、協助沐浴、更衣、進食、服藥、翻身、扣背、肢體關節活動、上下床、陪同散步、運動、協助使用日常生活輔助器具、其他服務。

◎申請方式

1. 書面申請：至各區老人服務中心、社會福利服務中心、台北市長期照護管理中心、區公所及台北市社會局第四科索取台北市政府社會局居家照顧服務申請表，填寫後送（寄）至各區老人服務中心。

2. 電話申請：逕洽各區老人服務中心。

◎什麼是日間照顧服務？

其實就是託老服務，白天可將長者送至機構中由專業人員照顧長者的生活，晚上再接回家中。除全日託外，亦受理半日託或臨託。

◎服務對象

設籍台北市年滿60歲以上，輕、中度失態老人，至少能坐輪椅或使用助行器，無法定傳染病，經專業人員評估有日間照顧需求者。

◎申請方式

洽台北市各老人服務中心、各日間照顧機構或社會局第四科（2725-6967）。

◎服務項目

1. 個案照顧管理。

2. 生活照顧服務：個人衛生、安全維護、餐點、交通接送服務。

3. 協助及促進老人自我照顧能力。

4. 辦理老人教育、休閒活動。

5. 提供福利、醫療諮詢與轉介服務；舉辦老人家屬教育方案、支持團體及聯誼性活動。

摘要

老人社區照顧是針對居住在家庭中的老年病患，由社區設置多種支持性的服務項目，使以協助老人能夠恢復失去的功能或者維持全部或部分獨立生活的能力，以及做到延續病患的生命，並減輕家庭及照顧者的負擔。

推動老人照顧宜尊重一般老人都存有「在地老化」的觀念，必須以「生活正常化」及「服務社區化」為目標。

社區照顧所遭遇到的問題主要的有四大面向，分別為：法令問題、政治問題、財務資源問題，以及人的因素問題。社區照顧服務是政府所推動的幫助家中減輕照顧者負擔的重要方案之一，其主要的功能是讓病情穩定的老人接受社區照顧，另一方面亦可減輕家庭的負擔。

近年來，政府方面對於長期照顧的推動不斷提出新的方案，從 2000 年行政院社會福利推動小組通過「建構長期照護體系三年先導計畫」，內政部與行政院衛生署合作也將「社區照顧」納入「長期照顧」的範疇。

此外，行政院也在 2005 年發布「台灣健康社區六星計畫推動方案」，其中，將發展社區照護服務的策略定位為：「建立社區照顧關懷據點」，使得生活照顧及長期照護服務等工作可以就近社區化，也發布「建立社區照顧關懷據點實施計畫」；但整體而言，國內的老人社區照顧仍處於萌芽階段，尚有很大的發展空間。

問題習作

- 一、請說明老人社區照顧的意涵。
- 二、請說明老人社區照顧的範圍。
- 三、請說明老人社區照顧的工作內容。
- 四、請說明老人社區照顧的影響因素。
- 五、請說明福利社區化的意義。
- 六、請說明我國照顧服務福利及產業發展情形。

名詞解釋

- 社區照顧
- 長期照顧
- 福利社區化
- 台灣健康社區六星計畫推動方案
- 照顧服務福利及產業發展方案

 參考文獻

王淑芬（2005）。**社會福利服務**。台北：保成。

台北市政府社會局（2006a）。**台北市辦理社區照顧關懷據點實施計畫書**。2006 年 6 月 1 日，取自 http://www.dosw.tcg.gov.tw/

台北市政府社會局（2006b）。**台北市政府社會局老人社區照顧服務簡介**。2006 年 6 月 1 日，取自 http://www.dosw.tcg.gov.tw/

行政院經建會（2004）。**照顧服務福利及產業發展方案第一期方案執行情形檢討及第二期規劃初步構想**。2006 年 6 月 1 日，取自 http://www.cepd.gov.tw/index.jsp

吳明儒（2005）。**社區發展與組織再造——台灣高齡社區照顧模式之比較分析**。發表於台灣社會福利學會主辦之「社會暨健康政策的變動與創新趨勢：邁向多元、整合的福利體制」國際學術研討會。嘉義：國立中正大學。

陳月娥（2003）。**社會福利服務**。台北：千華。

第十二章

主要國家社會福利之比較

學習目標

研讀本章內容後，學習者應能：

一、瞭解我國的社會福利組織與服務內容。

二、瞭解美國的社會福利組織與服務內容。

三、瞭解英國的社會福利組織與服務內容。

四、瞭解日本的社會福利組織與服務內容。

五、瞭解我國與美、英、日等國家社會福利的主要差異情形。

世界社會福利制度的發展大致可分爲下列三個時期，分別說明如下：

1.18 世紀以後到 20 世紀初期：由於工業化的社會經濟關係，所以初期以邊沁（Bentham）和柴衛克（Chadwick）所主張的理性科學方法，由政府主動規劃與行政管理爲主的時期。

2.20 世紀初期到 1970 年代：以貝佛里奇（Beveridge）的社會安全報告，俾斯麥（Bismarck）的強制社會保險、芮孟（Rathbone）的家庭津貼、龍垂（Rowntree）的貧窮研究、查爾布斯（Charles Booth）的貧民調查以及凱恩斯（Keynes）的充分就業經濟理論爲主的時期。

3. 1970 年代以後時期：經過兩次石油危機，因先進各國中央政府財政困難，致使社會福利轉向爲「福利多元主義」、「福利社會」、「私自化」、「福利社區」、「社區照顧」、「鬆綁國家的干預」等反凱因斯主義的經濟學導向爲主的時期。

在世界各國中，開發中國家由於仍處於較貧窮落後的環境，醫療及衛生條件不佳，極待外界的援助，因此也談不上有制度化的社會福利組織與做法，該類國家的人民無法受到政府的社會福利照顧。因此，在民主化與經濟條件較佳的國家之社會福利發展較早且進步。

在經濟合作與開發組織（The Organization for Economic Co-operation and Development, OECD）主要國家中，社會福利的範圍有不同的分類及不同的涵蓋層面。依據聯合國所出版的《社會服務組織與行政報告》，將 1998 年國民所得高於我國的 22 個國家或地區主管社會福利機關歸納爲下列五個類型：

1.有完整獨立社會福利行政主管機關：如：丹麥、香港、比利時、澳洲、紐西蘭、愛爾蘭、新加坡等 7 個國家或地區。

2.社會福利與衛生合併的行政主管機關：如：美國、英國、挪威、瑞典、荷蘭、芬蘭、加拿大、韓國等 8 個國家。

3. 社會福利與勞工行政合併的行政主管機關：如：德國、義大利、以色

列、西班牙等 4 個國家。

4. 社會福利、衛生與勞工行政合併的行政主管機關：如：日本、法國、奧地利等 3 個國家。

5. 社會福利與其他公共行政混合於內政部內：如：台灣（江亮演，2002：283）。

至於各國社會福利機關類型最新的發展情形，請參閱本書第 16 頁。

有關世界各國社會福利制度與措施的發展，都各有其不同的國情因素及客觀條件，所以其他國家的經驗儘管未必完全可以成功移植到國內，但仍不失為可資參考的重要資料。

本章就先進國家中，以英國、美國、日本等 3 個國家有關社會福利的組織及內容做簡要的介紹，並從各該國的發展經驗中與我國目前的情況做初步比較分析，以從中瞭解各國的現況。

第一節　我國社會福利組織體系

社會福利之業務相當龐雜，在我國目前在中央政府方面與社會福利有關的部門，除了內政部為中央主管機關外，其他還有：行政院勞工委員會、行政院衛生署、行政院退除役官兵輔導委員會、行政院青年輔導委員會、行政院原住民委員會、內政部營建署等相關單位。

◆ 一、在中央政府方面

我國目前社會福利之主管機關為內政部下設社會司，1999 年 7 月 1 日以前設有社會福利、身心障礙者福利、社會救助、社會保險、人民團體、農民團體、合作事業等 7 科執行業務。

1999 年 7 月 1 日起，配合台灣省「精省」計畫，將台灣省政府社會處業務與內政部社會司合併，內政部社會司改設為 14 科：內政部社會司北部維持 7 科，分別辦理社會福利綜合規劃、身心障礙者福利、老人福利、社會救助、社會保險、社會團體輔導等業務；內政部中部辦公室（社政）設置 5 科，分別辦理職業團體輔導、社會發展、社區及少年福利、身心障礙者福利機構輔導及老人福利機構輔導等業務；台中黎明設 2 科，辦理合作事業輔導及合作行政管理等業務，原省屬 16 個社會福利機構改隸為內政部二級機關。

1999 年 11 月 20 日，內政部兒童局成立，負責辦理兒童福利業務，兒童局之業務組計有綜合規劃組、保護重建組、福利服務組及托育服務組 4 組；內政部中部辦公室（社政）之兒童及少年福利科改為社區及少年福利科。

另內政部依據《性侵害犯罪防治法》及《家庭暴力防治法》，分別於 1997 年 6 月及 1999 年 4 月成立內政部性侵害防治委員會及內政部家庭暴力防治委員會，合署辦公；2002 年 7 月 24 日，2 委員會合併成立家庭暴力及性侵害防治委員會。2000 年 7 月，農漁民團體輔導業務移撥行政院農業委員會辦理。

配合 2003 年 5 月 28 日總統公布《兒童及少年福利法》第 6 條規定，中央應設兒童及少年局，社會司少年福利（含兒童及少年性交易防治法制工作）業務自 2003 年 9 月 1 日起移撥兒童局辦理。

目前社會司負責之社會福利業務主要包括：農民保險、國民年金規劃、社會救助、老人福利、身心障礙者福利、婦女福利、社區發展、社會工作、合作事業、社團輔導、社會役及綜合性社會福利政策，並負責行政院社會福利推動委員會及行政院婦女權益促進委員會幕僚工作。

◆ 二、在地方政府方面

1999 年 1 月 25 日總統頒布《地方制度法》及內政部發布《地方行政機關組織準則》後，我國縣市政府的行政體系亦隨中央行政體系及相關制度的改

變而有所調整。目前我國地方社政部門，除了福建省連江縣併入民政局外，其餘皆設立社會局專責機關，局下設課辦事。在鄉、鎮（市）、區部分，則各依鄉、鎮（市）、區的情況，分別成立社會課或將社政業務劃歸民政局負責，不一而足。

第二節　先進國家社會福利組織體系

一、美國

美國的社會福利體制係以聯邦政府之衛生與人類服務部（Department of Health and Human Services）為主要架構（如圖 12-1），再加上社會安全局之社會保險與公共救助制度，形成美國全體國民生活的安全網。聯邦政府之衛生與人類服務部是美國政府最大、最主要之衛生福利機關，承擔保護全美之國民健康責任，提供主要之人類服務，尤其是對於全國之弱勢族群。

而社會安全局（Social Security Administration）則負責指揮全國各地數百個社會安全局之地方辦公室接受人民申請社會安全保險給付（Social Insurance）、公共救助金（Public Assistance）、社會保險給付。其中，社會保險給付包括老人退休保險（Old Age-Retirement）、殘障保險（Disability Insurance）、遺屬保險（Survivors Insurance），以及老人醫療與殘疾醫療保險（Medicare）；公共救助則包括補充安全收入（Supplemental Security Income, SSI）之老人救助（Old Age Assistance）、殘障救助（Aid to Totally Disabled），以及盲人救助（Aid to the Blind）。對於社會保險與公共救助現金給付之申請，可向全國各地之社會安全辦公室提出申請，審查合格後，則由聯邦之社會安全局總部直接寄出支票或存入申請人之銀行帳戶戶頭。如果申請人

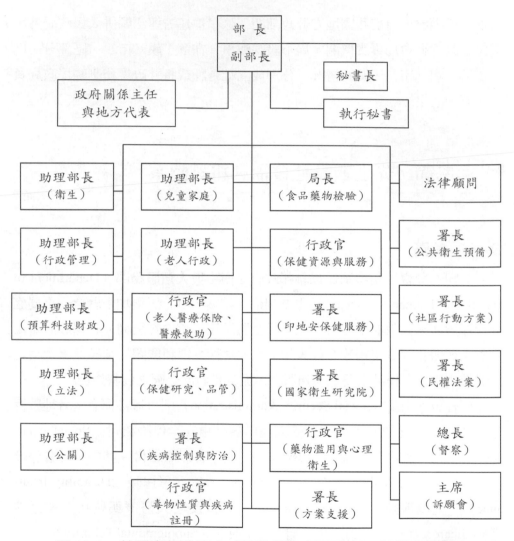

圖 12-1　美國聯邦政府之「衛生與人類服務部」組織架構圖

資料來源：李宗派（2001：75）。

需要提出申訴，可向地方之社會安全辦公室接洽。至於公共救助方案之依賴家庭暫時救助（TANF）與低收入家庭或貧戶之醫療救助（Medicaid），則由各縣政府之公共服務部與兒童家庭服務部處理。

在州政府方面，社會福利體制係接受聯邦政府衛生暨人類服務部之政策指揮與撥款支援，但尚保持甚大的自主性，以加州為例，加州政府在州長領導下設有衛生與人類服務署（Agency for Health and Human Services）。在此部門內又分為 13 個單位，分別是：

1. 酒癮與藥癮防治廳（Department of Alcohol and Drug Programs）。

2. 幼兒服務廳（Department of Child Support Services）。

3. 障礙服務廳（Department of Developmental Services）。

4. 保健服務廳（Department of Health Services）。

5. 心理衛生廳（Department of Mental Health）。

6. 技職重建廳（Department of Rehabilitation）。

7. 社會服務廳（Department of Social Services）。

8. 老人服務廳（Department of Aging）。

9. 衛生計畫與發展廳（Office of Statewide Health Planning and Development）。

10. 緊急醫療服務局（Emergency Medical Services Authority）。

11. 衛生福利資料中心（Health & Welfare Data Center）。

12. 社區發展與服務廳（Department of Community Services and Development）。

13. 醫療保險管理委員會（Managed Risk Medical Insurance Board）。

美國之州政府之社會福利體制或組織系統可依其地理環境及人口密度與分布狀況，設立適合其需要之行政體系，因此各州之社會福利體制均各有其不同的特色。

在郡縣方面（如圖 12-2），係受州政府之督導，縣政府之社會福利經費
與衛生保健預算均仰賴州政府與聯邦政府之撥款支援。但其社會福利體系與
衛生服務體系因為地理上與人口上差異各有不同的組織型態。茲以洛杉磯縣
與柑縣為例說明之。

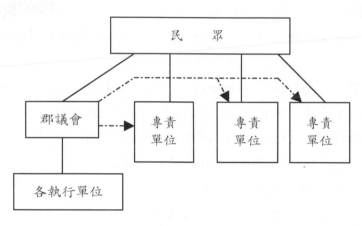

圖 12-2　美國郡政府組織圖

資料來源：呂育誠（2001：105）。

洛杉磯縣（Los Angeles County）管轄 86 個縣轄市，人口超過 700 萬。該
縣政府之組織體系係由民選之 5 人監督委員組成「縣政監督委員會」（County
Board of Supervisors），握有行政、立法與指派司法官之權力，與台灣及日本
之縣長制度完全不同。在「縣政監督委員會」下設有主任執行官 1 人（秘書
長），統籌指揮縣府各部門。有關衛生福利業務則分別設在：1.公共社會服務
部（主管救濟服務）；2.兒童服務部（主管兒童與家庭福利）；3.社區與老人
服務部（主管社區發展與老人福利）；4.衛生部（主管衛生業務與醫院管
理）；5.心理衛生部（主管精神疾病之防治與健診服務）。

柑縣（Orange County）在洛杉磯西南方，人口約 200 多萬人，為洛杉磯

之郊區，其社會福利體系爲縣政府之主任執行官所指揮；設有保健局、管理心理衛生與藥品濫用防治、公共衛生、醫療服務，還有社會福利局管理福利財務、兒童福利、就業服務、難民服務等等，其業務範圍與洛杉磯縣迥然不同（李宗派，2001：65-67）。

◆ 二、英國

英國的社會安全制度（Social Security Scheme）主要包括三種制度設計，分別爲：國民保險制度（National Insurance），就是對退休者提供退休金，以供養老之需；其次爲兒童給付制度；第 3 種爲救助制度。救助制度又稱爲所得維持制度，以補保險制度之不足。

在行政體系方面的分工，原由社會安全部（Department of Social Security）掌管社會保險及社會救助；保健部（Department of Health）掌管保健、衛生及醫療服務；地方政府設社會福利局（Department of Social Welfare）負責各種福利服務。2001 年 7 月成立工作與年金部（Department for Work and Pension, DWP）取代社會安全部，同時合併教育與就業部（Department for Education and Employment）中有關就業服務的部門，教育與就業部改名爲教育與技術部（Department for Education and Skills），負責教育與技能訓練業務。工作與年金部所強調的是工作福利的理念，也就是指要求領取福利者必須要以工作來換取福利。

工作與年金部有三大部門，分別爲：1.工作部（Working Age），負責對16 歲至 65 歲男性、16 歲至 60 歲女性提供工作支持。並在全國成立工作加成中心，協助工作介紹及創業；2.年金與退休（Pensions and Retirement），負責對退休者及身心障礙者提供津貼補助業務；3.家庭及兒童部（Families and Children），負責家庭協助及兒童照護工作。

在社會福利組織的改革中，另外一項重要措施就是整合所有與就業相關

業務,將原來的福利局(Benefit agency)與就業服務合併起來,成立「就業服務中心」(Job Centre Plus),服務的重點包括就業資訊的提供、就業諮詢,以及媒合。

◆ 三、日本

日本於 2001 年 1 月起,將主要的社會福利業務由原來的厚生省與勞動省整併為厚生勞動省(Ministry of Health, Labour and Welfare)。

厚生勞動省本部設有大臣官房及 11 局 7 部;分別為:醫政局、健康局、醫藥食品局、勞動基準局、職業安定局、職業能力開發局、僱用均等‧兒童家庭局、社會‧援護局、老健局、保險局、年金局等 11 局;統計情報部、食品安全部、安全衛生部、勞災補償部、勞動者生活部、高齡‧障礙者僱用對策部、障礙保健福祉部等 7 部,及 2 個政策統括官,另外有地方支部分局,及研究所 (6)、國立醫院 (218)、檢疫所 (14)、社會福利機構 (10) 等各種附設機構、審議會。厚生勞動省本部以外設有社會保險廳及中央勞動委員會 2 外局。地方設置地方厚生局,而最基層的社會福利行政單位則為市區町村。

厚生勞動省 11 個局主要職責如下:

1. **醫政局**:主要負責策劃相關政策,包括醫療改革、醫政體系之振興與充實等,以提供國人優質的醫療體制,並支援公辦民營醫院的功能評估系統、醫療糾紛之防止,藥品、醫療器材產業之振興,支援最新醫療技術。

2. **健康局**:負責透過各地的衛生保健所提升社區保健,制定傳染病、慢性病對策,並推動器官捐贈,提升國民健康。

3. **醫藥食品局**:設食品安全部,掌理藥品、化妝品、醫療用器具與醫療機構及麻藥、毒品等攸關國民生命健康的安全對策。

4. **勞動基準局**:主要職責在於確保、改善勞動條件,確保勞工安全與健康,實施勞災補償等,推動提升勞工生活品質的各種綜合性的對策。其中安

全衛生部制訂各種勞動災害防止對策及確保勞工健康的對策等。勞災補償部透過勞災保險，提供職業災害的勞工及其家屬迅速確實的勞災保險給付，制訂勞災勞工的社會復健對策及重度勞災勞工的照護對策等。勞動者生活部推廣勞工財產形成制度及勞工進修對策等。

5. 職業安定局：負責勞僱安定、推動再就業對策等。下設高齡・障礙者僱用對策部，主要任務為營造一個就業機會平等的社會，並推動老人及障礙者僱用對策。

6. 職業能力開發局：負責人才的養成與能力開發。

7. 僱用均等・兒童家庭局：負責推動確保兩性工作機會及待遇平等對策及兼顧職業生涯與家庭生活的對策等。

8. 社會・援護局：負責制訂並實施社會福利法人制度、福利之相關機構、聯合勸募基金會、社會福利事業人才之確保及志工活動等社會福利各領域共通的基本制度之外，尚包括生活保護制度的訂定與實施、遊民問題的處理、消費生活合作社指導等廣泛的社會福利推動政策。設障礙保健福祉部負責推動身心障礙者的自立與社會參與。

9. 老健局：負責營造人人健康、安心富裕的超高齡社會。2000 年起實施《照護保險法》，由地方公共團體制訂老人保健福利計畫與照護保險事業計畫。

10. 保險局：主要負責推動健康保險、國民健康保險、船員保險等醫療保險制度等業務，確立醫療保險制度。

11. 年金局：主要負責推動厚生年金、國民年金等公共年金制度，以及企業年金等制度。

地方組織方面，設置地方厚生局，下設健康福祉部及麻藥取締部及四國厚生支局和沖繩麻藥取締所。各都道府縣則設置有都道府縣勞動局，下設地方勞動審議會、地方最低賃金審議會、紛爭調整委員會等三個會。

第三節　先進國家社會福利主要內容

◆ 一、美國社會福利的基本項目

以美國而言主要有以下六大項目：

1. 社會保險（Social Insurance）：包括有老年（Old Age）給付、遺屬（Survivors）、失業給付（Unemployment）、身心障礙給付（Disability）、醫療給付（Health）等，簡稱為 OASDHI。

2. 社會救助（Social Assistance）：包括有失依兒童補助（Aid to Families With Dependent Children, AFDC），對於收入在貧窮線以下的住戶，補充安全所得（Supplemental Security Income, SSI）及食物（Food Stamp）、醫療補助（Medicaid）等。

3. 醫療保健服務（Medical Health Service）：對一般老人有醫療保險，低收入戶有醫療補助。

4. 住宅福利服務（Household Welfare Service）：指由政府以興建、補助興建或鼓勵民間興建國民住宅，再以低於市價出售或出租，或採利息補貼由人民自行購買等方式，協助解決國民居住的問題。

5. 就業福利服務（Employment Welfare Service）：目的在於使具有工作意願與工作能力的國民，能獲得適才適所的工作，或透過職業訓練的方式來提升或培育國民的工作技能。

6. 一般福利服務（General Welfare Service）：指針對兒童、青少年、老人、身心障礙者、婦女、單親家庭等國民，提供生活上所需的各項照顧與服務。

◆ 二、英國社會福利的基本項目

英國社會福利的內容依工作部、年金與退休、家庭及兒童部 3 大部門所提供的服務內容說明如下：

1. **工作部**：尋找工作、長期病患與失能、開始就業與再就業、疾病與無法工作、個人創業、醫療、工作、居家照顧資訊、志願工作、工作疾病與意外、低收入者管理、一般人民的照顧、訪視與國外生活狀況、提早退休、死亡津貼、年金、死亡給付、遺產分配、遺屬父母津貼、多天燃料給付等。

2. **年金與退休**：提早退休、長期病患與失能、年金、醫療、遺產分配、照顧者服務、退休年金預備、居家照顧資訊、低收入者管理、多天燃料給付、訪視與國外生活狀況等。

3. **家庭及兒童部**：服務範圍由懷孕、扶養至就學，乃至於生病失能等均包括在內。主要有：懷孕、遷居國外家庭服務、兒童養育、長期病患與失能、特殊需求兒童養育、醫療、低收入者管理、疾病與無法工作、輟學生與學生、照顧者服務、家庭訪視與國外生活狀況、居家照顧資訊。

就業服務中心所整合的福利項目有：求職者津貼、社會救助、身心障礙津貼、工業傷害殘疾給付、寡婦津貼、照顧者津貼，以及其他社會救助等。申請福利或失業者至就業服務中心時，均有個別的顧問協助諮詢及推介就業。

1997 年，工黨贏得國會大選後，曾對英國社會福利上民眾過度領取年金，以及社會福利措施導致降低就業動機等缺失，成立福利改革小組提出福利改革綠皮書。主要的政策重點為工作福利、工作買單，以及就業安全。

◆ 三、日本社會福利的基本項目

日本的社會福利措施，主要是基於所謂的《社會福祉六法》及 1971 年後的《兒童津貼法案》。分述如下：

1. **兒童津貼制**：凡日本居民，撫育3個以上未滿18歲的兒童，而其中最少要有1人尚未完成義務教育者，使可領取此項津貼。

2. **生活保護措施**：基於維持所有國民最低生活水準的保障，設計有養老、救護、更生、習藝、住宅等措施，使面臨人生種種困境者，能暫時獲得保護。

3. **國民年金保險**：乃是一種受益者付費的社會保險措施，基於危險共同分擔的理念，涵蓋有老年年金、殘廢年金、母子年金、監護人年金、孤兒年金、寡婦年金、死亡補助金等，對於人生所可能遭遇的各種危機，能預先做最低限度的保障。

4. **兒童福利服務**，包括有：

(1)母子保健措施：含懷孕婦女、乳幼兒的健康檢查及保健指導，並在地方上設立如母子愛育班之類的母子保健地域組織。另外，還有懷孕中毒時的療養援護、早產兒養育醫療、身心殘障兒育成醫療、小兒慢性特定症的對策等。

(2)保育措施：廣設日夜間的保育所，重視褓姆的養成與素質等。

(3)建立兒童厚生設備：依據《兒童福利法》，給予兒童健全的遊戲空間，設置增進其健康，豐富其情操為目的的設施，如屋內型的兒童館與屋外型的兒童樂園等。

(4)兒童福利文化財的推薦：為求對於兒童有益文化財的普及，推薦一些有益兒童的出版物、電影、戲劇與電視節目等。

(5)母子家庭的福利服務：有母子福利資金的借貸，由母子諮詢員所從事的生活諮詢，母子福利中心的職業指導。

(6)成立家庭兒童諮詢室所：諮詢指導有關兒童欠缺養育、不良地域環境等問題，及智能、言語問題、家族關係、學校生活、性格、生活習慣等問題。

5. **身心障礙者服務**，包括有：

(1)身心健康的定期檢查，並提供殘障者進入更生援護機構的諮詢。

(2)更生醫療的給付：由政府指定的醫療機構，進行減輕殘障者身心障礙，以期回復提高日常生活能力、職業能力的復健措施。

(3)輔助器具的補助、修理：包括義肢、盲人安全柺杖、助聽器、輪椅、特殊車輛等的服務。

(4)派遣家庭服務員到身心障礙者家庭，從事餐飲的照顧、洗滌等日常生活的照顧。

(5)身分障礙者的優先處理：如在公共的機構內販賣店優先由身心障礙者設立，香菸小販的優先指定購買等。

(6)獨身生活的身心障礙者，由於疾病等導致其日常生活產生障礙時，派遣介護人介護之。

(7)成立身心障礙者福利中心及國立更生助護機構，以更有效的推行福利服務。

6. 老人福利服務，包括有：

(1)老人保健醫療服務：包括有老人保健班的健康教育、定期老人健康檢查、在宅老人功能回復訓練等。

(2)在宅福利措施：包含老人家庭服務員的派遣、老人日常生活用具的給付及借與、老人介護人的派遣、臥病老人短期保護事業等。

(3)促進老人參與社會活動的服務：包含老人就業輔導、老人工作場所的輔導、補助老人俱樂部活動等。

(4)提供老人舒適居住環境：使老人的餐飲、入浴、復健等事項能夠在符合老人需要的前提下，獲得滿足。

(5)設置養護性質的老人之家、廉價老人之家、自費老人之家、老人福利中心、老人休憩之家、老人休養之家等（莊秀美，2002）。

第四節　先進國家社會福利之比較分析

　　本節主要就美國、英國、日本等 3 個國家的社會福利及立法情形做一簡要的說明。

◆ 一、美國的社會福利與行政

　　美國的社會福利類型依艾斯平‧安德森（Esping-Andersen）的分類，屬於自由主義的福利國家（Liberal Welfare State）。第二次世界大戰後影響社會福利的重要措施有：杜魯門（Truman）（1947 至 1949 年）：第一屆胡佛委員會（First Hoover commission）全面檢討與評估行政部門的組織結構功能；艾森豪（Eisenhower）（1953 至 1955 年；1953 至 1968 年）：第二屆胡佛委員會（Second Hoover commission）延續第一屆胡佛委員會，但著重於政府政策上的問題。行政改組研究委員會（Study Commission on Executive Reorganization）一系列低姿態的改革，在政府行政作業上產生了一些重要的改變；尼克森（Nixon）（1969 至 1971 年）：艾許會議（Ash council）提議根本地重新調整行政部門的結構，包括成立四個「超級部門」，以涵蓋現有各部會之功能；卡特（Carter）（1977 至 1979 年）：他重新改組行政部門的努力（Carter reorganization effort）由基層而上，以程序為基礎的方式，重新改組政府結構，但成效不佳；雷根（Reagan）（1982 至 1984 年）：葛里斯委員會（Grace commission）全面廣泛尋求如何能夠使政府運作經濟有效；柯林頓（Clinton）（1993 至 2001 年）：國家績效評估委員會（National Performance Review, NPR）試圖重建政府，以改善政府行政績效。

　　1996 年柯林頓總統簽署《個人責任與工作機會調配法案》後，美國聯邦

政府開始主導全國社會福利改革方案，聯邦政府在社會政策之方向上採取領導角色，將大筆撥款援助各州政府，讓各州有更多的資源來推動社會福利改革的工作。各州可以自行訂定適合他們的社會福利政策與方案，以符合地方實際需要。

因此，各州自行訂定的社會福利法案，只要不牴觸聯邦政府的法令，或者不向聯邦政府要求補助，都可以有很大的創新的彈性空間。各地方之縣政府係依照州政府的指示執行社會福利改革工作，福利經費則由州政府提供；私人慈善組織機構的角色則為輔助性與補充性。

美國自 1996 年實施《個人責任與工作機會調配法案》到 2004 年，經歷了 7 年的時間，就其實行的情形，我們以加州之社會福利改革經驗來加以說明：加州各縣政府之聯合會與各縣政府之主管聯合會於 2002 年，對於聯邦政府提曾出下列改革的建議：

1. 聯邦政府之福利援款必須具有較大之彈性空間，因為各州各縣的社會福利問題不盡相同。

2. 加州之福利案主雖然可以找到工作，但在交通、生活協談，以及保持工作效率等方面，仍然需要繼續的協助服務。

3. 福利改革方案（TANF）之援款應該專款專用，而不應該被瓜分使用在福利經常業務之家庭暴力防制服務、兒童照顧、破裂家庭組成方案上。

4. 聯邦政府之「補助」款項與「福利改革」之定義與涵意必須加以澄清，以利政策之執行。

5. 應該大幅度授權州政府去使用福利改革之援款，可以支援社會服務與兒童照顧。

6. 必須分開處理家庭貧窮與兒童貧窮之相關福利服務措施。

7. 建議給予接受福利救濟之家庭與剛剛離開救濟之家庭所需要之醫療照顧，例如：給予免費之醫療救助。

8. 對於糧食卷之發放，應包括審查合格之非公民永久居留者，在年齡上，應由 22 歲標準降為 18 歲。

9. 聯邦政府應由房屋與都市發展部撥出的特別援助款補助貧民之房屋修繕。

10. 聯邦政府應補助地方政府促進公共交通系統，以利福利案主方便就業。

11. 應當給予合法移民糧食券、補充安全收入以及醫療救助，並且不設定入境美國之時限。

12. 建議必須提高兒童發展之援款，鼓勵公私立機構積極訓練教育兒童之人力資源。

13. 給予福利案主多方面之心理衛生與社會服務，協助精神疾病患者、酗酒吸毒者、遭受到家庭暴力者、缺乏教育者、缺乏就業能力者等等，獲得適當之治療重建，參與勞動市場。

14. 福利改革法案應與其他勞動工作方案配合修改，以利福利案主之就業訓練。

15. 應減少非婚生子女之增加、減少單親家庭數目、促進婚姻家庭之持續並且提供輔導服務。

16. 提供親職教育、預防未成年少女之懷孕情況發生、促進家庭成員團圓，或對有收入之父母收取子女贍養費用。

17. 鼓勵親屬照顧，包祖父母、叔伯、子女、孫輩子女等之間的親屬照顧，促進三代彼此照顧，提供適當之社會服務（李宗派，2001：73）。

◆ 二、英國的社會福利與行政

英國的社會福利模式較屬於社會服務國家，而非社會保險與充分就業的福利國家。第二次世界大戰後貝佛里奇的社會安全報告到 1948 年才逐一實

行，其主要內容爲：工業災害保險、《國民保險法》、《國民健康服務法》、
《兒童家庭補助法》、《國民扶助法》的立法等。

　　另外，於 1977 年頒行兒童家庭津貼（Family Allowance）；1978 年頒行
均等費率年金（Flat-rate pension）、附加年金（Additional pension）；1980 年
訂定《兒童保護法案》；1982 年訂定《兒童家庭法案》；1986 年訂定《社會
安全法案》（Social Security Act）；1987 年修訂《兒童家庭法案》；1992 年
頒行「免稅殘障生活津貼」；1993 年推動「機動式開刀手術病房」；2001 年
實施社區照護新改革方案。

　　1970 年代以後，經過二次的世界石油危機，先進國家的財政狀況大不如
前，因此在社會福利的作法上，「政府再造」、「公辦民營」、引進「市場
機制」的觀念、「社區照顧」、「鬆綁政府干預」等做法紛紛出籠。

◆ 三、日本的社會福利與行政

　　第二次世界大戰後日本社會福利制的沿革，20 世紀中葉，日本新憲法頒
布後發展的日本社會福利制度，是 1950 年代立法的《社會福祉法》。從 1947
年《兒童福祉法》，開啓了日本的社會福利的紀元，1949 年的《身心障害者
福利法》、1950 年制定的《生活保護法》、1951 年的《社會福利事業法》、
1960 年的《精神薄弱者福祉法》、1961 年頒行《全民健康保險法》、《國民
年金保險法》、《兒童扶養津貼法》、1963 年頒行《老人福祉法》、1964 年
的《母子福祉法》等，各法次第公布實施。那個時代最大的問題是「對付貧
窮」，救助生活貧困者，被認爲是都道府縣和市村町政府部門的責任，舊憲
法時代，不能說完全沒有對生活窮苦者的救助制度，但這個時期，只能說是
日本社會福利的萌芽期，上述法令制度與周邊的各種福利制度，經過長時間
的醞釀演進，傾力提升給付水準，才漸漸地把社會福利的體系建立起來。

　　1970 年代開始，隨著經濟發展的背景，年金保險與醫療保險的給付水準

大幅改善，並整合構築各種福利設施；在福利設施方面規定，建築物每一人的一定面積，如果是民營的社會福利法人的建築，由國家或地方政府補助經費四分之三，入住老人療養院的人，有關伙食費用／人件費，也由國家或地方政府支助。

1973 年，日本俗稱福祉元年，由於《老人福利法》修正，頒行《免費老人醫療法》，老人醫療費不用自己負擔，即所謂的免費醫療更由於《健康保險法》修正，家族給付率由 50%上升到 70%，年金保險的給付水準，一個人到 5 萬元，並引進與物價指數同步調整的制度，大幅改善社會福利的給付水準。1971 年頒行《僱用保險法》；1976 年實行「殘障僱用比例制」。

1980 年代以前，「福利國家」曾經是日本的理想，意圖成為「亞洲的福利國家」。1980 年代後，日本受制於財政困難放棄了原有的理想，改走小幅增加負擔並縮小給付的修正路線。但仍於 1986 年頒行「長壽社會對策大綱」；1989 年實行「高齡者保健福利推進十年戰略計畫」，1990 年實行「零臥病對策」、1993 年實行「年金保險財務計算方案」。

根據日本，1983 年「厚生白皮書」記載，日本已是富裕社會，為了避免重蹈歐美福利國家失敗的覆轍，日本所走的社會保障路線，強調以追求適合於日本社會的國民福利，實現有特色的「日本型福利社會」。

◆ 四、我國社會福利與美國、英國、日本等國之比較

(一) 就行政組織上比較

美國的社會福利體制以聯邦政府之衛生與人類服務部為主要架構，再加上社會安全局之社會保險與公共救助制度，來建構成美國全體國民生活的安全網。英國則於 2001 年 7 月成立工作與年金部取代社會安全部。日本也於 2001 年 1 月起，將主要的社會福利業務由原來的厚生省與勞動省整併為厚生

勞動省。反觀我國中央的社會福利措施與責任，仍然分散與附屬於各部會之下，缺乏一個獨立部門來負擔統籌整體社會福利政策的規劃與制定，雖然社會福利業務由內政部社會司負責，但內政部社會司僅為內政部的幕僚單位，與各國比較，層級偏低，難以承擔整合各部會社會福利相當業務之責任。

(二) 美國、英國、日本社會福利做法上之比較

美國的社會福利是屬於殘補式的社會福利，所謂殘補式社會福利是指在其他正式結構的供給崩潰之後所產生的；也就是在問題產生而其他正式結構無力解決時，以社會福利制度因應之。因此在措施以所得移轉（Income Transfer Service）為主軸，再加上個人社會服務（Personal Social Services）。所得移轉包括社會保險（Social Insurance）及社會救助（Social Assistance），其主要目的為維持社會上民眾最低的生活水準，政府扮演所得重分配的角色。

英國的社會福利制度採取制度式，將福利服務視為現代工業社會的正式與第一線功能，強調個人的福利是社會的集體責任。工作與年金部將福利服務區分為：家庭與兒童部、工作部、年金與退休 3 大部門，另外，並增加就業服務中心與年金服務以專門提供尋找職業與設計個人退休制度服務。英國對於社會福利上民眾過度領取年金，以及社會福利措施導致降低就業動機等缺失也提出了工作福利、工作買單，以及就業安全等新的政策因應。

日本的社會福利措施所努力的目標為國民生活素質全面性的提高。此目標可以區分為：安全的維護、舒適的居家環境，以及溫馨的社區等三大類。日本於 1959 年制定國民年金制度，於 1961 年實施納費制年金。

1980 年代以前，日本挾其經濟的快速成長，日本曾經有成為「亞洲的福利國家」的企圖心。但在 1980 年代後，日本受制於財政困難放棄了原有的理想，改走小幅增加負擔並縮小給付的修正路線。日本為了避免重蹈歐美福利國家失敗的覆轍，改採社會保障路線，強調以追求適合於日本社會的國民福

利，實現有特色的「日本型福利社會」。

㈢ 當前我國老人福利的重大課題

面對全球化社會的來臨，以及老人人口持續的成長，關於老人問題，將是未來社會所必須面臨的重大問題之一。

目前我國老人經濟安全保障體系不足，以及長期照護體系問題允宜及早加強。茲說明如下：

我國現行老年經濟安全保障體系雖然有軍、公、教、勞保老年給付，以及其他各項老年津貼（中低收老人生活津貼、老農津貼、榮民就養給與），但仍不能提供所有老人之生活保障，全面性的國民年金制度將於 2008 年 10 月 1 日實施，對於國民年金的探討詳如本書第 14 章。

在長期照護方面，因涵蓋「生活照顧」、「急性醫療」、「長期照護」等三大環結，必須結合醫療與社會福利服務才能提供較完整的服務。目前我國相關的服務涉及衛生與社會福利兩大部門，所提供的服務措施缺乏整合性長遠的規劃，不但事權常常無法統一，且常常發生重複或者模糊的灰色地帶，長期照護的服務體系仍需要加強完善的法規、服務人力與品質的提升、資源的合理分配來改善。

此外，有關老人就業與輔導就業之相關保障與權益亦應早日規劃，制定相關法令，俾使健康而又有就業意願之老人能夠得到較週全的保障。

摘要

　　世界各國社會福利的發展都有其歷史與獨特的背景，但是社會福利所服務的對象是「人」，則毫無疑義，因此，對於先進國家的社會福利制度的瞭解，亦可供我國作為未來發展趨向的重要參考。

　　因為各先進國家對於社會福利的做法都有其獨特性，但在發展上也有許多類似之處，因此本章只就現在美國、英國及日本政府社會福利的組織，以及服務內容作一簡要的介紹。

　　從先進國家的經驗中發現：我國未來老人人口將持續增加，而目前有關老人福利的措施顯然仍有許多不足之處，例如：國民年金的規劃與實施仍停留在紙上作業階段，政策上並未有明確的決定；長期照護問題更因涉及衛生及社會福利部門，在政策統籌方面，法規上、權責上、跨單位間如何加強合作或整合，也是我國未來應努力的方向。

 問題習作

- 一、試說明世界各國社會福利組織之類型。
- 二、試說明美國社會福利組織。
- 三、試說明英國社會福利的基本項目。
- 四、試說明英國社會社會福利組織。
- 五、試說明美國社會的基本項目。
- 六、試說明日本社會社會福利組織。
- 七、試說明日本社會的基本項目。
- 八、當前我國老人福利的重大課題為何？

 名詞解釋

- 衛生與人類服務部
- 工作與年金部
- 厚生勞動省

- 年金
- 殘補式社會福利
- 制度式社會福利

參考文獻

江亮演（2002）。「如何建全社會福利之組織體系」分組報告。載
　　於**全國社會福利會議特刊**（頁283）。內政部社區發展雜誌社。

呂育誠（2001）。**地方政府管理──結構與功能的分析**。台北：元
　　照。

李宗派（2001）。探討美國之社會福利發展與體制改革。**社區發展
　　季刊，98**，59-62。

莊秀美（2002）。日本社會福利體系再造──厚生勞動組織整併之
　　分析。**社區發展季刊，98**，109。

第十三章

老人福利服務的現況與未來發展

學習目標

研讀本章內容後，學習者應能：

一、瞭解我國老人福利主要內容。

二、瞭解我國老人福利現況。

三、瞭解我國老人福利行政所面臨的困境。

四、瞭解老人福利服務未來的發展趨勢。

　　如果說老人時期就像人生的黃昏，那麼每一個黃昏都可能呈現出不同的樣貌，可能有的時候是光景豔麗，彩霞滿天；有的時候是淒風苦雨。我們從各種統計資料的預測中可以瞭解，在台灣未來的人口結構中，老年人口將占很大的比率；而對於人民需求的回應能力也將考驗一個現代化國家統治的正當性，同時也攸關社會的安定與否。老人福利的規劃不應只是殘補式或施小惠的作法，而是應該衡量社會的變遷與國情來做整體性的規劃，在這方面，雖然先進國家的國情與我國有其差異性，但是可供借鏡之處仍然不少，尤其是在地方政府方面，過去許多民選首長為贏得選戰的勝利，在缺乏整體評估的情況下，濫開社會福利支票，此不僅造成政府資源的浪費，也使各地方的財政更為捉襟見肘。高齡化社會之快速變遷，將引發新的需求與問題，已成為政府與民間關注的焦點，因此對於老人福利過去執行情形的得失不但需要再作澈底的檢視，對於未來的發展也應配合趨勢須有相對的規劃、因應對策與措施，乃至法規的修訂，以促使立法、政策、服務合一，方能有效落實老人福祉。

　　在高齡化社會裡，如何讓老人維持尊嚴和自主的生活是一項挑戰，也是整個社會包括老人本身、家庭、民間部門和政府的責任。

第一節　我國《老人福利法》

◆ 一、老人福利立法與內容

　　面對高齡化社會，政府於 1980 年制定《老人福利法》，雖曾於 1997 年全面修正，惟有部分規定已不足以因應未來環境變化所產生之需求。根據內政部統計，截至 2006 年 12 月底止，我國老人人口已達 228 萬 7,029 人，占總

人口 10%；另外依行政院經濟建設委員會推估，於 2026 年時，我國老年人口占總人口數比率將達 20%，且台灣人口老化的速度僅次於日本。

　　為能夠達到有效推動人口老化之照顧服務，以達《聯合國老人綱領》所揭示獨立、參與、照顧、自我實現、尊嚴之目標。因此，內政部自 2002 年起，即與關切老人福利學者專家、民間單位、團體進行縝密修法的工作，並與立法委員積極溝通協商，展開修正《老人福利法》的工作。終於於 2007 年 1 月 31 日公布最新版的《老人福利法》。

　　本次《老人福利法》修法主要是採取全人照顧、在地老化、多元連續服務，以老人照顧服務之觀念做為規劃的方向，並以：1.權責分工、專業服務；2.促進經濟保障；3.在地老化、社區化服務；4.多元連續性服務；5.促進社會參與；6.強化家庭照顧支持；7.強化老人保護網絡等為原則。在架構上包含：總則、經濟安全、服務措施、福利機構、保護措施、罰則、附則等 7 章，合計 55 條，比較舊有的條文 35 條增加了 20 條且屬於全案修正，修正的主要重點為：

　　1. 釐清主管機關與各目的事業主管機關間及中央主管機關與直轄市、縣（市）主管機關間之權責劃分，明確推動老人福利業務之權責（第 3 條至第 5 條）。

　　2. 主管機關及目的事業主管機關提供老人服務及照顧，應尊重多元文化及地理差異，並由適切之人提供原住民老人服務及照顧（第 8 條）。

　　3. 增訂參與主管機關整合、諮詢、協調與推動老人權益及福利相關事宜之相關學者專家、民間代表、老人代表之比例底限，並應確保原住民之發聲管道，俾使政府相關法規之訂定、政策形成及相關業務之推動，能透過制度化管道讓民間參與（第 9 條）。

　　4. 增訂主管機關應至少每五年舉辦老人生活狀況調查，出版統計報告，俾確實掌握老人需求與生活狀況，並據以規劃並推動老人福利相關政策（第

10 條）。

　　5. 增訂老人財產保護規定，對於心神喪失或精神耗弱不能處理自己事務之老人，法院得因主管機關之聲請，宣告禁治產，積極維護老人的財產（第13 條）。

　　6. 增訂老人照顧服務以全人照顧、在地老化及多元連續服務為原則規劃辦理，俾使老人照顧服務能以在地老化為目標，並滿足需要照顧服務老人之多元化選擇（第16 條）。

　　7. 增訂居家式及社區式服務措施規定，要求直轄市、縣（市）主管機關應推動各項居家式及社區式服務，俾增強家庭照顧老人之意願及能力，提升老人在社區生活之自主性（第16 條及第18 條）。

　　8. 增訂機構式服務措施規定，老人福利機構應依老人需求提供各項機構式服務，以滿足居住機構之老人多元需求（第19 條）。

　　9. 要求主管機關及各目的事業主管機關應推動各項老人教育措施、各種休閒、體育活動及鼓勵老人參與志願服務，俾充實老人生活，增進心理健康及社會適應（第26 條至第28 條）。

　　10. 增訂反就業歧視條文，禁止雇主對於老人員工予以就業歧視（第29 條）。

　　11. 增訂家庭照顧者支持性措施規定，明定直轄市、縣（市）政府應推動臨時或短期喘息照顧服務，與其他有助於提升家庭照顧者能力及其生活品質之服務，以協助增強老人之家庭照顧者之照顧能量及意願，期使被照顧之老人獲得妥適之照顧，並提升照顧者及其家庭之生活品質（第31 條）。

　　12. 直轄市、縣（市）主管機關應協助中低收入老人修繕住屋或提供租屋補助，以維持老人居住環境品質（第32 條）。

　　13. 直轄市、縣（市）主管機關應推動設置適合老人安居之住宅，並以小規模、融入社區及多機能之原則規劃辦理（第33 條）。

14. 簡化老人福利機構分類，以利管理（第 34 條）。

15. 增訂老人福利機構應與入住者或其家屬訂定書面契約規定，並規定主管機關應公告規定其定型化契約應記載或不得記載之事項，以確保入住者權益並減少消費糾紛（第 38 條）。

16. 老人福利機構投保公共意外責任險及具有履行營運之擔保能力，以保障入住老人之權益（第 39 條）。

17. 增訂相關人員執行職務時之通報責任規定，使有保護需求之老人得以及時受到適當安置及保護（第 43 條）。

18. 增訂過渡時期規定，提供本法修正施行前已許可立案之老人福利機構後續改善及轉型時間（第 53 條）。

此外為配合新的《老人福利法》，內政部也於 2007 年 7 月 25 日修訂發布《老人福利法施行細則》，其修正要點如下：

1. 增訂各級主管機關及各目的事業主管機關應依本法規定之權責，訂定近程、中程、遠程計畫，據以執行，以落實規劃推動相關主管權責事項（第 3 條）。

2. 增訂本法第 14 條第 2 項所定無法定扶養義務人且經法院宣告禁治產之老人，將財產交付信託業者代為管理、處分相關事宜，由其監護人負責執行（第 5 條）。

3. 增訂本法第 33 條第 2 項住宅設施之小規模、融入社區及多機能之規劃原則（第 8 條）。

4. 增訂本法第 40 條第 1 項所定老人福利機構接受私人或團體之捐贈，應將接受捐贈財物及使用情形填報主管機關備查（第 11 條）。

5. 增訂主管機關依本法第 47 條及第 48 條規定通知老人福利機構限期改善時，應要求其提出改善計畫書，並由主管機關會同目的事業主管機關評估其改善情形（第 13 條）。

◆ 二、《老人福利法》內容之檢討

我國的老人福利透過立法的程序對於老人的福利措施已經初具規模，對於弱勢的老人也有初步的保障，但是因衛生醫療的進步，國人的平均餘年有提高的趨勢，老人的人口數在整個國家的人口比例中，不但逐年升高，對於福利的需求也是有增無減。因此，在未來政府老人福利的支出勢必快速成長，也將造成政府經費預算上的沉重負荷，甚至於有影響經濟發展之虞。綜觀現今的老人並不完全都是弱勢的族群，健康情形良好且有工作能力與意願的老人人力資源如果未能善加利用，未嘗不是一種人力資源的浪費。反觀日本因進入人口高齡化社會，造成現職勞動人口沉重的負擔，為鼓勵健康的老人繼續投入工作職場，因此制定《高齡者僱用安定法》及鼓勵事業單位僱用老人，這部分在我國中央主管老人福利的內政部尚無相關措施，只有行政院勞委會訂有《中高齡就業方案》，主要目的卻是為了減少失業率，而不是針對老人福利所設計的，因此就老人福利而言，其在主管事項以及法律位階上都顯得十分薄弱，這一部分也值得我國中央主管單位加以重視而及早進行規劃（戴章洲，2005）。

其次，老人福利相關之規定雖然散見於各種法規，但是非常零亂，除主管機關外，對於各目的事業主管機關的職責大多與對一般人民相同，對於老人個別的因素未再做考量，政府部門也缺乏較具體規範與要求與橫向連結方面的規定。所以，為加強各服務體系之間的連結，並建立周延的服務網絡及輸送模式，宜在相關法令上做明確的規範。

再者，《老人福利法》第 17 條對於居家服務的規定為：「為協助失能之居家老人得到所需之連續性照顧，直轄市、縣（市）主管機關應自行或結合民間資源提供居家式服務。」但是國內許多日常生活功能需他人協助之老人都採取僱用外籍監護工的做法，而目前外勞申請的權責在行政院勞委會，乃

是以勞動問題處理而未正視老人福利問題。是以申請條件訂定得十分嚴苛，且外勞鮮有受過足夠的居家服務專業訓練。僱主僱用外勞方面，每年支出費用占家庭收入比重甚高，這方面亦未有優惠減免或補助措施，對一般需要長期僱用外勞的家庭而言，無疑是一筆沉重的負擔，基於照顧老人的立場，政府應酌情給予補助。

另一方面，《老人福利法》過於偏重身心照護，但就老人保護與照顧的角度而言，並未對有此需求的老人的財產管理制度，另做規定，而在《身心障礙者權益保障法》雖然有宣示應建立特別族群之財產管理或信託制度，但目前也無具體措施，仍然付之闕如。

第二節　我國老人福利現況分析

◆ 一、我國老人福利現況

我國因面臨家庭功能的轉型與人口結構的改變，使得老人居家安養問題較為迫切需要，目前政府乃規劃利用社區資源或福利社區化之措施協助老人在熟悉的社區環境中頤養天年。至於因健康問題、生活自理能力衰退、乏人照顧者，則以機構安養服務。無論是居家服務、社區照顧或機構養護都應尊重老人的自主選擇，都應以有尊嚴的服務及生活安全的保障為原則。

老人福利的提供，政府之衛生、福利、交通、營建及勞工等相關機關，皆是重要的服務單位。茲就主管機關內政部推動老人福利現況，做一摘要說明。內政部推動老人福利措施可分成健康維護、經濟安全、教育與休閒、安定生活、心理及社會適應、其他福利措施等，茲分述如下（內政部社會司，2006）。

(一) 健康維護方面

1. 老人預防保健服務

《老人福利法》第 21 條規定：「直轄市、縣（市）主管機關應定期舉辦老人健康檢查及保健服務，並依健康檢查結果及老人意願，提供追蹤服務。前項保健服務、追蹤服務、健康檢查項目及方式之準則，由中央主管機關會同中央衛生主管機關定之。」內政部及衛生署業據以於 1998 年頒布「老人健康檢查及保健服務項目及方式」，詳細規定老人健康檢查、保健服務項目及辦理方式，各縣市政府可據以配合全民健康保險成人預防保健服務項目辦理老人健康檢查。

2. 中低收入老人醫療費用補助

自 1995 年 3 月 1 日實施全民健康保險，已提供全民醫療保健服務，惟為降低低收入戶就醫時之經濟障礙，對於其應自行負擔保險費、醫療費用，由政府予以補助（包括老人在內）；至於中低收入年滿 70 歲以上老人之保險費亦由政府全額補助。

3. 中低收入老人重病住院看護費補助

中低收入老人因重病住院無專人看護期間，得申請中低收入老人重病住院看護費補助。目前對於中低收入老人每人每日補助 750 元，每年度最高補助 9 萬元，而低收入戶老人則每人每日補助 1,500 元，每年度最高補助 18 萬元，規定需自住院日起 3 個月內提出申請，此補助金額按政府年度計畫而調整。

㈡ 經濟安全方面

　　我國目前軍、公教人員保險及勞工保險均有退休或老人給付，而對其他老人經濟安全保障方面說明如下：

1. 低收入戶老人生活補助

　　未接受機構安置之低收入戶老人生活，每月平均補助每人生活費用。

2. 中低收入老人生活津貼

　　自 1993 年 7 月 1 日起開辦中低收入老人生活津貼。凡 65 歲以上生活困苦無依或者子女無力扶養之中低收入老人，亦未接受政府公費收容安置者，其家庭總收入平均每人每月未達最低生活費用標準（2002 年度台北市為 11,443 元、台灣省為 8,433 元及高雄市為 9,559 元、金門縣及連江縣為 6,000 元）1.5 倍至 2.5 倍者，每人每月發給 3,000 元，而 1.5 倍以下者，則發給 6,000 元。

3. 中低收入老人特別照顧津貼

　　《老人福利法》第 11 條的規定，老人經濟生活保障除採取生活津貼、年金保險制度方式逐步規劃實施外，為保障老人經濟生活，針對罹患長期慢性病且生活自理能力缺損，需專人照顧，未接受收容安置、居家服務、未請看護（傭）之中低收入老人，目前做法是採取發給中低收入老人特別照顧津貼，以彌補因照顧家中老人而喪失經濟的來源。2001 年起該項工作業由地方政府自行辦理，內政部亦於 2002 年訂定「直轄市、縣（市）發給中低收入老人特別照顧津貼自治條例範例」，做為地方政府推動本津貼之參考。

4. 老年農民津貼

　　1995 年 6 月起對於農民參加農保，年滿 65 歲，農保年資滿六個月以上

者，由政府編列預算，發給「老年農民津貼」，每人每月 3,000 元，1998 年修法擴大發放對象。

5. 敬老福利津貼

政府於 2002 年 5 月 22 日公布「敬老福利生活津貼」，凡年滿 65 歲，在國內設有戶籍，且於最近三年內每年居住超過 183 天之國民，未有下列各項情事者，得請領敬老福利生活津貼（以下簡稱本津貼），每月 3,000 元：

(1)經政府補助收容安置。

(2)領取軍人退休俸（終身生活補助費）、政務人員、公教人員、公營事業人員月退休（職）金或一次退休金。

(3)已領取中低收入老人生活津貼、身心障礙者生活補助費、老年農民福利津貼或榮民就養給與者。

(4)稅捐稽徵機關核定之最近一年度個人綜合所得總額合計新臺幣五十萬元以上。

(5)個人所有之土地及房屋價值合計新臺幣五百萬元以上。

(6)入獄服刑、因案羈押或拘禁。

施行期間，並溯自 2002 年 1 月 1 日起，至國民年金開辦前一日止。

(三) 教育及休閒方面

台灣 65 歲以上老人退休之後的生活安排，除了部分老人投入再就業市場之外，隨著年齡的增長，適合老人的休閒、文康活動也與年輕時不同，且老人對於提升精神生活的重視度也益加提高，故對於老人精神生活之充實應該著重益智性、教育性、欣賞性、運動性，並兼顧動靜態性質活動，以增進老人生活之適應及生命之豐富性。除此之外，教育老人接受自己老化的事實，及教育社會大眾接受生活自理缺損的老人亦為重要的課題。

1. 設置長青學苑

　　為滿足老人求知成長的需求，利用老人文康中心或其他合適場所設立長青學苑，提供老人再充實、再教育機會，並擴大其生活層面。學習項目可包括多元性課程，以協助老人再成長，並適應變遷中的社會環境；課程約可區分為休閒性課程（國畫班、書法班、歌唱班、健身班等）、學習性（識字班、國語班、英語班、日語班等）、常識性（醫療保健常識班、法律常識班等）、社會性課程（親職教育、兩性教育、婚姻與家庭等）等。依內政部 2002 年度補助規定：每班需收滿 20 位老人以上始予補助，且每班期間至少需為時 3 個月以上；每班最高補助 6 萬元；全國性單位每單位每年最高補助以不超過 60 萬元為限。

2. 辦理屆齡退休研習活動

　　補助民間團體，對於即將退休者提供研習活動，以增強民眾規劃自身銀髮生涯的能力及相關知識的瞭解。

3. 興設老人福利服務（文康活動）中心

　　為充實老人精神生活、提倡正當休閒聯誼、推動老人福利服務工作，鼓勵鄉鎮市區公所興設老人文康活動中心，由內政部每年編列預算，並逐年補助其充實內部設施設備，以作為辦理各項老人活動暨提供福利服務場所。目前台閩地區老人文康活動中心有 314 所，提供老人休閒、康樂、文藝、技藝、進修及聯誼活動。此外，為配合老人福利服務需求，老人文康活動中心也成為福利服務提供的重要據點，諸如辦理日間照顧、長青學苑、營養餐飲、居家服務支援中心等。

4. 各類優待措施

　　老人搭乘國內交通工具、進入康樂場所及參觀文教設施，予以半價優待，

鼓勵老人多方參與戶外活動，以利身心健康。其中，北、高兩市、及宜蘭、桃園、新竹、苗栗、彰化、嘉義、台東、澎湖、金門、連江、基隆市、台中市、台南市、新竹市、嘉義市等縣市，目前老人搭乘公車已完全免費。

5. 其他休閒育樂活動

各縣市政府為增添老人生活情趣，不定期舉辦敬老園遊會、長青運動會、槌球比賽、老人歌唱比賽等活動。

㈣ 安定生活方面

近年來，政府為安定老人生活，並使老人的安養及照護問題能獲得適當的滿足，每年增加老人福利經費預算，並修訂《老人福利法》，將老人的法定年齡降至 65 歲，以擴大照顧的對象。中央也補助地方政府及民間單位興建老人福利機構。對於大多數不願意或無法到機構就養的中低收入老人和獨居老人，則以居家服務、日間照顧、營養餐飲、住宅改善、醫療保健等服務措施，老人可依自己的意願，選擇自己認為最理想的生活方式，頤養天年。現行老人福利服務在安定生活方面，可分為居家安養服務、社區照顧服務、機構安養服務，說明如下：

1. 居家照顧服務

雖然在高齡化社會中，家庭功能急遽轉變也遭衝擊不小，然而依據內政部 2000 年老人生活狀況調查發現：老人認為最理想之養老居住方式為：與子女同住或隔鄰而居住者占 69.68%為最高，其次為與配偶同住者占 13.29%，認為居住於老人福利機構者僅有 5.20%（因國人觀念、機構照顧品質、成本較高等），獨居者占 6.27%。是以老人仍期望與子女同住或與配偶同住，換言之，老人認為居家是最理想的養老居住方式。為增強家庭照顧能力，以使高齡者晚年仍能生活在自己所熟悉的環境中並獲得妥善的照顧，因此，內政部歷年

均編列經費補助各地方政府及民間團體，推動老人居家服務，讓老人可以在自己家中安享晚年，也符合我國傳統孝道倫理精神。

(1)居家服務：即是將服務送到需要服務者自己熟悉的生活環境裡。服務項目包含有：家務與日常生活照顧服務，以及身體照顧服務等。至於居家服務專業訓練則由各縣、市政府辦理。在居家服務員服務費方面，每小時補助180元，每一個案每月最高補助 25 小時；其中低收入戶老人服務費由本部全額補助，中低收入老人則補助 70%，一般老人則可以自費的方式向縣、市政府申請提供居家服務；至於督導費，每管理一個中低收入老人個案，每月最高補助 500 元；其餘教育訓練或綜合性活動，最高補助 30 萬元，2001 年度起，本項工作，由地方政府自行辦理。2002 年內政部為配合照顧服務產業發展方案，開辦「非中低收入失能老人及身心障礙者補助使用居家服務試辦計畫」，將補助對象擴及至一般失能國民。

(2)設置居家服務支援中心：內政部於 1998 年頒布「加強推展居家服務實施方案暨教育訓練課程內容」推動老人居家服務外，並鼓勵各縣、市政府及鄉（鎮、市、區）公所普遍設置居家服務支援中心；作為社區推展居家服務，或提供家庭照顧者諮詢或轉介服務，並就近提供居家服務員相關支援服務的據點。截至目前為止，已設置 109 所，提供社區居民第一線社會福利服務。

(3)中低收入老人住宅設施設備補助改善：為鼓勵老人留養家中，補助中低收入老人改善、修繕其現住自有屋內衛浴、廚房、排水、臥室等硬體設備，以維護其居家安全，每戶最高補助新台幣 10 萬元，已核准補助者，3 年內不再補助；租借住宅者需簽約 3 年以上，2001 年起該項工作由地方政府自行辦理。

2. 社區照顧服務

所謂「社區照顧」是指動員並整合社區內的人力、物力、財力等資源，針對社區中不同對象的不同需求，提供各項福利服務，使其能在所熟悉的環

境中就近取得資源獲得協助以滿足其需求。為使老人能在熟悉的社區中得到安養照顧，也能補強居家安養提供的不足，政府正有計畫、有組織的結合民間單位，辦理相關的社區照顧服務，尤其對獨居老人或因行動不便而其子女因就業無法提供家庭照顧之老人，更有其需要及迫切性。

現階段，社區照顧的主要措施包括老人保護、營養餐飲服務、日間照顧、短期或臨時照顧等，分述如下：

(1)老人保護：老人遭受家人的疏忽或虐待較不易為人所察覺，而其居家安全甚為重要。《老人福利法》新增老人保護專章規定，各地方政府應建立老人保護網絡體系，提供法律諮詢服務、協助驗傷醫療、諮商輔導、委託安置等，以落實各項保護措施。

在獨居老人的關懷照顧方面，內政部自 1999 年起，以補助地方政府的方式，針對身心障礙中低收入之獨居老人，提供所謂的「緊急救援連線」服務，每人每月最高補助 1,500 元租金。所謂生命連線緊急求援系統（LIFELINE），它包含了一組連在用戶電話上的主機及一個無線遙控防水防塵的隨身按鈕，可當項鍊配戴，也可配掛在腰帶上，老人需要幫忙時，只要按下這隨身按鈕，訊號將可透過主機在幾秒內傳送到 LIFELINE 生命連線控制中心，專業的護理人員將立刻與用戶透過語音系統溝通，和用戶取得聯繫，如需要幫忙時將立即連絡老人所指定的緊急連絡人或救護車前往，確保用戶的安全。

(2)日間照顧：對於沒有接受居家服務或機構安養之獨居老人，或因老人之子女均就業無法提供家庭照顧之老人，由地方政府設置日間照顧中心，白天由家人將老人送到日間照顧中心，由中心提供生活照顧及教育休閒服務，晚上將老人接回家中，可以享受家人的溫情關懷。日間照顧可增進老人社會活動參與，降低憂鬱的發生，並可提供家庭照顧者休息的機會。

日間照顧之模式計有兩大類，一為醫療模式，提供醫療及復健服務，即衛生單位主管之「日間照護中心」；另一為社會模式，提供餐飲及活動安排，

即社政單位主管之「日間照顧中心」（1999 年起，限制養護型才有補助照顧費，低收入戶老人每人每月最高補助 5,000 元，中低收入老人每人每月最高補助 3,000 元）

(3)營養餐飲服務：在高齡化社會中，國民平均餘年不斷延長，生活自理能力隨年齡增長或健康影響而衰退，故須提供營養餐食，減少老人自行烹煮之危險及購物之不便。對於低收入戶及中低收入老人，政府最高補助每人每餐 50 元，又為鼓勵志願服務人員參與送餐服務關懷照顧老人，並補助志工交通費為最高每人每日 100 元。有關用餐方式，對於行動自如之老人，係選定適當地點提供餐飲集中用餐；至於行動困難者，則以送餐到家的方式辦理，一方面解決老人烹飪問題，另一方面讓老人與社會接觸，獲得情緒的支持。

(4)短期或臨時照顧：當家庭照顧者因病或因故而短期或臨時無法照顧時，提供短期或臨時性照顧，以紓緩家庭照顧者之壓力、情緒，及增進專業知能。

3. 機構養護服務方面

依據學者的推估，我國目前至少有 5 萬名老人需要長期照顧，另外，有許多老人因日常生活活動能力的喪失，以致無法獨力生活。雖然絕大多數老人希望與自己的家人同住（包括子女及配偶），但是，仍有部分老人必須依賴老人福利機構的照顧。因此，如何增進機構福利服務功能，提升專業品質，保障老人安全，讓民眾安心將自己的長輩交由機構照顧，使受照顧的長者受到有尊嚴的對待等，實為重要課題。

目前，老人福利機構是老人福利服務的重要核心之一，也是福利服務輸送的重要據點，政府在機構安養護服務方面所採取的措施，一方面是以獎勵、補助及監督的方式，協助立案的老人福利機構提升服務品質；另外一方面是依據《老人福利法》的規定，對未立案老人福利機構予以處罰，同時組成專案小組，積極輔導其辦理立案登記，以保障老人就養的權益。

依《老人福利法》第 34 條規定：主管機關應依老人需要自行或結合民間資源辦理下列老人福利機構：⑴長期照顧機構；⑵安養機構；⑶其他老人福利機構。前項老人福利機構之規模、面積、設施、人員配置及業務範圍等事項之標準，由中央主管機關會同中央目的事業主管機關定之。第一項各類機構所需之醫療或護理服務，應依《醫療法》、《護理人員法》或其他醫事專門職業法等規定辦理。第一項各類機構得單獨或綜合辦理，並得就其所提供之設施或服務收取費用，以協助其自給自足；其收費規定，應報由當地直轄市、縣（市）主管機關核定。

地方政府更應視需要設置並獎助私人設立老人福利機構。目前公立老人福利機構計有 19 所，如內政部北區、中區、東區、南區、澎湖老人之家、彰化老人養護中心、台北市浩然敬老院、基隆市立博愛仁愛之家、台中市立仁愛之家、金門大同之家。

內政部 2007 年 7 月 30 日發布的《老人福利機構設立標準》第 2 條，更清楚的將老人福利機構分類如下：

⑴長期照顧機構：分為下列三種類型：

　　a. 長期照護型：以罹患長期慢性病，且需要醫護服務之老人為照顧對象。

　　b. 養護型：以生活自理能力缺損需他人照顧之老人或需鼻胃管、導尿管護理服務需求之老人為照顧對象。

　　c. 失智照顧型：以神經科、精神科等專科醫師診斷為失智症中度以上、具行動能力，且需受照顧之老人為照顧對象。

　⑵安養機構：以需他人照顧或無扶養義務親屬或扶養義務親屬無扶養能力，且日常生活能自理之老人為照顧對象。

　⑶其他老人福利機構：提供老人其他福利服務。

以上各種類型機構的設備設施之設置標準都有明確的規定，詳請參閱《老

人福利機構設立標準》。

　　除了上述的老人福利機構外，在安養方面，尚有社區安養堂（設施）及行政院退除役官兵輔導委員會主管之榮譽國民之家（榮家）。前者係鑒於部分孤苦無依的低收入老人，不願遷離故居住進公費的安養機構，乃配合台灣省政府 1976 年的小康計畫，運用社區或村里修建小型住所設置安養堂，由社區人士組織管理委員會負責管理，惟因政府編列經費不足、人力短缺，有些縣市或無設置、或有設置但已廢除。目前台灣各鄉鎮市公所負責之社區安養堂，計有 20 所，共可收容老人 560 餘人。榮家有 14 所，收容安養榮民約 14,000 餘人，所提供的服務大致有生活輔導、供給日常所需之食、衣、住、行、育樂、榮民死亡時負責辦理治喪、殯葬、各年節祭祀、醫療保健、傷殘重建、鼓勵習藝生產、加強教育文康等。這與上述的老人安養機構提供之服務，大致上並無太大差異。

　　截至 2006 年度止，全國計有 945 家安養護機構，其中安養機構 43 家，養護機構 870 家，長期照護機構 32 家，可提供收容數為 47,708 床，其中屬安養床有 7,980 床、養護床有 36,660 床、長期照護床有 3,068 床，目前已收容照顧 34,646 人。為因應高齡化社會老人養護需求殷切，內政部自 1989 年度起，每年均編列補助經費，鼓勵地方政府或民間單位積極興設老人養護、長期照護機構，或輔導安養機構轉型擴大辦理老人養護服務，以滿足國內老人養護及長期照顧的需求，另亦補助機構充實設施設備、服務費及教育訓練等相關經費，強化照顧功能，提升服務品質。其具體之輔導措施如下：

　　(1)鼓勵興建養護、長期照護機構，或協助老人安養機構轉型增設養護床位。老人安養機構就現況而言尚屬供過於求，目前進住率約為 72.6% 左右，相對的，需要養護、長期照護的老人人數則會逐年遞增。所以政府應編列補助經費，鼓勵興建養護、長期照護機構，並協助安養機構改善設施、設備，鼓勵機構多元經營，以滿足日漸增加的老人養護需求。

(2)為加強老人安養護機構之監督及輔導，保障老人權益，促進老人福利機構業務發展，提升服務品質，內政部於 2000 年根據《老人福利法》、《私立老人福利機構獎勵辦法》及《老人福利機構設立標準》訂定《私立老人福利機構評鑑實施要點》及各項評鑑指標，自 2001 年 6 月至 9 月辦理老人福利機構評鑑，該次參加評鑑的機構計有 326 家，經各縣市政府進行初評後，再由內政部複評，複評的機構計有 120 家。

依據內政部 2007 年 7 月 24 日發布的《老人福利機構評鑑及獎勵辦法》第 8 條規定：評鑑列為優等或甲等之老人福利機構，得優先接受政府補助或委託辦理 業務；評鑑成績為丙等或丁等者，由主管機關輔導限期改善，中央主管機關應於三個月內辦理複評；複評成績未達乙等以上者，應停止政府補助或委託辦理業務，並依本法第 46 條至第 49 條規定辦理。

(3)制定安養定型化契約範本，平衡安養者及機構經營者之權益：為平衡安養者及機構經營者之權益，內政部依據《消費者保護法》第 17 條規定制定「安養定型化契約範本」。是項安養定型化契約範本係以「平等互惠，誠信公平」原則，委託學者、專家研究並就其研究報告邀集相關單位所訂定，以增進消費者之交易安全，並維護消費者實質之契約自由，以防範定型化契約之濫用為目的。

(五) 心理及社會適應方面

1. 為增進老人生活適應，保障老人權益透過社會上對老人心理、醫療護理、衛生保健、環境適應、人際關係、福利與救助等方面具有豐富學識經驗或專長人士參與，對老人、老人家庭或老人團體提供諮詢服務，協助解決或指導處理老人各方面的問題，內政部於 2002 年起補助財團法人天主教會台北教區、財團法人天主教曉明社會福利基金會及財團法人天主教聖母無原罪方濟傳教修女會於北、中、南三區設置老人諮詢服務中心，開辦「0800-228585

老朋友專線」，該電話諮詢專線採取免付費方式辦理。

各直轄市、縣市政府或民間團體舉辦的長春楷模選拔、重陽敬老、金婚之慶，以及各種尊老、敬老活動，或其設置之長春懇談專線、諮詢服務中心等為老人紓解鬱悶情緒，鼓勵老人及其家屬共同參與各類活動的服務措施，提升老人社會地位，並增進家庭親情。

2. 老人社會參與：為鼓勵老人再奉獻學驗專長服務社會，由各縣市政府依內政部「祥和計畫」鼓勵長者籌組長青志願服務隊，以其知識及經驗再度貢獻社會，並充實生活內涵，添增社會溫馨；目前有 58 隊，2,495 人參與。

㈥其他老人福利配合措施

1. 為鼓勵子女與老人同住，《所得稅法》已有增加 50% 免稅額的規定。

2. 配合「三代同堂」政策，明定國民住宅優先提供三代同堂家庭承租之規定。

3. 成立老人人力銀行。

4.提高三代同堂家庭購屋利息扣除額：《所得稅法》第 17 條業已於 1999 年，將購屋借款利息扣除額之額度由 10 萬元提高為 30 萬元。

◆ 二、我國老人福利現況檢討

㈠ 建立居家服務及家庭支持資源體系

居家安養是較符合我國老人安養之理想模式，也是老人認為最理想的養老方式，家庭照顧老人的主要困難在於照顧人力不足，缺乏照顧知識、社會支持，以及情緒調適等。為協助家庭發揮奉養老人的功能，內政部採取補助並鼓勵各地方政府結合民間單位共同推展居家服務，並適時辦理居家服務員及家庭照顧者相關教育訓練，並廣設居家服務支援中心，這些措施固然有助

於紓緩家庭照顧者的壓力，使老人在擁有較高品質的居家服務下就地老化。但是目前居家服務員的制度尚未有專業的證照化，且服務網絡亦未達普及化，仍然有加強的空間，並且宜早日建立老人服務人員專業證照制度。

(二) 強化社區照顧服務輸送網絡

為補強居家安養不足或需求，社區資源體系的介入是必要的，用以彰顯社區安養與居家安養之相輔相成，相得益彰之效。雖然目前部分縣、市政府所提供之日間照顧、短期照顧服務等，對於老人之子女因就業，或照顧人力不足之家庭具有短期紓緩壓力或情緒的助益；對高齡、獨居老人提供之營養餐飲服務，亦有減少老人自行烹食之不便或危險，可增進老人社會參與之效益。但是目前社區照顧資源網絡的相互聯結及整合相關福利服務輸送體系尚未健全，所應發揮之功能尚待加強。

(三) 提升老人福利機構安養護服務品質、安全及經營管理

高齡化社會之來臨，老人安養照護之需求逐年增加，政府應繼續鼓勵民間興辦或採取公設民營方式辦理老人收容業務，推行人性化管理，給予安養、養護之老人親情溫暖，使其有一安全可靠之安居場所。

主管機關應繼續輔導各公私立老人安養機構兼辦或轉型辦理老人養護業務，協助其充實或改善設施設備，以促使因年邁自然老化形成癱瘓殘疾，生活自理能力缺損之老人，得以在機構就地安養、就地老化。

由於目前安養護機構服務品質參差不齊，老人之就養，常有不知何機構適宜之困擾，因此，主管機關應加強督導公私立老人安養護機構之管理定期辦理機構評鑑，針對現有之缺失輔導改善，以促進機構健全營運，確保老人就養之安全。

另外，應輔導機構以企業化之精神經營管理，才能永續經營，進而提供

外展服務，加強與社區間之互動，增進社區民眾的認識、支持而參與，甚或以機構的資源提供社區居民享用，達資源共享互惠之目標。

㈣ 繼續輔導未立案老人安養護機構合法立案

有關未立案之老人安養護機構，目前經各地方政府清查專案列管輔導之未立案老人安養護機構中，已有 401 家許可立案，265 家停（歇）業，44 家轉型，累計處罰 425 家。但尚有多家未完成立案，應繼續輔導其完成立案爲止。

爲督促各地方政府因應解決未立案機構現存問題，落實公權力之執行，保障老人就養安全與權益，目前內政部已擬具協助地方政府處理未立案老人安養護機構院民緊急安置原則，協助地方政府強制轄內未立案老人安養護機構停辦及轉介院民至合法立案的機構安置。對於已停（歇）業者，應將其招牌拆除，如不拆除，各地方政府應簽報主管機關強制拆除，並應定期清查，以防死灰復燃外，亦應持續加強查核、取締工作，並請村里幹事注意查報未立案機構是否再發生違法收容情事，如發現有新增未立案機構，應即依《老人福利法》相關規定處理，以保障老人就養安全與權益。

㈤ 推動照顧服務產業發展方案

由於台灣地區老人人口快速增加，失能者需要照顧約達 10 萬人以上，政府特推動照顧服務產業發展方案，以提供失能者身體和日常生活照顧服務創造國人就業機會，對於外籍監護工聘僱不應純以勞動市場供需的考量，應兼顧一般家庭及老人的需求加強管理、訓練及使用的措施。

照顧服務產業的推動應與學校教育配合，應鼓勵學校設置有關照顧服務的科系，培植專業人才。推動照顧服務產業發展方案應將對於老人醫療、工作以及生活輔助器具的研發與產銷列入獎勵的範圍。

第三節　我國老人福利行政的困境

　　我國老人福利行政所面臨的困境主要可從組織內部的困境和組織外部的困境兩方面來加以說明。

◆ 一、組織內部的困境

㈠ 組織及人力的擴增與精簡之矛盾

　　早在 1990 年代之前，各國政府推行行政革新運動；1980 年代「小而美」的政府革新風潮，希望有效抑制政府部門不當的膨漲。我國自 1998 年行政院研考會頒定《政府再造綱領》以來，陸續再頒布法制、人力及服務、組織再造等三項推動計畫，對於行政部門也採取精簡政策。

　　但是就社會福利法規而言，卻有許多法律明文規定主管機關須設專責單位及人員，例如：《社會救助法》（第 6 條）、《兒童及少年福利法》（第 6 條）、《老人福利法》（第 7 條）、《身心障礙者權益保障法》（第 9 條）、《志願服務法》（第 5 條）等規定，均需要擴增組織及人力，或者壓縮政府其他部門的員額配置，與組織精簡的政策造成兩難與矛盾。

㈡ 經費成長供需失調

　　近年來我國人口結構改變，老人及身心障礙者人口增加，兒童人口下降，每當選舉時各候選人經常對有投票權的族群任意開出社會福利政見訴求，當選後為實現競選承諾，造成社會福利經費未經實際的需求評估而向有投票權的特定族群傾斜；另一方面，由於近年來我國經濟成長趨緩，使得政府經費

預算較注重資本門而輕經常門，使得社會福利經費在軟體方面的編列，如專業人員訓練、諮詢、研究等屬於間接服務方面的經費較易被捨棄。

㈢ 中央與地方的角力

自《地方自治法》實施後，中央與地方政府的關係漸漸從上下層級指揮隸屬的關係轉變到夥伴關係，這固然是國家民主深化的過程，但是我國民主的經驗和素養還不夠成熟，加上《財政收支劃分法》中央對地方補助方式改變，許多由中央推出的社會福利政策係由地方政府支應，常發生地方對中央所推出的福利政策批評為：中央請客、地方買單的現象。這種現象可以發現無論中央或地方政府都希望取得福利政策的主導權。

㈣ 績效評估不易

內政部於 2001 年度開始對地方政府社政部門的績效進行考核，主要目的在於有效監督各地方政府推動社會福利工作。但是該項考察僅就各縣市政府執行法定社會福利項目進行考察，對於執行項目的質與量並未列入考量。因此，只能反映出各地方政府貫徹中央政策的情形，尚無法呈現出各縣市政府社會福利服務品質的優劣。

另外，內政部亦於 2000 年度根據《老人福利法》、《私立老人福利機構獎勵辦法》及《老人福利機構設立標準》訂定《私立老人福利機構評鑑實施要點》及各項評鑑指標。並於 2001 年 6 月至 9 月辦理老人福利機構評鑑，經各縣市政府初評，再由內政部進行複評。本項評鑑項目為：1.行政組織及經營管理；2.生活照顧及專業服務；3.環境設施及安全維護；4.權益保障；5.改進創新；6.其他經評鑑小組決議評鑑之項目。本項評鑑指標因未納入使用者的滿意程度，同樣的只能反映出各機構依中央政策執行的情形，亦無法有明確呈現出各機構服務的品質優劣。

㈤ 跨領域專業合作的需要

我國尚未訂定社會福利基本法，許多社會福利均各別訂定不同的法規，在老人福利服務方面，較常涉及的社會福利法規除了《老人福利法》外，主要的有《社會救助法》與《身心障礙者權益保障法》，分屬主管機關不同部門負責。且社會福利問題最常涉及財政、衛生醫療部門及法律部門，目前行政機關缺乏有力的整合機制，仍然不乏各行其是的情形。另外由於法令規定繁複，民眾在申請福利服務時仍不夠便捷，影響推動社會福利的良法美意。

◆ 二、組織外部的困境

㈠「少子高齡化」的趨勢暫時無法改變

近年來台灣的人口結構趨向於「少子高齡化」的情況，65 歲以上老人從 2001 年占總人口 8.8%，將逐年上升預估至 2021 年將達 15.85%，如果推估至 2051 年甚至將占總人口 29.75%，如表 12-1。

表 12-1 台灣地區未來人口結構推估

項目／年	人數（千人）			占總人口百分比（%）			幼年人口扶養比	老年人口扶養比
	0～14歲	15～64歲	65歲以上	0～14歲	15～64歲	65歲以上		
2001	4,649	15,725	1,965	20.81	70.39	8.8	29.6	12.50
2011	4,038	17,050	2,459	17.15	72.41	10.44	23.68	14.42
2021	3,745	16,714	3,855	15.40	68.74	15.85	22.41	23.06
2031	3,446	15,437	5,516	14.13	63.27	22.61	22.33	35.73
2041	3,064	14,143	6,309	13.03	60.14	26.83	21.67	44.61
2051	2,844	12,545	6,518	12.98	57.27	29.75	22.67	51.96

資料來源：行政院經建會（2002）。

　　經建會 2004 年研究發現，國內適齡婦女的不生育比率高達 20%，目前約莫 2 個工作人口扶養 1 名無工作能力者（15 歲以下及 65 歲以上）的扶養比，將在半個世紀後攀升爲 1 人養 1 人。統計也顯示，現在是每 100 工作人口扶養 13 個老人，但 50 年後，每 100 人扶養老人增爲 64 人，平均每 1.5 個年輕人養 1 個老人，激增 5 倍，可看出台灣人口老化的快速程度。

　　而根據主計處最新的資料，2004 年國內 25 至 29 歲的婦女族群首次出現 50% 以上未婚率，不願生育子女的比率也有升高的現象，在短期內尚無法扭轉「少子高齡化」社會的趨勢。

㈡ 家庭結構與功能的變遷

　　過去，家庭扮演著家屬成員共生共存的角色，當家屬成員遭遇到生活上的問題時，多數的家庭常能發揮庇護的功能；而隨著 1990 年代以降，男女平權的觀念興起，離婚率增加、核心家庭取代傳統的家庭組織，家庭的結構趨向於多樣的型態，家庭功能逐漸式微，原本處於家庭中弱勢地位的老病殘疾者的問題，逐漸由家庭擴及至須藉由社會、國家的力量來處理。

㈢ 政治角力介入

　　《地方自治法》實施後，各地方政府實質的權力增大，許多地方政府民選首長並未確實做好評估規劃的工作，以及未考慮地方的財政狀況，不斷的推出新的社會福利措施，所推出的政策有時候也與中央政策互相矛盾，中央雖然可以運用對地方政府社會福利執行情形績效考核評比做爲約制，但事實上成效有限。各地方出現一國多制的社會福利措施，固然有助於受益者取得更多的資源，以及促進各地方之間的競爭，但也使部分的社會福利做法有脫離專業、淪爲政治角力工具之虞。

㈣ 經濟成長趨緩

台灣近年來經濟成長趨緩，在整個社會貧富差距仍大的情況，民眾對社會福利的需求不但需求量的增加，也希望能有質的提升；各種社會福利措施一旦推出之後，往往是只能增不能減的單行道，否則即會使民眾對政府的修正產生抱怨，因此民選首長不願輕易縮減福利措施。

相對的，政府財政負擔日益沉重，擴大民間參與也已經成為一種新的趨勢，如何在有限的經費及人力下，來滿足民眾對社會福利的需求，將是未來考驗執政者執政能力的重大課題。

㈤ 專業人員素質的提升

對於從事社會福利工作者，目前內政部雖然發布有：《老人福利服務專業人員資格及訓練辦法》、《身心障礙福利服務專業人員遴用訓練及培訓辦法》等法規，規定相關專業人員需要有專業證照或經訓練。但是隨著福利項目日增，社會福利工作常因服務對象的不同，服務人員所需具備的專業分工知識也愈來愈精細，對於各專業人員的資格條件應該逐步以法律方式規定，並建立各種專業證照制度。至於其他的訓練及培訓，應該以扮演輔助的角色為宜，較能提高社會福利人員專業的素質。

㈥ 科技資訊需要整合

科技的進步，使得社會福利服務的資訊可以更快速、更及時的發布出來，但是許多社會福利的需求者大部分都是社會的弱勢族群，對於高科技的資訊常限於缺乏接收設備而無法及時取得，且資訊如果過於繁雜零散，搜尋亦十分費事費時，因此，社會福利服務的輸送固然可以使用高科技的管道，但是應注意能否迅速的達到受服務者之可近性、可及性，以及是否能夠接受。

㈦ 台灣的特殊歷史文化背景

台灣現代的社會福利服務發展較晚，許多制度的設計與建立，都曾參考其他先前國家的做法。但是因世界各國國民的思想觀念及生活習慣不同，對於福利的需求或工作方法也未必相同。因此，基於各種主客觀環境不同，外國的制度未必完全適合我國之需，所以我們固然可以參考其他國家的做法，更應該參酌我們自己的歷史、文化與其他相關的環境因素，始能訂定出適合我們國情的福利制度。

第四節　我國老人福利未來的發展趨勢

社會福利在世界各國列為政府重要工作之後，政府的負擔日益沉重，尤其是在國家經濟的發展無法跟上福利需求時，各國政府窘態畢露，因此世界各國重新檢視過去的經驗，提出家庭的功能應該再次的加以強調，社會福利工作應該推展以家庭為中心的福利服務，透過家庭的經濟照顧功能，以家庭作為滿足福利需求的基本單位。在社會福利未來的發展趨勢上，除了福利家庭化外，政府不再是社會福利資源的提供者，也就是社會、社區等民間單位將成為多元的社會福利提供者。除此之外，社會福利也應尊重地方社區居民個別需求的差異性與獨特性，以提供地方的社會福利。因為服務「效率」與「品質」的強調，「福利市場化」也將成為未來社會福利重要的發展趨勢。所謂「福利市場化」的概念，就是以往政府免費或部分付費供應的福利服務，部分移轉由個人向市場購買。

台灣的老人福利在《老人福利法》頒布後，雖然代表我國老人福利制度化的開始，但是如果從日常生活中觀察，老人搭乘公共交通工具半價優待了，

但是上下車時的行動並未有受到較安全的保護；老人進入康樂場所及參觀文教設施受到優待，但是以老人為考量的節目卻非常少。諸如此類的情況，我們可以發現：老人的物質生活和精神生活仍然有很大的改善空間。

　　老人福利問題在世界各國日益受到重要，聯合國大會亦在 1991 年通過的《聯合國老人綱領》提出了五個要點，分別說明如下。

(一) 獨立

　　1. 老人應有途徑能獲得食物、水、住屋、衣服、健康照顧、家庭及社區的支持、自助。

　　2. 老人應有工作的機會。

　　3. 老人在工作能力減退時，能夠參與決定退休的時間與步驟。

　　4. 老人應有途徑獲得適當的教育及訓練。

　　5. 老人應能居住在安全與適合的環境。

　　6. 老人應盡可能長久的居住在家中。

(二) 參與

　　1. 老人應能持續融合在社會中，參與相關福利的政策制定，並且與年輕世代分享知識與技能。

　　2. 老人應能尋找機會來服務社區與擔任適合自己興趣及能力之志工。

　　3. 老人應能組織老人的團體或行動。

(三) 照顧

　　1. 老人應能獲得符合社會文化價值、來自家庭及社區的照顧與保護。

　　2. 老人應有途徑獲得健康上的照顧，以維持身體、心理及情緒的水準，並預防疾病的發生。

3. 老人應有途徑獲得社會與法律的服務，以增強其自治、保護與照顧。

4. 老人應能夠在人性及尊嚴的環境中，適當利用機構提供的服務。

5. 老人在任何居住、照顧與治療的處所，應能享有人權和基本自由，包含對老人尊嚴、信仰、需求、隱私，以及決定其照顧與生活品質權利的重視。

㈣ 自我實現

1. 老人應能適當地追求充分發展的可能。

2. 老人應有途徑獲得教育、文化、宗教、娛樂的社會資源。

㈤ 尊嚴

1. 老人能在尊嚴和安全感中生活，自由發展身心。

2. 老人應不拘年齡、性別、種族、失能與否等狀況，都能被公平的看待。

這個綱領也影響各國對於老人福利的推動，目前台灣，在中央政府方面，行政院研考會在 2003 年曾就台灣 2010 年社會福利規劃了八個目標，就是：

1. 社會福利政策應該在於成就一個永續社會。

2. 社會福利政策應該在於創造並維持一個工作與社會資源平等的系統。

3. 社會福利政策應該納入本土化的文化、社會價值與人力資源。

4. 社會福利政策應該與全球化的變遷接軌。

5. 社會福利政策應與終生教育理念結合。

6. 社會福利政策應該運用科學方法給予社會福利專業分類。

7. 倡導不左、不右，新中間路線的社會福利政策。

8. 社會福利政策應該重視制度整合與資源整合問題（行政院研究發展考核委員會，2003：XI）。

從聯合國通過的《聯合國老人綱領》以及台灣政府所規劃 2010 年社會福

利目標，可以看出政府在社會福利方面已有與世界潮流及國際接軌的努力方向。學者江亮演等人曾經對我國未來社會福利行政的發展趨勢做出以下七點看法，其內容爲（江亮演、洪德旋、林顯宗、孫碧霞，2003：78）：

1. 由消極的福利措施轉變爲積極的福利措施。
2. 由事後補救發展爲事前預防。
3. 從隨意施捨到事實探究與問題分析。
4. 服務少數人到以全體國民爲對象。
5. 從少數人參與服務發展到大眾參與服務。
6. 從地方性發展到全國性國際性的計畫與組織。
7. 從非專業的服務發展到運用專業方法服務。

對於我國的老人福利未來發展，我們有以下的建議：

1. 建議參考美國的「老人署」，在中央設置老人福利專業的主管機關「老人福利局」，以更能發揮督導、管轄、考核、諮詢的功能（徐麗君、蔡文輝，1998：217）。

2. 《老人福利法》雖然開宗明義強調要爲全國老人謀福利，但在內容上仍偏重於對「無依老人」的照顧，未能普及於一般老人，未來在修法上應有更積極的規定。

3. 國民年金制度應及早建立，以爲所有老人的晚年生活提供基本生活水平的保障。

4. 爲鼓勵健康的老人繼續投入工作職場，因此應參考日本制定《高齡者僱用安定法》及鼓勵事業單位僱用老人。

5. 對於扶養需要長期照顧老人之家屬，建議在所得稅法方面增加減免額度，以鼓勵國民扶養老人及減輕家庭負擔。

6. 對於民間參與老人福利設施的興設應有實質的鼓勵措施及監督機制。尤其是對於老人有關醫療、工作、生活等方面輔助器具的研究發展應該有獎

勵措施。

　　7. 現行的《老人福利法》偏重身心照護方面的規定，但對於老人之財產管理或信託制度目前只能依《信託法》或《民法》規定。因此，對於老人財產之信託管理應早日立法保護。

 摘要

　　本章就我國目前老人福利服務的現況做簡要的說明，並就《老人福利法》的內容做一分析，檢討其中尚未完備之處。

　　目前老人福利在政府與民間重視之下，我國的老人福利在實施多年以來，由於社會環境的變遷，老人問題不應該視為老人本身的問題，而是社會結構造成許多老人處於弱勢地位。

　　老人福利在世界各國受到重視，聯合國大會亦在 1991 年通過的《聯合國老人綱領》提出了：獨立、參與、照顧、自我實現、尊嚴等五個要點，希望能夠做為各國推展老人福利的參考。我國的老人福利服務要與社會潮流及世界趨勢接軌，除了應就各項服務的現況做一檢討外，也應掌握未來發展的趨勢，早日規劃最適合國人的老人福利制度與措施。

問題習作

○ 一、試說明我國《老人福利法》主要內容。

○ 二、試說明我國老人福利之現況。

○ 三、試說明我國老人福利行政組織外部的困境有哪些？

○ 四、試說明我國老人福利行政組織內部的困境有哪些？。

○ 五、試說明老人福利服務未來的發展趨勢為何？

名詞解釋

○ 長期照護　　　　　　　○ 社區照顧

○ 老人年金　　　　　　　○ 老人保護

○ 居家照顧

參考文獻

江亮演、洪德旋、林顯宗、孫碧霞（2003）。**社會福利與行政**。台
　　北：國立空中大學。

內政部社會司（2006）。2006 年 5 月 1 日，取自 http://sowf.moi.gov.
　　tw/04/new04.asp

行政院研究發展考核委員會（2003）。**2010 年社會發展策略社會福
　　利研究報告**。台北：行政院研究發展考核委員會。

行政院經建會（2002）。**中華民國台灣地區 91 年至 140 年人口推
　　計**。台北：作者。

徐麗君、蔡文輝（1998）。**老人社會學──理論與實務**。台北：巨
　　流。

戴章洲（2005）。**日本老人福利初探**。發表於私立明新科技大學舉
　　辦之「老人與志願服務」學術研討會，新竹市。

我國將於 2008 年 10 月 1 日起實施國民年金制度了！

台灣的社會發展過程中，近年來，與許多先進國家一樣，也面臨了人口結構快速老化、傳統家庭結構的改變，並產生了老年無依等社會議題。依內政部統計，我國目前仍有約 353 萬之年滿 25 歲至 64 歲國民，未參加有老年給付保障之相關社會保險。爲解決人口老化所帶來的社會與政治經濟問題，於是政府與學者參考國外的經驗開始籌劃國民年金制度。尤其是在世界上已超過 172 個以上的國家或地區，甚至如墨西哥、牙買加、尼日等開發中國家亦早已實施老年、遺屬與身心障礙保障制度，對於一向自詡經濟成就與實力的我國，年金制度及早實施更是刻不容緩的重要事項。2007 年立法院完成了國民年金的立法工作，並經總統公布，定於 2008 年 10 月 1 日起施行。

回顧我國建構國民年金制度的歷程，經過 16 年，從 1991 年國會全面改選後就開始有候選人提出老年年金的訴求；1993 年 4 月內政部成立「國民年金制度研議小組」，算是政府開始正式主導實施國民年金計劃的起步。而爲使國民年金制度規劃能持續進行，1994 年 3 月由行政院經建會接手成立「國民年金制度專案小組」，開始對國民年金制度作比較詳細的規劃與研究，也邀請在野黨立委、民間學者團體等共同提議與討論，在此階段的國民年金制度規劃，不再是以政府爲主導，而是廣納學者專家及各界的意見，其主要的目的乃是爲了要建構一個以全體國民爲保障對象的一種社會保險制度。

從 1993 年行政院經建會規劃國民年金制度開始，迄 1998 年完成第一階段及第二階段的規劃報行政院核定，2000 年陳水扁競選時提出 65 歲以上老人每月發放 3000 元「敬老津貼」的政見，其當選總統後，新政府成立，國民年金制度進入第三階段的規劃。

2002 年 6 月行政院將《國民年金法》草案送請立法院審議，由於朝野政黨對於國民年金制度方向無法形成共識，於 2005 年 2 月因立法院屆期未能審理，以致無法完成立法。2005 年 2 月起，《國民年金法》草案又歷經近一年

第十四章

認識我國的
國民年金制度

學習目標

研讀本章內容後，學習者應能：

一、瞭解國民年金制度的意義和內涵。

二、瞭解國民年金制度的功能。

三、瞭解國民年金制度的主要內容。

四、瞭解國民年金制度的特色。

五、瞭解國民年金制度的財源籌措方式。

的重行規劃，重新研擬之《國民年金法》草案，於 2006 年 1 月經行政院院會通過，但外界對《國民年金法》草案仍有許多建議意見。

於是行政院爲尋求共識，於 2006 年 7 月舉辦之「台灣經濟永續發展會議」，將「國民年金」列爲社會安全組題綱之一，達成十二項共同意見，包括以 2007 年完成立法爲目標，整合相關津貼及與勞保年金化同步推動等。

之後，內政部乃依經續會共識意見擬定「推動國民年金制度計畫」，將之納爲「2015 年經濟發展願景之大溫暖社會福利套案第一階段三年衝刺計畫」之十二項執行計畫之一，自 2006 年 10 月起共召開多次跨部會會議、公聽會等，以廣納各界意見。並依據歷次會議之決議，擬具《國民年金法》草案，於 2007 年 4 月 12 日函送行政院，並由行政院於 2007 年 5 月 3 日函送立法院審議，經立法院於 2007 年 7 月 20 日三讀通過（內政部，2007）。

▌ 第一節　國民年金的意義與法源基礎

◆ 一、國民年金的意義

「年金」係指一種定期性、持續性的現金給付，可按年、按季、按月或按週給付，只要是定期性、持續性的給付金額，都可稱爲年金。就年金的本質而言，它是一種給付方式。年金的本身並不確定係屬於社會性或商業性，所以年金的提供也可以用社會救助或津貼方式來提供，並不一定要用保險方式來提供。

而年金保險（Pension insurance），在本質上，它是一種透過保險方式提供定期性支付給付金額的保險制度。因此，所謂年金保險即爲老年、身心障礙及遺屬年金保險的簡稱，也就是以年金給付方式，對於被保險人遭遇老年、

身心障礙或死亡等事故時，提供定期性、繼續性的保險給付，保障範圍通常包括：老年年金、障礙年金及遺屬年金，以保障被保險人及其家屬未來生活安全的一種社會保險制度。換言之，「年金保險」是以繳費的方式對參加一定期間以上，被保險人發生保險事故，提供定期性、繼續性長期給付的一種自助互助的保險制度。

而「國民年金保險」是以國民為參加對象，在參加滿一定期間以上之後，於年滿 65 歲，或身心障礙或死亡時，提供被保險人或其遺屬年金給付，以保障其基本經濟生活安全的一種社會保險制度。「國民年金保險」採取按期給付，而不是一次給付的優點是：

1. 可提供被保險人本人或其遺屬長期的經濟保障。一次給付如果因為被保險人運用不當的話，生活照樣會陷入困境，失去經濟保障的本旨。

2. 年金給付金額可按物價或薪資變動調整，避免因通貨膨脹影響被保險人的生活。

國民年金保險的功能可以從對個人、家庭以及社會三個面向來說明：對個人而言，國民年金保險可促進個人所得安定，維持個人基本生活；在家庭方面，國民年金可減輕家人經濟負擔，增進家庭和樂幸福；而對社會整體而言，國民年金可解決或舒緩老年經濟問題，保障社會和諧安寧。

◆ 二、國民年金的法源基礎

《憲法》第 155 條規定：「國家為謀社會福利，應實施社會保險制度。」《憲法》增修條文第 10 條第 8 項亦規定：「國家應重視社會保險。」《老人福利法》第二章經濟安全，在第 11 條規定：「老人經濟安全保障，採生活津貼、特別照顧津貼、年金保險制度方式，逐步規劃實施。」並具體規定：「年金保險之實施，依相關社會保險法律規定辦理。」

此外，行政院（2004）頒布之《社會福利政策綱領》，也對於社會保險

與津貼之內涵提出下列政策指導：

1.國家應建構以社會保險為主，社會津貼為輔，社會救助為最後一道防線的社會安全體系。

2.社會保險之目的在於保障全體國民免於因年老、疾病、死亡、身心障礙、生育，以及保障受僱者免於因職業災害、失業、退休，而陷入個人及家庭的經濟危機，據此，其體系應涵蓋職業災害保險、健康保險、年金保險、就業保險等。

3.社會保險應兼顧個人與家庭的所得安全，以及社會中各人口群、職業別，及家戶所得組間的所得重分配效果，以減緩所得分配不均的現象。

4.社會保險之保險費除職業災害保險應由僱主全額負擔外，其餘各種保險之保險費應由被保險人與其僱主依比例分攤，其中被保險人之保險費分攤比例不得高於僱主之分攤比例；若無僱主者，其保費應由本人自行負擔；政府再依公平正義原則對無所得者與低所得者提供保險費之補助。

5.社會保險的給付應考量適足性，不宜偏低，以免無法維持被保險人及其家庭的經濟安全；給付亦不宜過高，以免保險費負擔過重。

6.全民普及之社會保險給付水準，不宜因職業、性別、所得因素而有所差異；與所得相關之保險給付，倘若因不同職業別、所得等級間所造成的給付水準、所得替代率、給付條件之差距，政府應積極介入使其差距儘可能縮小。

7.參與勞動市場就業之國民的退休給付，應以年金化、年資可隨當事人移轉的社會保險原則為優先來設計。

8.為健全社會保險體系之財務，保險費率、給付水準、支付制度、行政費用等均應詳實評估，並避免浪費。

9.國民年金制度之設計應足以保障國民因老年、身心障礙，及死亡等事故發生後之基本經濟安全，以及達到國民互助、社會連帶、世代間公平合理

的所得重分配為原則。

10.社會津貼應針對社會保險未涵蓋之給付項目，因國民特殊的需求而設計，非以所得高低作為發放與否的根據。

11.政府應明定社會保險、社會津貼、社會救助三者之功能區分，避免發生保障重複、過當、片斷、不公等情事。

第二節　以財源籌措方式區分的國民年金類型

目前世界已實施年金制度的 170 餘個國家中，其實施國民年金以其財源籌措的方式可區分為：稅收制、社會保險制及公積金制等三種類型，分別說明如下。

◆ 一、稅收制

所謂稅收制，就是政府以稅收作為其發放年金之財源，而不直接向民眾收取保險費。在此制度下年金的給付對象係採取普遍的或全民式制度的社會津貼方式或社會救助方式辦理，主要是以居住條件或所得調查方式作為給付條件，而由國家以一般稅收作為其財源，故稱為稅收制。稅收制是政府以稅收作為其發放年金之財源，而不直接向民眾收取保險費，在此制度下老人的年金責任完全由政府的稅收來供應。

稅收制的主要優點為：性質單純，行政成本低；在開始辦理後凡符合年齡或資格條件者即可領取。而其缺點為：受益與負擔無直接關係，對總體經濟與工作意願影響最大。財務負擔完全轉嫁給下一代，且隨人口結構老化，後代子孫之負擔將日益增加。無法解決現行老年經濟安全保障體系不公平之問題。

目前實施稅收制的國家有加拿大、丹麥、紐西蘭、澳大利亞、瑞典等國。

◆ 二、社會保險制

所謂社會保險制，是指政府應用保險技術，採用強制方式，由政府、雇主、被保險人依規定之比例分擔保險費。對於全體國民或符合一定條件之國民強制納入保險體系，並於其遭遇老年、身心障礙或死亡等事故時，提供保險給付，以保障其被保險人或其遺屬最低收入安全。

社會保險制的優點為：

1. 可維持權利、義務對等的基本精神。

2. 兼顧個人公平性與社會適當性。

3. 費率負擔適中。

4. 可整合現有各種社會保險及福利津貼，促進社會公平。

5. 較可兼顧經濟發展與社會福利。

6. 保費與給付連動，較可避免政治上任意提高給付標準。

缺點：

1. 制度設計較為複雜。

2. 因直接收費，民眾繳交意願較低。

3. 行政成本較高。

目前實施社會保險制的國家有美、英、法、德、日、韓等國。

◆ 三、公積金制

所謂公積金制，通常係指依照政府規定，由勞工與雇主雙方依員工薪資所得，按月提撥一定百分比的金額充當公積金，也就是採取本金加利息儲存的一種強制儲蓄制度，而每一職工均設有其個人帳戶，在發生特定事故時，可從本身帳戶中請領其本息，以供需要。因此，此制度在財源上主要是由個

人和雇主來負擔。

公積金制的優點如下：

1.給付水準與負擔完全相關，對總體經濟與工作意願影響最小。

2.政府財政負擔較低。

缺點：

1.開辦初期費率較高。

2.提存準備易受通貨膨脹影響，且基金運用責任大。

3.缺乏所得重分配的功能。

目前實施公積金制的國家有新加坡、智利、墨西哥等國（蕭玉煌，2000：9-12）。

我國採取社會保險方式的主要原因是因為社會保險方式雖較稅收及公積金方式為複雜，其行政成本也比稅收方式為高，但相對的具有稅收及公積金方式所無的下列優點，所以目前多數國家以社會保險方式辦理，主要考量為：

1.社會保險的年金給付可隨物價指數或實質薪資成長率連動調整，不易受到通貨膨脹的影響而貶值。

2.年金給付的財源部分由自己負擔，部分由下一代分擔，兼顧風險分攤與世代互助。

3.符合強制加保規定的國民都應參加，而享有相同的年金給付權利，可以提供國民的基本生活保障，避免公積金可能產生因所得較低或提撥期間較短，而導致儲金提撥不足，難以維生的情形。

4.在相同給付水準下，費用高低介於公積金和稅收制之間，個人財務負擔較為合理。

5.由於現行公教、軍、勞保均採社會保險方式辦理，如國民年金也採社會保險方式辦理，較易整合現有各種相關的社會保險給付及生活津貼。

第三節 我國國民年金的主要內容和特色

◆ 一、我國國民年金的對象

我國的國民年金保險為強制性社會保險，被保險人均為柔性強制納保對象。依據《國民年金法》第 7 條規定，實施國民年金保險的對象如下：

1. 年滿 25 歲至未滿 65 歲，未參加軍、公教、勞保，且未曾領取相關社會保險老年給付者，包括農民、原住民在內，均為納保對象。

2. 《國民年金法》施行前，除勞工保險老年給付外，未領取其他相關社會保險老年給付；或本法施行後 15 年內，其領取勞工保險老年給付之年資未達 15 年，且未領取其他相關社會保險老年給付者，亦應納保。

3. 年滿 15 歲至未滿 25 歲，已參加農保之被保險人，應納保，並自農保退保。

◆ 二、我國國民年金的主要內容

㈠國民年金保險之保險事故及保險給付項目（第 2 條）

我國國民年金保險之保險事故，分為老年、身心障礙及死亡三種。被保險人在保險有效期間發生保險事故時，保險給付項目有老年年金給付、身心障礙年金給付、喪葬給付及遺屬年金給付。

㈡主管機關及承辦單位（第 3、4 條）

國民年金保險之主管機關在中央為中央社政主管機關，也就是由內政部

主管；在直轄市為直轄市政府；在縣（市）為縣（市）政府。至於業務方面，則由中央主管機關委託勞工保險局辦理，並為保險人。

㈢保險費率（第 10 條）

本保險之保險費率，於本法施行第一年為百分之六點五；於第三年調高百分之零點五，以後每二年調高百分之零點五至上限百分之十二。但保險基金餘額足以支付未來二十年保險給付時，不予調高。

㈣月投保金額及保險費計算（第 11 條）

本保險之月投保金額，於本法施行第一年，依勞工保險投保薪資分級表第一級定之；第二年起，於中央主計機關發布之消費者物價指數累計成長率達百分之五時，即依該成長率調整之。

保險費的計算，以 2007 年為例：勞工保險投保薪資分級表第一級為 17,280 元，則：月投保金額（17,280 元）×保險費率（第一年費率為 6.5%）＝保險費（1,123 元）。

㈤保險費分攤（第 12 條）

以 2007 年勞工保險投保薪資分級表第一級（即基本工資）17,280 元為例計算如下：

1.一般民眾自付保險費 60%（674 元），政府補助 40%（449 元）。

2.被保險人所得未達一定標準者：

⑴被保險人，其家庭總收入平均分配全家人口，每人每月未達當年度最低生活費一點五倍，且未超過台灣地區平均每人每月消費支出之一倍者，自付百分之三十，在直轄市，由直轄市主管機關負擔百分之七十；在縣（市），由中央主管機關負擔百分之三十五，縣（市）主管機關負擔百分之三十五。

⑵被保險人，其家庭總收入平均分配全家人口，每人每月達當年度最低生活費一點五倍，未達二倍，且未超過台灣地區平均每人每月消費支出之一點五倍者，自付百分之四十五，在直轄市，由直轄市主管機關負擔百分之五十五；在縣（市），由中央主管機關負擔百分之二十七點五，縣（市）主管機關負擔百分之二十七點五。

3.低收入戶毋須自付保險費，政府全額補助（1,123 元）。

4.身心障礙者依其障等自付保險費比率為 0～45 %（0～505 元），政府補助 55～100%（618～1123 元）。

㈥保險給付項目

1.老年年金給付（第 29～32 條）

老年給付就是當被保險人加入老年年金制度已滿一定期間而到達一定年齡，或依法退休時所發給的定期性繼續給付。我國的老年給付區分為「老年一次金」、「老年年金」、「老年基本保證年金」等三種，說明如下：

⑴老年一次金

其對象為年滿 65 歲之被保險人或曾參加本保險者，其保險年資（若有勞保年資，合併其年資）未滿 10 年者，按每滿一年發給 1.1 個月之月投保金額，一次發給。此種年金適合於因進出職場頻繁，致累計之年資短者。

⑵老年年金

年滿 65 歲之被保險人或曾參加本保險者，其保險年資滿 10 年者，得就 A、B 兩式選擇從優計算給付：

A 式＝月投保金額×0.65%×保險年資+3000 元。《國民年金法》施行時，年滿 55 歲以上且未有法定排除情形者，得依 A 式請領老年年金給付。

B 式＝月投保金額×1.3%×保險年資。

但被保險人如有下列各項情形者，僅得以 B 式計給：

a.有欠繳保險費期間不計入保險年資情事。

b.發生保險事故前一年期間,有保險費未繳納情形。

c.領取相關社會福利津貼。

d.已領取公教人員保險養老給付、軍人保險退伍給付。

(3)老年基本保證年金

a.一般國民及原住民:

《國民年金法》施行時,已年滿 65 歲之國民及原住民,視同《國民年金法》的被保險人(但免付保險費),於年滿 65 歲時,如無敬老福利生活津貼暫行條例第 3 條第 1 項各款情事者,得按月發給基本保證年金 3,000 元,至死亡為止。

b.原住民(第 53 條):

《國民年金法》施行時已年滿 55 歲之原住民,如無原住民敬老福利生活津貼暫行條例第 3 條第 1 項各款情事者,改依《國民年金法》規定請領基本保證年金每月 3,000 元,至年滿 65 歲前 1 個月為止,所需經費由原住民族委員會編列預算支應,此規定之請領年齡限制,於《國民年金法》施行後,原住民族委員會應配合原住民平均餘命與全體國民平均餘命差距之縮短,而逐年提高最低請領年齡至 65 歲止。

c.農民:

《國民年金法》施行時,已年滿 65 歲者,如原已領取老農津貼或符合老年農民福利津貼暫行條例第 3、4 條規定之農民,亦由《國民年金法》中明定,改依本法請領老年基本保證年金每月 3,000 元,並得請領差額每月 2,000 元,至死亡為止,所需經費由農委會編列預算支應。而依據第 53 條,開辦時改參加國民年金保險為被保險人且年滿 40 歲未滿 65 歲農民,於年滿 65 歲時,如仍為《國民年金法》被保險人,且符合老年農民福利津貼暫行條例第 3、4 條規定者,亦由《國

民年金法》中明定，改依法國民年金請領差額每月 2,000 元，至死亡為止，所需經費由農委會編列預算支應。

d. 漁民（第 52 條）：

《國民年金法》施行時年滿 38 歲未滿 65 歲，且於 87 年 11 月 11 日老年農民福利津貼暫行條例修正公布前，已加入勞保之漁會甲類會員，於年滿 65 歲時，為已領取勞保老年給付之漁會甲類會員，且會員年資合計 6 個月以上，亦得依《國民年金法》請領差額每月 2,000 元，至死亡為止，所需經費由農委會編列預算支應。但同一期間兼具老年基本保證年金（含 2,000 元差額）及相關社會福利津貼之領取資格條件者，僅得選擇一種申領。

2. 身心障礙年金給付（第 33～38 條）

身心障礙年金給付是指當被保險人身心遭遇永久全部或局部無法從事有酬活動至一特定限度所提供的定期性繼續給付。我國《國民年金法》所規定的身心障礙年金給付區分為：身心障礙年金給付、身心障礙基本保證年金兩種，說明如下：

⑴身心障礙年金給付

其給付條件及標準為：在加保期間遭受傷害或罹患疾病，導致重度以上身心障礙且終身不能從事工作者，依其保險年資每滿一年，按月投保金額發給 1.3% 之月給付金額。月給付金額未達基本保障額度（4,000 元），如無下列各款條件者，得按月發給基本保障新台幣 4,000 元至死亡為止：

a. 有欠繳保險費期間不計入保險年資情事。

b. 發生保險事故前一年期間，該期間之保險費有應繳納而未繳納情形。

c. 領取相關社會福利津貼。

請領身心障礙年金給付者，不予退保，於年滿 65 歲時，得改請領老年年金給付，其請領身心障礙年金前之保險年資，得予合併計入老年年金給付年

資，並自年滿 65 歲時退保。

(2)身心障礙基本保證年金

在加保前已經是重度障礙且終身不能工作之被保險人，如無下列各款條件者，於參加國民年金保險後得按月發給基本保證年金 4,000 元，至其年滿 65 歲時可擇領老年年金，並自年滿 65 歲時退保：

　　a.經政府全額補助收容安置。

　　b.因重度以上身心障礙且領取相關社會保險身心障礙年金或一次金。

　　c.領取社會福利津貼。

　　d.稅捐稽徵機關核定之最近一年度個人綜合所得總額合計新臺幣 50 萬元以上。

　　e.個人所有之土地及房屋價值合計新臺幣 500 萬元以上。

　　f. 入獄服刑、因案羈押或拘禁。

3. 喪葬給付（第 39 條）

(1)請領條件為被保險人本人於加保期間死亡。

(2)給付標準：被保險人本人死亡者一次發給 5 個月月投保金額。

4. 遺屬年金給付（第 40～44 條）

所謂遺屬年金，也就是「死亡年金」。因為被保險人本人死亡時，其本人不可能直接領受此項給付，均由其遺屬領取，以保障被保險人所扶養遺屬的未來生活。

(1)遺屬年金給付對象為：當被保險人死亡，或領取身心障礙或老年年金給付期間死亡時，遺有配偶、子女、父母、祖父母、孫子女或兄弟、姊妹者，得請領遺屬年金給付。

(2)給付條件：

　　a.配偶：年滿 55 歲且婚姻關係存續一年以上。但無謀生能力或扶養下款規定之子女者，不在此限。

　　b.子女：未成年、無謀生能力或 25 歲以下在學，且每月工作收入未超過其領取遺屬年金給付時之月投保金額。但養子女須有收養關係 6 個月以上。

　　c.父母及祖父母：年滿 55 歲。

　　d.孫子女：未成年、無謀生能力或 25 歲以下在學，且每月工作收入未超過領取遺屬年金給付時之月投保金額。

　　e.兄弟、姊妹：未成年、無謀生能力或年滿 55 歲，且每月工作收入未超過領取遺屬年金給付時之月投保金額。

(3)遺屬年金的給付標準：

　　a.被保險人死亡：依被保險人之保險年資合計每滿一年，按其月投保金額發給 1.3% 之月給付金額。

　　b.領取身心障礙年金或老年年金給付期間死亡：按被保險人身心障礙年金或老年年金金額之半數發給。

　　c.依前二項規定計算之年金金額不足新臺幣 3,000 元者，按新臺幣 3,000 元發給。

　　d.同一順序之遺屬有 2 人以上時，每多 1 人加發遺屬年金給付標準之 25%，最多計至 50%。

(4)有下列情形時遺屬年金停止發給：

　　a.配偶再婚。

　　b.扶養子女之未滿 55 歲配偶，於其子女不符請領條件時。

　　c.配偶、子女、父母、祖父母、孫子女、兄弟、姊妹，於不符請領條件時。

　　d.入獄服刑、因案羈押或拘禁。

　　e.失蹤。

㈦保險基金及經費（第45～49條）

　　國民年金保險保險人（勞工保險局）辦理業務所需之人事及行政管理經費，以當年度應收保險費總額百分之三點五爲上限，由中央主管機關負擔。

　　國民年金保險基金由政府就下列經費來源設置：

　　1. 設立時中央政府一次撥入之款項。

　　2. 保險費收入。

　　3. 中央主管機關依法負擔及中央政府責任準備款項。

　　4. 利息及罰鍰收入。

　　5. 基金孳息及運用之收益。

　　6. 其他收入

　　中央主管機關應補助之保險費及應負擔之款項，如依以上規定籌措財源因應後，仍有不足，亦無法由中央政府責任準備支應時，應由中央主管機關編列預算撥補。國民年金保險基金除《國民年金法》所定用途外，僅得投資運用，不得移作他用或處分；其管理、運用及監督等事項之辦法，由中央主管機關擬訂，報請行政院核定之。

　　國民年金保險基金之運用，經中央主管機關通過，保險人得委託金融機構辦理。委託運用方式、範圍、經費及其他應遵行事項之辦法，由保險人擬訂，報請中央主管機關核定發布。國民年金保險基金之收支、運用情形及其積存數額，應由保險人報請中央主管機關按年公告之。國民年金保險之財務，由政府負最後支付責任。

◆ 三、我國國民年金的特色

　　依照行政院（2007）送立法院的《國民年金法草案總說明》指出，我國國民年金制度特色如下。

(一)採取「社會保險」方式辦理，可達風險分攤及所得重分配效果

國民年金採取「社會保險」方式辦理，而社會保險本身，即具有「風險分攤」、「代間移轉」、「所得重分配」等功能。且國民年金保險包含有對身心障礙者及低收入者「給予較高保險費補助比例」，及對無力一次繳納保險費者「給予分期或延期繳費」等之設計，已就民眾繳費能力予以考量，且政府負擔之保險費補助，係由全民繳納之稅收予以支付，亦可達所得重分配之效果。

(二)以銜接「勞保年金制度」為目標，將與相關社會保險接軌與整合

由於家庭主婦或中壯人口進出勞動市場或職場轉換頻繁為現代社會之特性，國民年金制度之設計有必要與現行相關社會保險銜接，以加強我國現有社會保險制度之完整性及互補性。故「國民年金保險」之規劃，部分內涵係以勞保年金化內涵辦理，如第一年之月投保金額即係以勞保投保薪資表第一級（即基本工資）訂定，又保險費率之調整機制及老年年金給付計算方式亦與勞保大致相同，且老年給付申請採取單一窗口等設計，更有利於將來能與勞工保險制度整合。此外，由於國民年金保險將 15 歲至未滿 65 歲之農民強制納入保障，並自農保退保，因此將使農民逐漸整合至國民年金，使農民獲得比農保更完善之保障。

(三)具性別敏感性之思考，使婦女享有更完善之基本經濟安全保障

為消除性別歧視所造成之給付水準差異，對於老年年金給付年齡，即規劃男女相同之開始年齡（年滿 65 歲），且採取同額保險費。另國民年金保險均係以個人為被保險人，家庭主婦得以其個人加保，亦可達到消除性別歧視之目的。另為消除性別障礙，國民年金之保障對象，其中家庭主婦即占大多

數，由於其常因照顧家庭緣故而進出職場，致未能符合老年年金給付條件，所以規劃其請領老年給付時，得請求合併計入其勞工保險及本保險之年資，以達到請領老年年金所需之保險年資，使婦女享有更完善之老年基本經濟安全保障；且以個人加保，能讓家庭主婦免除因附屬於配偶加保，導致婦女一旦離婚或喪偶而退保之困境，達到排除性別障礙之目標。

㈣建構全面性的社會安全網

我國在實施公教、軍、勞保等不同的職業性社會保險多年後，為使全體國民都能享有老年基本經濟安全保障，亦有必要將未享有任何社會保險保障之國民納入社會保險予以保障，因此，國民年金保險之規劃，即係以未能享有社會保險老年給付保障之國民約 353 萬人為主要保障對象，而經由國民年金之開辦，將使我國之社會安全網得以全面性建構，以落實全民照顧之理念。

㈤將現有相關津貼整併入國民年金中，並兼顧民眾既有權益之保障，避免債留子孫

國民年金開辦後，將敬老福利生活津貼、老年農民福利津貼及原住民敬老福利生活津貼皆整合併入國民年金，並使符合領取各津貼者之既有權益均得以獲得保障，以減少制度之衝擊，而對於參加本保險者，則將原本新台幣3,000 元之津貼納入老年年金給付，以達整合現有津貼之目的。長期而言，津貼將逐漸落日，可減輕政府財政負擔，以免債留子孫。

㈥採取符合國際潮流之年金化方式辦理，落實保障國民基本生活

目前國內現有社會保險如勞保之老年給付制度係採取一次給付方式，勢將難以因應國民預期壽命延長、通貨膨脹等因素所引發之老年經濟生活規劃等問題。因此，《國民年金法》所規劃之國民年金保險給付方式，採用符合

國際潮流之年金化方式，發給定期性、持續性給付，以保障該等國民老年及發生事故時之基本生活。換言之，政府開辦國民年金保險制度不僅在補充現有社會保障之不足，並期以循序漸進之方式，帶動其他相關社會保險制度改以年金給付方式取代傳統一次給付，以為全體國民建立鞏固之老年基本經濟生活保障。

㈦提供身心障礙者更適足之經濟安全保障

國民年金除了提供國民於參加本保險後發生老年、身心障礙或死亡事故時之基本經濟安全保障外，對於參加本保險前已是重度以上身心障礙程度且無工作能力者之經濟安全，亦加以保障，因此對於參加本保險前已是重度以上身心障礙，終身不能工作且經濟較弱勢之被保險人，按月發給身心障礙基本保證年金3,000元。另針對具有勞工保險年資之本保險被保險人，於請領身心障礙年金給付時，得合併計入其勞工保險年資，以提高其身心障礙年金給付額度，落實保障其基本經濟安全。

第四節　國民年金制度未來可能遭遇到的問題

年金制度的實施，是全世界各國共同的趨勢，透過年金制度之建立，可以保障民眾老年時期的經濟安全。但其前提是財務的運作必須要充裕，能夠長期支應所需，以我國過去實施全民健康保險之經驗，全民健康保險也是整合公保、勞保以及農民保險的醫療給付，但是後來都發生鉅額的財務赤字問題而不得不調整保費。在國民年金制度實施後是否會發生類似問題，以及財務的運用與監督等相關問題，宜再及早精算規劃因應之道。

再者，如以目前一般民眾月保險費為1,123元；保險費自付額60%為674

元，一個家庭需繳費人口如以 4 口計算，則每月需要繳交 2,696 元，對於為數眾多的 M 型社會收入較低但不符合低收入戶標準的家庭而言，雖然有分期繳納的緩衝機制，但因仍可能會顯著影響可支配所得，降低生活品質，而影響繳費意願，此乃實施後需要密切觀察的。

另外，依目前規定將國民年金保險之主管機關定位在中央由內政部主管；在直轄市為直轄市政府；在縣（市）為縣（市）政府。業務方面則由中央主管機關委託勞工保險局辦理，並為保險人。雖然勞工保險局已有多年辦理勞工保險的經驗，但在新增國民年金業務後，業務量勢必大增，業務性質也未盡符合未來發展，因此有考量單獨設置《國民年金局》的必要，亦可做為落實未來相關社會保險整合的重要單位。

最後，鑑於過去《敬老津貼》等社會福利政策，經常成為候選人為達勝選的政見訴求，未來各種津貼逐漸整合後，國民年金的給付項目與內容的調整很可能又被利用做為競選工具，參考世界上各國已實施年金制度的經驗，如果沒有經過翔實的精算，而任意做大幅度的調整，未必能夠改善問題，所以此攸關眾多國民的福利政策，在未來是否能夠可長可久的成為民眾老年時期的經濟保障，抑或又成為政府財政上或後代子孫的鉅大負擔，仍有待大家共同的認識和努力。

摘要

立法院於 2007 年 7 月 20 日三讀通過《國民年金法》，我國將於 2008 年 10 月 1 日起實施國民年金制度。

我國的國民年金制度從 1993 年我國老年人超過總人口 7%進入高齡化社會後，國內呼籲及早建立年金制度的聲音從未停歇，但是年金制度的建立涉及龐大的財源運用，依照世界上各先進國家的實施經驗，從財務籌措的類型來看，大致可區分為：稅收制、社會保險制以及公積金制等三種類型，各種類型也有其優缺點，因此，國內經過十餘年的爭議協商，最後決定採取社會保險制度的方式，行政院並於 2007 年將《國民年金法》送立法院審議通過，也開啟我國繼世界上 170 餘國之後，進入有實施國民年金制度國家之行列。

依內政部統計我國目前仍有約 353 萬之年滿 25 歲至 64 歲國民，未參加有老年給付保障之相關社會保險。預計國民年金制度實施後，對於國民的經濟安全保障將更為完整。

我國國民年金保險之保險事故，分為老年、身心障礙及死亡三種。被保險人在保險有效期間發生保險事故時，保險給付項目有老年年金給付、身心障礙年金給付、喪葬給付及遺屬年金給付。

依照行政院送立法院的《國民年金法草案總說明》指出，我國國民年金制度有下列七大特色，分別為：

1. 採取「社會保險」方式辦理，可達風險分擔及所得重分配效果。

2. 以銜接「勞保年金制度」為目標，將與相關社會保險接軌與整合。

3. 具性別敏感性之思考，使婦女享有更完善之基本經濟安全保障。

4. 建構全面性的社會安全網。

5.將現有相關津貼整併入國民年金中,兼顧民眾既有權益之保障,避免債留子孫。

6.採取符合國際潮流之年金化方式辦理,落實保障國民基本生活。

7.提供身心障礙者更適足之經濟安全保障。

總之,《國民年金法》的完成立法頒布施行,使我國的社會保險網絡更為完整,在實施以後可以讓高齡化社會老年人口的晚年經濟生活更有保障。

問題習作

- 一、請說明國民年金制度的意義和內涵。
- 二、請說明國民年金制度的功能。
- 三、請說明我國國民年金制度的主要內容。
- 四、我國國民年金的主要特色為何？
- 五、請說明我國國民年金制度的給付項目有哪些？
- 六、請以財源籌措方式說明國民年金的類型有哪些？

 名詞解釋

- 年金
- 稅收制
- 公積金制
- 身心障礙年金給付
- 遺屬年金給付
- 國民年金
- 社會保險制
- 老年年金給付
- 喪葬給付

 參考文獻

內政部（2007）。社會保險。2007 年 11 月 11 日，取自 http://sowf.
　　moi.gov.tw/09/new09-2.htm

行政院（1999）。國民年金制度規劃報告簡報。台北：國民年金制
　　度規劃指導小組。

行政院（2004）。社會福利政策綱領。台北：作者。

行政院（2007）。國民年金法草案總說明。台北：作者。

鄭文義（2000）。國民年金法案各版本的初步觀察。社區發展季刊，
　　91，30。

蕭玉煌（2000）。我國國民年金制度的規劃背景與內涵。社區發展
　　季刊，91，9-12。

附　錄

附錄一　內政部推展老人福利服務評分標準表

編號 （百分比）	考核項目	考核指標	審核依據	分數
1 （10％）	福利促進與人員訓練（10分）	人口與經費比（5分）		5-0
		老人福利促進會（2分）	是否固定召開會議	2-0
			是否有足夠之老人代表及老人團體代表	
			會議結論是否發揮促進老人福利之功能	
		老人福利專業人員訓練（3分）	是否辦理照顧服務員、督導員之訓練	3-0
			是否辦理相關老年社會工作、老人保護知能等專業研習訓練	
			是否配合「照顧服務員訓練實施計畫」辦理居家服務員補訓計畫	
2 （12%）	老人居家服務（12分）	老人居家服務	中低收入老人居家服務預算、執行數、服務人數	12-0
			非中低收入老人居家服務配合款	
			是否成立民眾申請窗口	
			91年度、92年度居家服務提供單位數	
			居家服務據點設置數	

編號 （百分比）	考核項目	考核指標	審核依據	分數
3 （14％）	老人保護 （14分）	獨居老人服務 （4分）	是否針對獨居老人進行清查、名冊建立與更新	4-0
			是否有問安訪視服務提供	
		緊急救援系統 （5分）	是否編列該項預算，金額是否適當	5-0
			服務人數	
		保護工作執行 （5分；含施虐者輔導）	是否設有老人保護專線	5-0
			有無緊急處庇護場所（有無合約書）	
			執行服務之個案數	
			被害人及失虐者之後續輔導情形	
4 （10％）	老人文康休閒 （10分）	老人文康、休閒及長青學苑	老人文康中心設置及管理情形	10-0
			公私部門辦理之老人文康、休閒及長青學苑次數、參與人數及鄉鎮分配情形是否均衡	
5 （25％）	中低收入老人照顧（25分）	中低老人生活津貼（10分）	91年度與92年度該項預算編列是否有明顯之差距	10-0
			撥付時間及受益人數	
			人民訴願案件處理情形	
		中低老人重病住院看護補助（3分）	是否編列該項預算，金額是否適當	3-0
			實際服務人數及人次	
		中低老人特別照顧津貼（3分）	是否編列該項預算，金額是否適當	3-0
			實際服務人數及人次	
			是否委託單位督導	

編號 （百分比）	考核項目	考核指標	審核依據	分數
		中低老人住宅修繕補助（3分）	是否編列該項預算，金額是否適當	3-0
			服務人數及人次	
		老人無力負擔全民健保費用補助（6分）	是否編列該項預算，金額是否適當	6-0
			服務人數及人次	
			補助額度	
6 （19％）	老人機構安置服務（19分）	機構之平時輔導考核或評鑑（6分）	轄內機構受輔導考核或評鑑情形	6-0
			機構收容人數逾越設立標準之清查	
		未立案機構及機構超收之輔導（5分）	是否清查轄內未立案機構（含2002年6月18日前列管）	5-0
			未立案機構招牌是否拆下，無超收者	
			收容情形	
		機構超收之清查輔導及處罰（3分）	收容情形	3-0
		低收入戶老人公費安養護（5分）	預算編列與執行情形，自辦及委託安養護金額及人數，有無等待轉介機構名冊及人數	5-0
			結合機構辦理及契約簽訂情形	
			委託單位是否為甲等或優等機構	

編號 （百分比）	考核項目	考核指標	審核依據	分數
7 （10％）	創新服務業務 （10分）	創新福利服務 項目	送餐服務	10-0
			定點餐食服務	
			老人日間照顧（日托）中心	
			老人免費裝置假牙	
			老人免費交通服務	
			敬老卡	
			其他（現金給付不計分）	

資料來源：整理自內政部94年度社會福利績效考核報告。內政部（2006）。2006年6月1日，
取自 http://sowf.moi.gov.tw/29/assessment.htm

附錄二　老人福利法

中華民國六十九年一月二十六日總統(69)台統(一)義字第 0561 號令制定公布全文 21 條

中華民國八十六年六月十八日總統(86)華總(一)義字第 8600141380 號令修正公布全文 34 條

中華民國八十九年五月三日總統(89)華總一義字第 8900110150 號令修正公布第 3、4、
15、20、25、27 條條文

中華民國九十一年六月二十六日總統華總一義字第 09100125180 號令修正公布第 9 條條
文；並增訂第 13-1 條條文

中華民國九十六年一月三十一日總統華總一義字第 09600012871 號令修正公布全文 55
條；並自公布日施行

◆ 第一章　總則

第　1　條　為維護老人尊嚴與健康，安定老人生活，保障老人權益，增進老人福利，
特制定本法。

第　2　條　本法所稱老人，指年滿六十五歲以上之人。

第　3　條　本法所稱主管機關：在中央為內政部；在直轄市為直轄市政府；在縣
（市）為縣（市）政府。

本法所定事項，涉及各目的事業主管機關職掌者，由各目的事業主管機
關辦理。

前二項主管機關及各目的事業主管機關權責劃分如下：

一、主管機關：主管老人權益保障之規劃、推動及監督等事項。

二、衛生主管機關：主管老人預防保健、心理衛生、醫療、復健與連續
性照護之規劃、推動及監督等事項。

三、教育主管機關：主管老人教育、老人服務之人才培育與高齡化社會
教育之規劃、推動及監督等事項。

四、勞工主管機關：主管老人就業免於歧視、支援員工照顧老人家屬與照顧服務員技能檢定之規劃、推動及監督等事項。

五、建設、工務、住宅主管機關：主管老人住宅建築管理、公共設施與建築物無障礙生活環境等相關事宜之規劃、推動及監督等事項。

六、交通主管機關：主管老人搭乘大眾運輸工具之規劃、推動及監督等事項。

七、保險、信託主管機關：主管本法相關保險、信託措施之規劃、推動及監督等事項。

八、警政主管機關：主管本法相關警政、老人保護措施之規劃、推動及監督等事項。

九、其他措施由各相關目的事業主管機關依職權規劃辦理。

第 4 條 下列事項，由中央主管機關掌理：

一、全國性老人福利政策、法規與方案之規劃、釐定及宣導事項。

二、對直轄市、縣（市）政府執行老人福利之監督及協調事項。

三、中央老人福利經費之分配及補助事項。

四、老人福利服務之發展、獎助及評鑑之規劃事項。

五、老人福利專業人員訓練之規劃事項。

六、國際老人福利業務之聯繫、交流及合作事項。

七、老人保護業務之規劃事項。

八、老人住宅業務之規劃事項。

九、中央或全國性老人福利機構之設立、監督及輔導事項。

十、其他全國性老人福利之策劃及督導事項。

第 5 條 下列事項，由直轄市、縣（市）主管機關掌理：

一、直轄市、縣（市）老人福利政策、自治法規與方案之規劃、釐定、宣導及執行事項。

二、中央老人福利政策、法規及方案之執行事項。

三、直轄市、縣（市）老人福利經費之分配及補助事項。

四、老人福利專業人員訓練之執行事項。

五、老人保護業務之執行事項。

六、老人住宅之興建、監督及輔導事項。

七、直轄市、縣（市）老人福利機構之輔導設立、監督檢查及評鑑獎勵事項。

八、其他直轄市、縣（市）老人福利之策劃及督導事項。

第　6　條　各級政府老人福利之經費來源如下：

一、按年編列之老人福利預算。

二、社會福利基金。

三、私人或團體捐贈。

四、其他收入。

第　7　條　主管機關應置專責人員辦理本法規定相關事宜；其人數應依業務增減而調整之。

老人福利相關業務應遴用專業人員辦理。

第　8　條　主管機關及各目的事業主管機關應各本其職掌，對老人提供服務及照顧。提供原住民老人服務及照顧者，應優先遴用原住民或熟諳原住民文化之人。

前項對老人提供之服務及照顧，得結合民間資源，以補助、委託或其他方式為之；其補助、委託對象、項目、基準及其他應遵行事項之辦法，由主管機關及各目的事業主管機關定之。

第　9　條　主管機關應邀集老人代表、老人福利相關學者或專家、民間相關機構、團體代表及各目的事業主管機關代表，參與整合、諮詢、協調與推動老人權益及福利相關事宜；其中老人代表、老人福利相關學者或專家及民間相關機構、團體代表，不得少於二分之一，且老人代表不得少於五分之一，並應有原住民老人代表或熟諳原住民文化之專家學者至少一人。

前項之民間機構、團體代表由各該轄區內立案之民間機構、團體互推後由主管機關遴聘之。

第 10 條 主管機關應至少每五年舉辦老人生活狀況調查，出版統計報告。

◆ 第二章 經濟安全

第 11 條 老人經濟安全保障，採生活津貼、特別照顧津貼、年金保險制度方式，
逐步規劃實施。

前項年金保險之實施，依相關社會保險法律規定辦理。

第 12 條 中低收入老人未接受收容安置者，得申請發給生活津貼。

前項領有生活津貼，且其失能程度經評估爲重度以上，實際由家人照顧
者，照顧者得向直轄市、縣（市）主管機關申請發給特別照顧津貼。

前二項津貼請領資格、條件、程序、金額及其他相關事項之辦法，由中
央主管機關定之；申請應檢附之文件、審核作業等事項之規定，由直轄
市、縣（市）主管機關定之。

領取生活津貼及特別照顧津貼之權利，不得扣押、讓與或供擔保。

不符合請領資格而領取津貼者，其領得之津貼，由直轄市、縣（市）主
管機關以書面命本人或其繼承人自事實發生之日起六十日內繳還；屆期
未繳還者，依法移送行政執行。

第 13 條 對於心神喪失或精神耗弱致不能處理自己事務之老人，法院得因主管機
關之聲請，宣告禁治產。

前項所定得聲請禁治產之機關，得向就禁治產之聲請曾爲裁判之地方法
院，提起撤銷禁治產宣告之訴；於禁治產之原因消滅後，得聲請撤銷禁
治產。

禁治產宣告確定前，主管機關爲保護老人之身體及財產，得聲請法院爲
必要之處分。

第 14 條 爲保護老人之財產安全，直轄市、縣（市）主管機關應鼓勵其將財產交
付信託。

無法定扶養義務人之老人經法院宣告禁治產者，其財產得交付與經中央
目的主管機關許可之信託業代爲管理、處分。

第　15　條　直轄市、縣（市）主管機關對於有接受長期照顧服務必要之失能老人，
　　　　　　　應依老人與其家庭之經濟狀況及老人之失能程度提供經費補助。
　　　　　　　前項補助對象、基準及其他應遵行事項之辦法，由中央主管機關定之。

◆ 第三章　服務措施

第　16　條　老人照顧服務應依全人照顧、在地老化及多元連續服務原則規劃辦理。
　　　　　　　直轄市、縣（市）主管機關應依前項原則，並針對老人需求，提供居家
　　　　　　　式、社區式或機構式服務，並建構妥善照顧管理機制辦理之。

第　17　條　為協助失能之居家老人得到所需之連續性照顧，直轄市、縣（市）主管
　　　　　　　機關應自行或結合民間資源提供下列居家式服務：
　　　　　　　一、醫護服務。
　　　　　　　二、復健服務。
　　　　　　　三、身體照顧。
　　　　　　　四、家務服務。
　　　　　　　五、關懷訪視服務。
　　　　　　　六、電話問安服務。
　　　　　　　七、餐飲服務。
　　　　　　　八、緊急救援服務。
　　　　　　　九、住家環境改善服務。
　　　　　　　十、其他相關之居家式服務。

第　18　條　為提高家庭照顧老人之意願及能力，提升老人在社區生活之自主性，直
　　　　　　　轄市、縣（市）主管機關應自行或結合民間資源提供下列社區式服務：
　　　　　　　一、保健服務。
　　　　　　　二、醫護服務。
　　　　　　　三、復健服務。
　　　　　　　四、輔具服務。
　　　　　　　五、心理諮商服務。

六、日間照顧服務。

七、餐飲服務。

八、家庭托顧服務。

九、教育服務。

十、法律服務。

十一、交通服務。

十二、退休準備服務。

十三、休閒服務。

十四、資訊提供及轉介服務。

十五、其他相關之社區式服務。

第 19 條　為滿足居住機構之老人多元需求，主管機關應輔導老人福利機構依老人
需求提供下列機構式服務：

一、住宿服務。

二、醫護服務。

三、復健服務。

四、生活照顧服務。

五、膳食服務。

六、緊急送醫服務。

七、社交活動服務。

八、家屬教育服務。

九、日間照顧服務。

十、其他相關之機構式服務。

前項機構式服務應以結合家庭及社區生活為原則，並得支援居家式或社
區式服務。

第 20 條　前三條所定居家式服務、社區式服務與機構式服務提供者資格要件及服
務之準則，由中央主管機關會同中央各目的事業主管機關定之。

前項服務之提供，於一定項目，應由專業人員為之；其一定項目、專業

人員之訓練、資格取得及其他應遵行事項之辦法，由中央主管機關定之。

第 21 條 直轄市、縣（市）主管機關應定期舉辦老人健康檢查及保健服務，並依健康檢查結果及老人意願，提供追蹤服務。

前項保健服務、追蹤服務、健康檢查項目及方式之準則，由中央主管機關會同中央衛生主管機關定之。

第 22 條 老人或其法定扶養義務人就老人參加全民健康保險之保險費、部分負擔費用或保險給付未涵蓋之醫療費用無力負擔者，直轄市、縣（市）主管機關應予補助。

前項補助之對象、項目、基準及其他相關事項之辦法，由中央主管機關定之。

第 23 條 為協助老人維持獨立生活之能力，直轄市、縣（市）主管機關應辦理下列服務：

一、專業人員之評估及諮詢。

二、提供有關輔具之資訊。

三、協助老人取得生活輔具。

中央主管機關得視需要獎勵研發老人生活所需之各項輔具、用品及生活設施設備。

第 24 條 無扶養義務之人或扶養義務之人無扶養能力之老人死亡時，當地主管機關或其入住機構應為其辦理喪葬；所需費用，由其遺產負擔之，無遺產者，由當地主管機關負擔之。

第 25 條 老人搭乘國內公、民營水、陸、空大眾運輸工具、進入康樂場所及參觀文教設施，應予以半價優待。

第 26 條 主管機關應協調目的事業主管機關提供或鼓勵民間提供下列各項老人教育措施：

一、製播老人相關之廣播電視節目及編印出版品。

二、研發適合老人學習之教材。

三、提供社會教育學習活動。

四、提供退休準備教育。

第 27 條　主管機關應自行或結合民間資源，辦理下列事項：

一、鼓勵老人組織社會團體，從事休閒活動。

二、舉行老人休閒、體育活動。

三、設置休閒活動設施。

第 28 條　主管機關應協調各目的事業主管機關鼓勵老人參與志願服務。

第 29 條　雇主對於老人員工不得予以就業歧視。

第 30 條　有法定扶養義務之人應善盡扶養老人之責，主管機關得自行或結合民間提供相關資訊及協助。

第 31 條　為協助失能老人之家庭照顧者，直轄市、縣（市）主管機關應自行或結合民間資源提供下列服務：

一、臨時或短期喘息照顧服務。

二、照顧者訓練及研習。

三、照顧者個人諮商及支援團體。

四、資訊提供及協助照顧者獲得服務。

五、其他有助於提升家庭照顧者能力及其生活品質之服務。

第 32 條　直轄市、縣（市）主管機關應協助中低收入老人修繕住屋或提供租屋補助。

前項協助修繕住屋或租屋補助之對象、補助項目與內容及其他相關事項之規定，由直轄市、縣（市）主管機關定之。但其他法律有特別規定者，從其規定。

第 33 條　直轄市、縣（市）主管機關應推動適合老人安居之住宅。

前項住宅設施應以小規模、融入社區及多機能之原則規劃辦理，並符合住宅或其他相關法令規定。

◆ 第四章　福利機構

第 34 條　主管機關應依老人需要自行或結合民間資源辦理下列老人福利機構：

一、長期照顧機構。

二、安養機構。

三、其他老人福利機構。

前項老人福利機構之規模、面積、設施、人員配置及業務範圍等事項之標準，由中央主管機關會同中央目的事業主管機關定之。

第一項各類機構所需之醫療或護理服務，應依醫療法、護理人員法或其他醫事專門職業法等規定辦理。

第一項各類機構得單獨或綜合辦理，並得就其所提供之設施或服務收取費用，以協助其自給自足；其收費規定，應報由當地直轄市、縣（市）主管機關核定。

第　35　條　私立老人福利機構之名稱，應依前條第一項規定標明其業務性質，並應冠以私立二字。

公設民營機構名稱不冠以公立或私立。但應於名稱前冠以所屬行政區域名稱。

第　36　條　私人或團體設立老人福利機構，應向直轄市、縣（市）主管機關申請設立許可。

經許可設立私立老人福利機構者，應於三個月內辦理財團法人登記。但小型設立且不對外募捐、不接受補助及不享受租稅減免者，得免辦財團法人登記。

未於前項期間辦理財團法人登記，而有正當理由者，得申請當地主管機關核准延長一次，期間不得超過三個月；屆期不辦理者，原許可失其效力。

第一項申請設立之許可要件、申請程序、審核期限、撤銷與廢止許可、自行停業與歇業、擴充與遷移、督導管理及其他相關事項之辦法，由中央主管機關定之。

第二項小型設立之規模、面積、設施、人員配置等設立標準，由中央主管機關會同中央目的事業主管機關定之。

第 37 條　老人福利機構不得兼營營利行爲或利用其事業爲任何不當之宣傳。

主管機關對老人福利機構應予輔導、監督、檢查、評鑑及獎勵。

老人福利機構對前項檢查不得規避、妨礙或拒絕，並應提供必要之協助。

第二項評鑑對象、項目、方式及獎勵方式等事項之辦法，由主管機關定之。

第 38 條　老人福利機構應與入住者或其家屬訂定書面契約，明定其權利義務關係。

前項書面契約之格式、內容，中央主管機關應訂定定型化契約範本及其應記載及不得記載事項。

老人福利機構應將中央主管機關訂定之定型化契約書範本公開並印製於收據憑證交付入住者，除另有約定外，視爲已依第一項規定與入住者訂約。

第 39 條　老人福利機構應投保公共意外責任保險及具有履行營運之擔保能力，以保障老人權益。

前項應投保之保險範圍及金額，由中央主管機關會商中央目的事業主管機關定之。

第一項履行營運之擔保能力，其認定標準由所在地直轄市、縣（市）主管機關定之。

第 40 條　政府及老人福利機構接受私人或團體之捐贈，應妥善管理及運用；其屬現金者，應設專戶儲存，專作增進老人福利之用。但捐贈者有指定用途者，應專款專用。

前項所受之捐贈，應辦理公開徵信。

◆ 第五章　保護措施

第 41 條　老人因直系血親卑親屬或依契約對其有扶養義務之人有疏忽、虐待、遺棄等情事，致有生命、身體、健康或自由之危難，直轄市、縣（市）主管機關得依老人申請或職權予以適當短期保護及安置。老人如欲對之提出告訴或請求損害賠償時，主管機關應協助之。

前項保護及安置，直轄市、縣（市）主管機關得依職權或依老人申請免除之。

第一項老人保護及安置所需之費用，由直轄市、縣（市）主管機關先行支付者，直轄市、縣（市）主管機關得檢具費用單據影本及計算書，通知老人之直系血親卑親屬或依契約有扶養義務者於三十日內償還；逾期未償還者，得移送法院強制執行。

第　42　條　老人因無人扶養，致有生命、身體之危難或生活陷於困境者，直轄市、縣（市）主管機關應依老人之申請或依職權，予以適當安置。

第　43　條　醫事人員、社會工作人員、村（里）長與村（里）幹事、警察人員、司法人員及其他執行老人福利業務之相關人員，於執行職務時知悉老人有疑似第四十一條第一項或第四十二條之情況者，應通報當地直轄市、縣（市）主管機關。

前項通報人之身分資料應予保密。

直轄市、縣（市）主管機關接獲通報後，必要時得進行訪視調查。進行訪視調查時，得請求警察、醫療或其他相關機關（構）協助，被請求之機關（構）應予配合。

第　44　條　為發揮老人保護功能，應以直轄市、縣（市）為單位，並結合警政、衛生、社政、民政及民間力量，建立老人保護體系，並定期召開老人保護聯繫會報。

◆ 第六章　罰則

第　45　條　設立老人福利機構未依第三十六條第一項規定申請設立許可，或應辦理財團法人登記而未依第三十六條第二項及第三項規定期限辦理者，處其負責人新臺幣六萬元以上三十萬元以下罰鍰及公告其姓名，並限期令其改善。

於前項限期改善期間，不得增加收容老人，違者另處其負責人新臺幣六萬元以上三十萬元以下罰鍰，並得按次連續處罰。

經依第一項規定限期令其改善，屆期未改善者，再處其負責人新臺幣十萬元以上五十萬元以下罰鍰，並令於一個月內對於其收容之老人予以轉介安置；其無法辦理時，由主管機關協助之，負責人應予配合。不予配合者，強制實施之，並處新臺幣二十萬元以上一百萬元以下罰鍰。

第 46 條　老人福利機構有下列情形之一者，主管機關應限期令其於一個月內改善；屆期未改善者，處新臺幣三萬元以上十五萬元以下罰鍰，並得按次連續處罰：

一、收費規定未依第三十四條第四項規定報主管機關核可，或違反收費規定超收費用。

二、擴充、遷移、停業或歇業未依中央主管機關依第三十六條第四項規定所定辦法辦理。

三、財務收支處理未依中央主管機關依第三十六條第四項規定所定辦法辦理。

四、違反第三十七條第三項規定，規避、妨礙或拒絕主管機關之檢查。

五、違反第三十八條規定，未與入住者或其家屬訂定書面契約或將不得記載事項納入契約。

六、未依第三十九條規定投保公共意外責任保險或未具履行營運之擔保能力。

七、違反第四十條第二項規定，接受捐贈未公開徵信。

第 47 條　主管機關依第三十七條第二項規定對老人福利機構為輔導、監督、檢查及評鑑，發現有下列情形之一時，應限期令其改善；屆期未改善者，處新臺幣五萬元以上二十五萬元以下罰鍰，並再限期令其改善：

一、業務經營方針與設立目的或捐助章程不符。

二、違反原許可設立之標準。

三、財產總額已無法達成目的事業或對於業務、財務為不實之陳報。

第 48 條　老人福利機構有下列情形之一者，處新臺幣六萬元以上三十萬元以下罰鍰，再限期令其改善：

一、虐待、妨害老人身心健康或發現老人受虐事實未向直轄市、縣（市）主管機關通報。

二、提供不安全之設施設備或供給不衛生之餐飲，經主管機關查明屬實者。

三、經主管機關評鑑為丙等或丁等或有其他重大情事，足以影響老人身心健康者。

第 49 條　老人福利機構於主管機關依第四十六條至第四十八條規定限期令其改善期間，不得增加收容老人，違者另處新臺幣六萬元以上三十萬元以下罰鍰，並得按次連續處罰。

　　　　經主管機關依第四十七條及第四十八條規定再限期令其改善，屆期仍未改善者，得令其停辦一個月以上一年以下，並公告其名稱。停辦期限屆滿仍未改善或令其停辦而拒不遵守者，應廢止其許可；其屬法人者，得予解散。

第 50 條　私立老人福利機構停辦、停業、歇業、解散、經撤銷或廢止許可時，對於其收容之老人應即予以適當之安置；其無法安置時，由主管機關協助安置，機構應予配合；不予配合者，強制實施之，並處新臺幣六萬元以上三十萬元以下罰鍰；必要時，得予接管。

　　　　前項接管之實施程序、期限與受接管機構經營權及財產管理權之限制等事項之辦法，由中央主管機關定之。

　　　　第一項停辦之私立老人福利機構於停辦原因消失後，得檢附相關資料及文件向原設立許可機關申請復業。

第 51 條　依法令或契約有扶養照顧義務而對老人有下列行為之一者，處新臺幣三萬元以上十五萬元以下罰鍰，並公告其姓名；涉及刑責者，應移送司法機關偵辦：

一、遺棄。

二、妨害自由。

三、傷害。

四、身心虐待。

五、留置無生活自理能力之老人獨處於易發生危險或傷害之環境。

六、留置老人於機構後棄之不理,經機構通知限期處理,無正當理由仍不處理者。

第 52 條　老人之扶養人或其他實際照顧老人之人違反前條情節嚴重者,主管機關應對其施以四小時以上二十小時以下之家庭教育及輔導。

前項家庭教育及輔導,如有正當理由,得申請原處罰之主管機關同意後延期參加。

不接受第一項家庭教育及輔導或時數不足者,處新臺幣一千二百元以上六千元以下罰鍰,經再通知仍不接受者,得按次處罰至其參加為止。

◆ 第七章　附則

第 53 條　本法修正施行前已許可立案之老人福利機構,其設立要件與本法及所授權法規規定不相符合者,應於中央主管機關公告指定之期限內改善;屆期未改善者,依本法規定處理。

主管機關應積極輔導安養機構轉型為老人長期照顧機構或社區式服務設施。

第 54 條　本法施行細則,由中央主管機關定之。

第 55 條　本法自公布日施行。

附錄三　老人福利法施行細則

中華民國六十九年四月二十九日內政部(69)台內社字第 21083 號令訂定發布

中華民國七十年一月六日內政部(70)台內社字第 64007 號令修正發布全文 26 條

中華民國八十七年三月二十五日內政部(87)台內社字第 8785868 號令修正發布全文 19 條

中華民國八十八年十月二十日內政部(88)台內社字第 8885596 號令修正發布第 4、6 條條
文

中華民國九十六年七月二十五日內政部台內社字第 0960115604 號令修正發布全文 16 條；
並自發布日施行

第 1 條　本細則依老人福利法（以下簡稱本法）第五十四條規定訂定之。

第 2 條　本法第二條所定老人之年齡，以戶籍登記者為準。

第 3 條　主管機關及各目的事業主管機關依本法第八條第一項規定對老人提供服
務及照顧，應定期調查及評估老人需求、社會經濟狀況及其發展趨勢，
訂定近程、中程、遠程計畫，據以執行。

第 4 條　本法第十四條第二項、第二十二條第一項及第三十條所稱法定扶養義務
人，指依民法規定順序定其履行義務之人。

第 5 條　本法第十四條第二項所定無法定扶養義務人且經法院宣告禁治產之老人，
將財產交付信託業者代為管理、處分之相關事宜，由其監護人負責執行。
直轄市、縣（市）主管機關得視需要，請監護人就前項事宜辦理情形提
出執行報告。

第 6 條　老人憑國民身分證或政府核發足以證明老人身分之證件，享受本法第二
十五條規定之優待。

第 7 條　各機關、團體、學校，得配合重陽節舉辦各種敬老活動。

第 8 條　本法第三十三條第一項所定適合老人安居之住宅，其設計應符合下列規

定：

一、提供老人寧靜、安全、舒適、衛生、通風採光良好之環境與完善設備及設施。

二、建築物之設計、構造與設備及設施，應符合建築法及其有關法令規定，並應具無障礙環境。

三、消防安全設備、防火管理、防熔物品等消防安全事項，應符合消防法及其有關法令規定。

本法第三十三條第二項所定住宅設施小規模、融入社區及多機能之原則如下：

一、小規模：興辦事業計畫書所載開發興建住宅戶數為二百戶以下。

二、融入社區：由社區現有基礎公共設施及生活機能，使老人易獲得交通、文化、教育、醫療、文康、休閒及娛樂等服務，且便於參與社區相關事務。

三、多機能：配合老人多元需求，提供適合老人本人居住，或與其家庭成員或主要照顧者同住或近鄰居住；設有共用服務空間及公共服務空間，同一棟建築物之同一樓層須有共用通道。

第 9 條　本法中華民國六十九年一月二十六日公布施行前已安置收容於公、私立老人福利機構之人，由該機構繼續收容照顧。

第 10 條　六十歲以上未滿六十五歲之人自願負擔費用者，老人福利機構得視內部設施情形，提供長期照顧、安養或其他服務。

第 11 條　老人福利機構依本法第四十條第一項規定接受私人或團體捐贈時，應於每年六月及十二月將接受捐贈財物、使用情形及公開徵信相關資料陳報主管機關。

前項公開徵信應至少每六個月將捐贈者姓名、金額、捐贈日期及指定捐贈項目等基本資料，刊登於機構所屬網站或發行之刊物；無網站及刊物者，應刊登於新聞紙或電子媒體。

第 12 條　設立老人福利機構未依本法第三十六條第一項規定申請設立許可，經直

　　　　　　轄市、縣（市）主管機關依本法第四十五條第一項規定限期令其改善者，
　　　　　　應依限完成設立許可程序；其期間由直轄市、縣（市）主管機關定之，
　　　　　　最長不得逾六個月。

第 13 條　主管機關依本法第四十七條及第四十八條規定通知老人福利機構限期改
　　　　　　善者，應令其提出改善計畫書；必要時，會同目的事業主管機關評估其
　　　　　　改善情形。

第 14 條　依本法第五十二條第一項規定施以家庭教育及輔導之內容，包括家庭倫
　　　　　　理、親子溝通、人際關係、老人身心特性與疾病之認識及如何與老人相
　　　　　　處等相關課程。
　　　　　　前項應施以家庭教育及輔導之課程及時數，由直轄市、縣（市）主管機關
　　　　　　定之。

第 15 條　依本法第五十二條第二項規定同意延期參加家庭教育及輔導者，以一次
　　　　　　爲限，最長不得逾三個月。

第 16 條　本細則自發布日施行。

附錄四　社會救助法

中華民國六十九年六月十四日總統令公布全文 27 條

中華民國八十六年十一月十九日總統(86)華總(一)義字第 8600246790 號令修正公布全文 46 條

中華民國八十九年六月十四日總統(89)華總(一)義字第 8900146970 號令修正公布第 3、4、11、15～17、19、20、23、26～28、36、37 條條文

中華民國九十四年一月十九日總統華總(一)義字第 09400004911 號令修正公布第 4、5、10、16、41、43 條條文；增訂第 5-1～5-3、15-1、44-1 條條文；並刪除第 42 條條文

◆ 第一章　總則

第　1　條　為照顧低收入及救助遭受急難或災害者，並協助其自立，特制定本法。

第　2　條　本法所稱社會救助，分生活扶助、醫療補助、急難救助及災害救助。

第　3　條　本法所稱主管機關：在中央為內政部；在直轄市為直轄市政府；在縣（市）為縣（市）政府。

第　4　條　本法所稱低收入戶，指經申請戶籍所在地直轄市、縣（市）主管機關審核認定，符合家庭總收入平均分配全家人口，每人每月在最低生活費以下，且家庭財產未超過中央、直轄市主管機關公告之當年度一定金額者。

　　　　　　前項所稱最低生活費，由中央、直轄市主管機關參照中央主計機關所公布當地區最近一年平均每人消費支出百分之六十定之，並至少每三年檢討一次；直轄市主管機關並應報中央主管機關備查。

　　　　　　第一項所稱家庭財產，包括動產及不動產，其金額應分別定之。

　　　　　　第一項申請應檢附之文件、審核認定程序等事項之規定，由直轄市、縣（市）主管機關定之。

第　5　條　前條第一項所稱家庭，其應計算人口範圍，除申請人外，包括下列人員：

一、配偶。

二、直系血親。

三、同一戶籍或共同生活之兄弟姊妹。

四、前三款以外，認列綜合所得稅扶養親屬免稅額之納稅義務人。

前項各款人員有下列情形之一者，不列入應計算人口範圍：

一、不得在台灣地區工作之非本國籍配偶或大陸地區配偶。

二、未共同生活且無扶養事實之特定境遇單親家庭直系血親尊親屬。

三、無工作收入、未共同生活且無扶養能力之已結婚直系血親卑親屬。

四、應徵集召集入營服兵役或替代役現役。

五、在學領有公費。

六、入獄服刑、因案羈押或依法拘禁。

七、失蹤，經向警察機關報案協尋未獲，達六個月以上。

第 5-1 條　第四條第一項所稱家庭總收入，指下列各款之總額：

一、工作收入，依下列規定計算：

　　㈠依全家人口當年度實際工作收入並提供薪資證明核算。無法提出薪資證明者，依最近一年度之財稅資料所列工作收入核算。

　　㈡最近一年度之財稅資料查無工作收入，且未能提出薪資證明者，依台灣地區職類別薪資調查報告各職類每人月平均經常性薪資核算。

　　㈢未列入台灣地區職類別薪資調查報告各職類者，依中央主計機關公布之最近一年各業員工初任人員平均薪資核算。

　　㈣有工作能力未就業者，依基本工資核算。但經公立就業服務機構認定失業者，其失業期間得不計算工作收入，所領取之失業給付，仍應併入其他收入計算。

二、動產及不動產之收益。

三、其他收入：前二款以外非屬社會救助給付之收入。

前項第三款收入，由直轄市、縣（市）主管機關認定之。

第 5-2 條　下列土地，經直轄市、縣（市）主管機關認定者，不列入家庭之不動產計算：

一、未產生經濟效益之原住民保留地。

二、未產生經濟效益之公共設施保留地及具公用地役關係之既成道路。

前項第一款土地之認定標準，由中央原住民族事務主管機關會商本法中央及地方主管機關定之。

第 5-3 條　本法所稱有工作能力，指十六歲以上，未滿六十五歲，而無下列情事之一者：

一、二十五歲以下仍在國內就讀空中大學、高級中等以上進修學校、在職班、學分班、僅於夜間或假日上課、遠距教學以外之學校，致不能工作。

二、身心障礙致不能工作。

三、罹患嚴重傷、病，必須三個月以上之治療或療養致不能工作。

四、獨自照顧特定身心障礙或罹患特定病症且不能自理生活之共同生活或受扶養親屬，致不能工作。

五、獨自扶養六歲以下之直系血親卑親屬致不能工作。

六、婦女懷胎六個月以上至分娩後二個月內，致不能工作。

七、受禁治產宣告。

第 6 條　為執行有關社會救助業務，各級主管機關應設專責單位或置專責人員。

第 7 條　本法所定救助項目，與其他社會福利法律所定性質相同時，應從優辦理，並不影響其他各法之福利服務。

第 8 條　依本法或其他法令每人每月所領取政府核發之救助金額，不得超過當年政府公告之基本工資。

第 9 條　受社會救助者有下列情形之一，主管機關應停止其社會救助，並得追回其所領取之補助：

一、提供不實之資料者。

二、隱匿或拒絕提供主管機關所要求之資料者。

三、以詐欺或其他不正當方法取得本法所定之社會救助者。

◆ 第二章　生活扶助

第　10　條　低收入戶得向戶籍所在地直轄市、縣（市）主管機關申請生活扶助。

直轄市、縣（市）主管機關應自受理前項申請之日起五日內，派員調查申請人家庭環境、經濟狀況等項目後核定之；必要時，得委由鄉（鎮、市、區）公所為之。

申請生活扶助，應檢附之文件、申請調查及核定程序等事項之規定，由直轄市、縣（市）主管機關定之。

前項申請生活扶助經核准者，溯自備齊文件之當月生效。

第　11　條　生活扶助以現金給付為原則。但因實際需要，得委託適當之社會救助機構、社會福利機構或其他家庭予以收容。

前項現金給付，中央、直轄市主管機關並得依收入差別訂定等級；直轄市主管機關並應報中央主管機關備查。

第　12　條　低收入戶成員中有下列情形之一者，主管機關得依其原領取現金給付之金額增加百分之二十至四十之補助：

一、年滿六十五歲者。

二、懷胎滿六個月者。

三、領有身心障礙手冊者。

前項補助標準，由中央主管機關定之。

第　13　條　直轄市及縣（市）主管機關每年應定期辦理低收入戶調查。

第　14　條　直轄市及縣（市）主管機關應經常派員訪問受生活扶助者之生活情形；其收入或資產增減者，應調整其扶助等級或停止扶助；其扶養義務人已能履行扶養義務者，亦同。

第　15　條　低收入戶中有工作能力者，直轄市、縣（市）主管機關應協助其接受職業訓練、就業服務、創業輔導或以工代賑等方式輔助其自立；不願接受訓練或輔導，或接受訓練、輔導不願工作者，不予扶助。

420

直轄市、縣（市）主管機關對低收入戶，於前項受訓期間應另酌給與生活補助費。其給付金額，由直轄市、縣（市）主管機關定之，並報中央主管機關備查。

第 15-1 條　直轄市、縣（市）主管機關為協助低收入戶自立脫貧，得擬訂方案運用民間資源或自行辦理，並報中央主管機關備查。

參與前項方案之低收入戶，於方案執行期間，家庭總收入平均分配全家人口，每人每月未超過當年度最低生活費之一點五倍者，仍保有低收入戶之資格，不受第四條第一項規定之限制。

第 16 條　直轄市、縣（市）主管機關得視實際需要及財力，對設籍於該地之低收入戶提供下列特殊項目救助及服務：

一、產婦及嬰兒營養補助。

二、托兒補助。

三、教育補助。

四、租金補助或住宅借住。

五、房屋修繕補助。

六、喪葬補助。

七、居家服務。

八、生育補助。

九、其他必要之救助及服務。

前項特殊項目救助或服務之內容、申請條件及程序等事項之規定，由直轄市、縣（市）主管機關定之。

第 17 條　警察機關發現無家可歸之遊民，除其他法律另有規定外，應通知社政機關（單位）共同處理，並查明其身分及協助護送前往社會救助機構收容；其身分經查明者，立即通知其家屬。

有關遊民之收容輔導規定，由直轄市、縣（市）主管機關定之。

◆ **第三章　醫療補助**

第 18 條　具有下列情形之一者，得檢同有關證明，向戶籍所在地主管機關申請醫
療補助：

一、低收入戶之傷、病患者。

二、患嚴重傷、病，所需醫療費用非其本人或扶養義務人所能負擔者。

參加全民健康保險可取得之醫療給付者，不得再依前項規定申請醫療補
助。

第 19 條　低收入戶參加全民健康保險之保險費，由中央及直轄市、縣（市）主管
機關編列預算補助。

第 20 條　醫療補助之給付項目、方式及標準，由中央、直轄市主管機關定之；直
轄市主管機關並應報中央主管機關備查。

◆ **第四章　急難救助**

第 21 條　具有下列情形之一者，得檢同有關證明，向戶籍所在地主管機關申請急
難救助：

一、戶內人口死亡無力殮葬者。

二、戶內人口遭受意外傷害致生活陷於困境者。

三、負家庭主要生計責任者，罹患重病、失業、失蹤、入營服役、入獄
服刑或其他原因，無法工作致生活陷於困境者。

第 22 條　流落外地，缺乏車資返鄉者，當地主管機關得依其申請酌予救助。

第 23 條　前二條之救助以現金給付為原則；其給付方式及標準，由直轄市、縣
（市）主管機關定之，並報中央主管機關備查。

第 24 條　死亡而無遺屬與遺產者，應由當地鄉（鎮、市、區）公所辦理葬埋。

◆ **第五章　災害救助**

第 25 條　人民遭受水、火、風、雹、旱、地震及其他災害，致損害重大，影響生

活者，予以災害救助。

第　26　條　直轄市或縣（市）主管機關應視災情需要，依下列方式辦理災害救助：

一、協助搶救及善後處理。

二、提供受災戶膳食口糧。

三、給與傷、亡或失蹤濟助。

四、輔導修建房舍。

五、設立臨時災害收容場所。

六、其他必要之救助。

前項救助方式，得由直轄市、縣（市）主管機關依實際需要訂定規定辦理之。

第　27　條　直轄市、縣（市）主管機關於必要時，得洽請民間團體或機構協助辦理災害救助。

◆ 第六章　社會救助機構

第　28　條　社會救助，除利用各種社會福利機構外，直轄市、縣（市）主管機關得視實際需要，設立或輔導民間設立為實施本法所必要之機構。

前項社會福利機構，對於受救助者所應收之費用，由主管機關予以補助。

直轄市、縣（市）主管機關依第一項規定設立之機構，不收任何費用。

第　29　條　設立私立社會救助機構，應申請當地主管機關許可，經許可設立者，應於三個月內辦理財團法人登記；其有正當理由者，得申請主管機關核准延期三個月。

前項申請經許可後，應層報中央主管機關備查。

第　30　條　社會救助機構之規模、面積、設施、人員配置等設立標準，由中央主管機關定之。

社會救助機構之獎勵辦法，由各級主管機關定之。

第　31　條　主管機關對社會救助機構應予輔導、監督及評鑑。

社會救助機構辦理不善或違反原許可設立標準或依前項評鑑結果應予改

善者，主管機關應通知其限期改善。

第 32 條 社會救助機構非有正當理由，不得拒絕主管機關依本法之委託收容。

第 33 條 社會救助機構應接受主管機關派員對其設備、帳冊、紀錄之檢查。

第 34 條 社會救助機構之業務，應由專業人員辦理之。

第 35 條 社會救助機構接受政府補助者，應依規定用途使用之，並詳細列帳；其有違反者，補助機關得追回補助款。

依前項規定增置之財產，應列入機構財產管理，以供查核。

◆ 第七章　救助經費

第 36 條 辦理本法各項救助業務所需經費，應由中央、直轄市、縣（市）主管機關分別編列預算支應之。

第 37 條 直轄市、縣（市）主管機關每年得定期聯合各界舉行勸募社會救助金；其勸募及運用規定，由各該主管機關定之。

◆ 第八章　罰則

第 38 條 社會救助機構違反第二十九條第一項規定者，處新台幣六萬元以上六十萬元以下罰鍰；其經限期辦理申請許可或財團法人登記，逾期仍不辦理者，得連續處罰之，並公告其名稱，且得令其停辦。

依前項規定令其停辦而拒不遵守者，再處新台幣十萬元以上六十萬元以下罰鍰。

第 39 條 私立社會救助機構經主管機關依第三十一條第二項規定，通知限期改善，逾期不改善者，得令其停辦。

依前項規定令其停辦而拒不遵守者，處新台幣十萬元以上五十萬元以下罰鍰。並得按次連續處罰。

第 40 條 私立社會救助機構停辦或決議解散時，主管機關對於該機構收容之人應即予以適當之安置，社會救助機構應予接受；不予接受者，強制實施之，並處以新台幣六萬元以上六十萬元以下罰鍰。

第　41　條　私立社會救助機構違反第三十二條或第三十三條規定者，主管機關得處
以新台幣二十萬元以上一百萬元以下罰鍰，並得令其限期改善；屆期不
改善者，得廢止其許可。

第　42　條　（刪除）

第　43　條　依本法所處之罰鍰，經限期繳納，屆期未繳納者，依法移送強制執行。

◆ 第九章　附則

第　44　條　依本法請領各項現金給付或補助之權利，不得扣押、讓與或供擔保。

第　44-1　條　各級政府及社會救助機構接受私人或團體之捐贈，應妥善管理及運用；
其屬現金者，應設專戶儲存，專作社會救助事業之用，捐贈者有指定用
途者，並應專款專用。
前項接受之捐贈，應公開徵信；其相關事項，於本法施行細則定之。

第　45　條　本法施行細則，由中央主管機關定之。

第　46　條　本法自公布日施行。

中華民國九十年一月二十日總統(90)華總(一)義字第 9000011840 號令制定公布全文 25 條；並自公布日起施行

◆ 第一章　總則

第　1　條　為整合社會人力資源，使願意投入志願服務工作之國民力量做最有效之運用，以發揚志願服務美德，促進社會各項建設及提升國民生活素質，特制定本法。

　　　　　志願服務，依本法之規定。但其他法律另有規定者，從其規定。

第　2　條　本法之適用範圍為經主管機關或目的事業主管機關主辦或經其備查符合公眾利益之服務計畫。

　　　　　前項所指之服務計畫不包括單純、偶發，基於家庭或友誼原因而執行之志願服務計畫。

第　3　條　本法之名詞定義如下：

　　　　　一、志願服務：民眾出於自由意志，非基於個人義務或法律責任，秉誠心以知識、體能、勞力、經驗、技術、時間等貢獻社會，不以獲取報酬為目的，以提高公共事務效能及增進社會公益所為之各項輔助性服務。

　　　　　二、志願服務者（以下簡稱志工）：對社會提出志願服務者。

　　　　　三、志願服務運用單位：運用志工之機關、機構、學校、法人或經政府立案團體。

◆ 第二章　主管機關

第　4　條　本法所稱之主管機關：在中央爲內政部；在直轄市爲直轄市政府；在
　　　　　　（市）爲縣（市）政府。

　　　　　　本法所定事項，涉及各目的事業主管機關職掌者，由各目的事業主管機
　　　　　　關辦理。

　　　　　　前二項各級主管機關及各目的事業主管機關主管志工之權利、義務、召
　　　　　　募、教育訓練、獎勵表揚、福利、保障、宣導與申訴之規劃及辦理，其
　　　　　　權責如下：

　　　　　　一、主管機關：主管從事社會福利服務、涉及二個以上目的事業主管機
　　　　　　　　　關之服務工作協調及其他綜合規劃事項。

　　　　　　二、目的事業主管機關：凡主管相關社會服務、教育、輔導、文化、科
　　　　　　　　　學、體育、消防救難、交通安全、環境保護、衛生保健、合作發展、
　　　　　　　　　經濟、研究、志工人力之開發、聯合活動之發展以及志願服務之提
　　　　　　　　　升等公衆利益工作之機關。

第　5　條　主管機關及目的事業主管機關應置專責人員辦理志願服務相關事宜；其
　　　　　　人數得由各級政府及目的事業主管機關視其實際業務需要定之。爲整合
　　　　　　規劃、研究、協調及開拓社會資源、創新社會服務項目相關事宜，得召
　　　　　　開志願服務會報。

　　　　　　對志願服務運用單位，應加強聯繫輔導並給予必要之協助。

◆ 第三章　志願服務運用單位之職責

第　6　條　志願服務運用單位得自行或採聯合方式召募志工，召募時，應將志願服
　　　　　　務計畫公告。

　　　　　　集體從事志願服務之公、民營事業團體，應與志願服務運用單位簽訂服
　　　　　　務協議。

第　7　條　志願服務運用者應依志願服務計畫運用志願服務人員。

前項志願服務計畫應包括志願服務人員之召募、訓練、管理、運用、輔導、考核及其服務項目。

志願服務運用者應於運用前，檢具志願服務計畫及立案登記證書影本，送主管機關及該志願服務計畫目的事業主管機關備案，並應於運用結束後二個月內，將志願服務計畫辦理情形函報主管機關及該志願服務計畫目的事業主管機關備查；其運用期間在二年以上者，應於年度結束後二個月內，將辦理情形函報主管機關及志願服務計畫目的事業主管機關備查。

志願服務運用者為各級政府機關、機構、公立學校或志願服務運用者之章程所載存立目的與志願服務計畫相符者，免於運用前申請備案。但應於年度結束後二個月內，將辦理情形函報主管機關及該志願服務計畫目的事業主管機關備查。

志願服務運用者未依前二項規定辦理備案或備查時，志願服務計畫目的事業主管機關應不予經費補助，並作為服務績效考核之參據。

第　8　條　主管機關及志願服務計畫目的事業主管機關受理前條志願服務計畫備案時，其志願服務計畫與本法或其他法令規定不符者，應即通知志願服務運用單位補正後，再行備案。

第　9　條　為提升志願服務工作品質，保障受服務者之權益，志願服務運用單位應對志工辦理下列教育訓練：
一、基礎訓練。
二、特殊訓練。
前項第一款訓練課程，由中央主管機關定之。第二款訓練課程，由各目的事業主管機關或各志願服務運用單位依其個別需求自行訂定。

第　10　條　志願服務運用單位應依照志工之工作內容與特點，確保志工在符合安全及衛生之適當環境下進行服務。

第　11　條　志願服務運用單位應提供志工必要之資訊，並指定專人負責志願服務之督導。

第 12 條　志願服務運用單位對其志工應發給志願服務證及服務紀錄冊。

前項志願服務證及服務紀錄冊之管理辦法，由中央主管機關定之。

第 13 條　必須具專門執業證照之工作，應由具證照之志工為之。

◆ 第四章　志工之權利及義務

第 14 條　志工應有以下之權利：

一、接受足以擔任所從事工作之教育訓練。

二、一視同仁，尊重其自由、尊嚴、隱私及信仰。

三、依據工作之性質與特點，確保在適當之安全與衛生條件下從事工作。

四、獲得從事服務之完整資訊。

五、參與所從事之志願服務計畫之擬定、設計、執行及評估。

第 15 條　志工應有以下之義務：

一、遵守倫理守則之規定。

二、遵守志願服務運用單位訂定之規章。

三、參與志願服務運用單位所提供之教育訓練。

四、妥善使用志工服務證。

五、服務時，應尊重受服務者之權利。

六、對因服務而取得或獲知之訊息，保守秘密。

七、拒絕向受服務者收取報酬。

八、妥善保管志願服務運用單位所提供之可利用資源。

前項所規定之倫理守則，由中央主管機關會商有關機關定之。

◆ 第五章　促進志願服務之措施

第 16 條　志願服務運用單位應為志工辦理意外事故保險，必要時，並得補助交通、誤餐及特殊保險等經費。

第 17 條　志願服務運用單位對於參與服務成績良好之志工，因升學、進修、就業或其他原因需志願服務績效證明者，得發給服務績效證明書。

前項服務績效之認證及證明書格式，由中央主管機關召集各目的事業主管機關及直轄市、縣（市）政府會商定之。

第 18 條　各目的事業主管機關得視業務需要，將汰舊之車輛、器材及設備無償撥交相關志願服務運用單位使用；車輛得供有關志願服務運用單位供公共安全及公共衛生使用。

第 19 條　志願服務運用單位應定期考核志工個人及團隊之服務績效。

主管機關及目的事業主管機關得就前項服務績效特優者，選拔楷模獎勵之。

主管機關及目的事業主管機關應對推展志願服務之機關及志願服務運用單位，定期辦理志願服務評鑑。

主管機關及目的事業主管機關得對前項評鑑成績優良者，予以獎勵。

志願服務表現優良者，應給予獎勵，並得列入升學、就業之部分成績。

前項獎勵辦法，由各級主管機關及各目的事業主管機關分別定之。

第 20 條　志工服務年資滿三年，服務時數達三百小時以上者，得檢具證明文件向地方主管機關申請核發志願服務榮譽卡。

志工進入收費之公立風景區、未編定座次之康樂場所及文教設施，憑志願服務榮譽卡得以免費。

第 21 條　從事志願服務工作績效優良並經認證之志工，得優先服相關兵役替代役；其辦法，由中央主管機關定之。

◆ 第六章　志願服務之法律責任

第 22 條　志工依志願服務運用單位之指示進行志願服務時，因故意或過失不法侵害他人權利者，由志願服務運用單位負損害賠償責任。

前項情形，志工有故意或重大過失時，賠償之志願服務運用單位對之有求償權。

◆ 第七章　經費

第　23　條　主管機關、志願服務計畫目的事業主管機關及志願服務運用單位,應編
　　　　　　列預算或結合社會資源,辦理推動志願服務。

◆ 第八章　附則

第　24　條　志願服務運用單位派遣志工前往國外從事志願服務工作,其服務計畫經
　　　　　　主管機關及目的事業主管機關備查者,適用本法之規定。

第　25　條　本法自公布日施行。

附錄六　社區發展工作綱要

中華民國八十年五月一日內政部(80)台內社字第 915261 號令訂定發布全文 24 條

中華民國八十八年十二月十四日內政部(88)台內中社字第 8814454 號令修正發布第 3、18 條條文

第　1　條　爲促進社區發展，增進居民福利，建設安和融洽，團結互助之現代化社會，特訂定本綱要。

　　　　　社區發展之組織與活動，除法律另有規定外，依本綱要之規定。

第　2　條　本綱要所稱社區，係指經鄉（鎮、市、區）社區發展主管機關劃定，供爲依法設立社區發展協會，推動社區發展工作之組織與活動區域。

　　　　　社區發展係社區居民基於共同需要，循自動與互助精神，配合政府行政支援、技術指導，有效運用各種資源，從事綜合建設，以改進社區居民生活品質。

　　　　　社區居民係指設戶籍並居住本社區之居民。

第　3　條　社區發展主管機關：在中央爲內政部；在直轄市爲直轄市政府；在縣（市）爲縣（市）政府；在鄉（鎮、市、區）爲鄉（鎮、市、區）公所。

　　　　　主管機關辦理社區發展業務單位，應加強與警政、民政、工務、國宅、教育、農業、衛生及環境保護等相關單位協調聯繫、分工合作及相互配合支援，以使社區發展業務順利有效執行。

第　4　條　各級主管機關爲協調、研究、審議、諮詢及推動社區發展業務，得邀請學者、專家、有關單位及民間團體代表、社區居民組設社區發展促進委員會；其設置要點由各級主管機關分別定之。

第　5　條　鄉（鎮、市、區）主管機關爲推展社區發展業務，得視實際需要，於該

鄉（鎮、市、區）內劃定數個社區區域。

社區之劃定，以歷史關係、文化背景、地緣形勢、人口分布、生態特性、資源狀況、住宅型態、農、漁、工、礦、商業之發展及居民之意向、興趣及共同需求等因素為依據。

第　6　條　鄉（鎮、市、區）主管機關應輔導社區居民依法設立社區發展協會，依章程推動社區發展工作；社區發展協會章程範本由中央主管機關定之。

社區發展工作之推動，應循調查、研究、諮詢、協調、計畫、推行及評估等方式辦理。

主管機關對於前項工作應遴派專業人員指導之。

第　7　條　社區發展協會設會員（會員代表）大會、理事會及監事會。另為推動社區發展工作需要，得聘請顧問，並得設各種內部作業組織。

第　8　條　會員（會員代表）大會為社區發展協會最高權力機構，由左列會員（會員代表）組成：

一、個人會員：由社區居民自動申請加入。

二、團體會員：由社區內各機關、機構、學校及團體申請加入。

團體會員依章程推派會員代表一至五人。

社區外贊助本社區發展協會之其他團體或個人，得申請加入為贊助會員。贊助會員無表決權、選舉權、被選舉權及罷免權。

第　9　條　理事會、監事會由會員（會員代表）於會員（會員代表）大會中選舉理事、監事分別組成之。

第　10　條　社區發展協會置總幹事一人，並得聘用社會工作員及其他工作人員若干人，推動社區各項業務。

第　11　條　社區發展協會應根據社區實際狀況，建立左列社區資料：

一、歷史、地理、環境、人文資料。

二、人口資料及社區資源資料。

三、社區各項問題之個案資料。

四、其他與社區發展有關資料。

第　12　條　社區發展協會應針對社區特性、居民需要，配合政府發展指定工作項目、政府年度推薦項目、社區自創項目，訂定社區計畫、編訂經費預算、積極推動。

前項社區發展指定工作項目如左：

一、公共設施建設：

　　㈠新（修）建社區活動中心。

　　㈡社區環境衛生及垃圾之改善與處理。

　　㈢社區道路、水溝之維修。

　　㈣停車設施之整理與添設。

　　㈤社區綠化與美化。

　　㈥其他。

二、生產福利建設：

　　㈠社區生產建設基金之設置。

　　㈡社會福利之推動。

　　㈢社區托兒所之設置。

　　㈣其他。

三、精神倫理建設：

　　㈠加強改善社會風氣重要措施及國民禮儀範例之倡導與推行。

　　㈡鄉土文化、民俗技藝之維護與發揚。

　　㈢社區交通秩序之建立。

　　㈣社區公約之制訂。

　　㈤社區守望相助之推動。

　　㈥社區藝文康樂團隊之設立。

　　㈦社區長壽俱樂部之設置。

　　㈧社區媽媽教室之設置。

　　㈨社區志願服務團隊之成立。

　　㈩社區圖書室之設置。

(十一)社區全民運動之提倡。

(十二)其他。

政府年度推薦項目由推薦之政府機關函知，社區自創項目應配合政府年度社區發展工作計畫。

第 13 條 社區發展計畫，由社區發展協會分別配合主管機關有關規定辦理，各相關單位應予輔導支援，並解決其困難。

第 14 條 社區發展協會應設社區活動中心，作爲舉辦各種活動之場所。

主管機關得於轄區內設置綜合福利服務中心，推動社區福利服務工作。

第 15 條 社區發展協會應與轄區內有關之機關、機構、學校、團體及村里辦公處加強協調、聯繫，以爭取其支援社區發展工作並維護成果。

第 16 條 社區發展協會辦理各項福利服務活動，得經理事會通過後酌收費用。

第 17 條 社區發展協會之經費來源如左：

一、會費收入。

二、社區生產收益。

三、政府機關之補助。

四、捐助收入。

五、社區辦理福利服務活動之收入。

六、基金及其孳息。

七、其他收入。

第 18 條 社區發展協會爲辦理社區發展業務，得設置基金；其設置規定，由直轄市、縣（市）主管機關定之。

第 19 條 第十二條第一項政府指定及推薦之項目，由指定及推薦之政府機關酌予補助經費；社區自創之項目，得申請有關機關補助經費。

第 20 條 各級政府應按年編列社區發展預算，補助社區發展協會推展業務，並得動用社會福利基金。

第 21 條 各級主管機關對社區發展工作，應會同相關單位辦理評鑑、考核、觀摩，對社區發展工作有關人員應舉辦訓練或講習。

第 22 條　推動社區發展業務績效良好之社區，各級主管機關應予左列之獎勵：

一、表揚或指定示範觀摩。

二、頒發獎狀或獎品。

三、發給社區發展獎助金。

第 23 條　本綱要施行前已成立之社區理事會，於本綱要發布施行後，由主管機關輔導其依法設立為社區發展協會，但理事會任期未屆滿者，可繼續行使職權至屆滿時辦理之。

第 24 條　本綱要自發布日施行。

附錄七　國民年金法

中華民國九十六年八月八日總統華總一義字第 09600102821 號令制定公布全文 59 條；並自九十七年十月一日起施行

◆ 第一章　總則

第 1 條　為確保未能於相關社會保險獲得適足保障之國民於老年及發生身心障礙時之基本經濟安全，並謀其遺屬生活之安定，特制定本法。

第 2 條　國民年金保險（以下簡稱本保險）之保險事故，分為老年、身心障礙及死亡三種。

被保險人在保險有效期間發生保險事故時，分別給與老年年金給付、身心障礙年金給付、喪葬給付及遺屬年金給付。

第 3 條　本法所稱主管機關：在中央為中央社政主管機關；在直轄市為直轄市政府；在縣（市）為縣（市）政府。

第 4 條　本保險之業務由中央主管機關委託勞工保險局辦理，並為保險人。

第 5 條　中央主管機關為監督本保險業務及審議保險爭議事項，由有關政府機關代表、被保險人代表及專家各占三分之一為原則，以合議制方式監理之。

被保險人及受益人對保險人所為之核定案件發生爭議事項時，應於收到核定通知文件之翌日起六十日內，先申請審議；對於審議結果不服時，得依法提起訴願及行政訴訟。

前項爭議事項審議之範圍、申請審議或補正之期限、程序、審議作業及其他相關事項之辦法，由中央主管機關定之。

第 6 條　本法用詞，定義如下：

一、相關社會保險：指公教人員保險（含原公務人員保險與原私立學校

教職員保險）、勞工保險及軍人保險。

二、相關社會保險老年給付：指公教人員保險養老給付（含原公務人員
保險養老給付與原私立學校教職員保險養老給付）、勞工保險老年
給付及軍人保險退伍給付。

三、社會福利津貼：指低收入老人生活津貼、中低收入老人生活津貼、
身心障礙者生活補助、老年農民福利津貼及榮民就養給付。

四、保險年資：指被保險人依本法規定繳納保險費之合計期間；其未滿
一年者，依實際繳納保險費月數按比例計算。

五、受益人：被保險人死亡時，爲合於請領給付資格者。

六、拘禁：指受拘留、留置、觀察勒戒、強制戒治、保安處分或感訓處
分裁判之宣告，在特定處所執行中，其人身自由受剝奪或限制者。
但執行保護管束者、僅受通緝尚未到案、保外就醫及假釋中者，不
包括在內。

◆ 第二章　被保險人及保險效力

第　7　條　未滿六十五歲國民，在國內設有戶籍而有下列情形之一者，除應參加或
已參加相關社會保險者外，應參加本保險爲被保險人：

一、年滿二十五歲，且未領取相關社會保險老年給付。

二、本法施行前，除勞工保險老年給付外，未領取其他相關社會保險老
年給付；或本法施行後十五年內，其領取勞工保險老年給付之年資
未達十五年，且未領取其他相關社會保險老年給付。

三、本法施行時年滿十五歲，且已參加農民健康保險。但年滿六十五歲
前，不再從事農業工作者，不在此限。

依前項第三款規定應參加本保險者，於符合加保資格前一日，其農民健康
保險逕予退保。

第　8　條　符合前條規定之被保險人，其保險效力之開始，自符合加保資格之當日
零時起算。

前項保險效力於被保險人喪失加保資格之前一日二十四時停止。但死亡者，於死亡之當日終止。

第 9 條　被保險人退保後再參加本保險者，其保險年資應予併計。

◆ 第三章　保險費

第 10 條　本保險之保險費率，於本法施行第一年為百分之六點五；於第三年調高百分之零點五，以後每二年調高百分之零點五至上限百分之十二。但保險基金餘額足以支付未來二十年保險給付時，不予調高。

第 11 條　本保險之月投保金額，於本法施行第一年，依勞工保險投保薪資分級表第一級定之；第二年起，於中央主計機關發布之消費者物價指數累計成長率達百分之五時，即依該成長率調整之。

第 12 條　本保險保險費之負擔，依下列之規定：

一、被保險人為符合社會救助法規定之低收入戶，在直轄市，由直轄市主管機關全額負擔；在縣（市），由中央主管機關負擔百分之三十五，縣（市）主管機關負擔百分之六十五。

二、被保險人所得未達一定標準者：

㈠被保險人，其家庭總收入平均分配全家人口，每人每月未達當年度最低生活費一點五倍，且未超過臺灣地區平均每人每月消費支出之一倍者，自付百分之三十，在直轄市，由直轄市主管機關負擔百分之七十；在縣（市），由中央主管機關負擔百分之三十五，縣（市）主管機關負擔百分之三十五。

㈡被保險人，其家庭總收入平均分配全家人口，每人每月達當年度最低生活費一點五倍，未達二倍，且未超過臺灣地區平均每人每月消費支出之一點五倍者，自付百分之四十五，在直轄市，由直轄市主管機關負擔百分之五十五；在縣（市），由中央主管機關負擔百分之二十七點五，縣（市）主管機關負擔百分之二十七點五。

三、被保險人為符合法定身心障礙資格領有證明者：

　　㈠極重度及重度身心障礙者，由中央主管機關全額負擔。

　　㈡中度身心障礙者負擔百分之三十，中央主管機關負擔百分之七
　　　十。

　　㈢輕度身心障礙者負擔百分之四十五，中央主管機關負擔百分之二
　　　十七點五，直轄市主管機關或縣（市）主管機關負擔百分之二十
　　　七點五。

四、其餘被保險人自付百分之六十，中央主管機關負擔百分之四十。

第 13 條　保險費之計算，自被保險人保險效力開始之當月起至保險效力停止或終
　　　　　止之當月止，均全月計算。

　　　　　被保險人應負擔之保險費，由保險人按雙月計算，於次月底前以書面命
　　　　　被保險人於再次月底前，以金融機構轉帳或其他保險人指定之方式，向
　　　　　保險人繳納。

　　　　　被保險人得預繳一定期間之保險費，其預繳保險費期間以一年為限。

　　　　　被保險人於保險有效期間所繳保險費，不予退還。但非可歸責於被保險
　　　　　人之事由所溢繳或誤繳者，不在此限。

　　　　　各級政府依本法規定應負擔之保險費，其繳納期限，與被保險人應負擔
　　　　　之保險費繳納期限相同。

　　　　　各級政府未依本法規定繳納應負擔之保險費時，保險人得報請中央主管
　　　　　機關轉請行政院，自各該機關之補助款中扣減抵充。

第 14 條　被保險人及各級政府未依前條規定期限繳納保險費者，自繳納期限屆滿
　　　　　翌日起至完納前一日止，每逾一日，以每年一月一日之郵政儲金一年期
　　　　　定期存款利率為準按日計算利息，一併計收。

第 15 條　無力一次繳納保險費及利息之被保險人，得向保險人申請分期或延期繳
　　　　　納；其申請條件、審核程序、分期或延期繳納期限及其他應遵行事項之
　　　　　辦法，由保險人擬訂，報請中央主管機關核定發布。

　　　　　本保險之保險費及其利息，於被保險人及其配偶間，互負連帶繳納之義

務，並由保險人於被保險人未依規定繳納時，以書面限期命其配偶繳納。

第 16 條 保險人於被保險人未繳清保險費及利息前，得對被保險人暫行拒絕給付。但被保險人經依前條第一項規定分期或延期繳納者，不在此限。

前項暫行拒絕給付期間內之保險費仍應計收。

第 17 條 被保險人應繳納之保險費及利息，未依第十三條及第十四條規定期限繳納者，不予計入保險年資；其逾十年之部分，被保險人亦不得請求補繳。但因不可歸責於被保險人之事由致未繳納者，仍得請求補繳及計入保險年資。

◆ 第四章　保險給付

第一節　通則

第 18 條 被保險人非於保險效力開始後、停止或終止前，發生保險事故者，被保險人或其受益人不得依本法規定，請領保險給付。但請領老年年金給付或身心障礙基本保證年金者，不在此限。

第 19 條 本保險之保險給付，按保險事故發生當月之月投保金額計算。

月投保金額調整時，年金給付金額之計算基礎隨同調整。

第 20 條 同一種保險給付，不得因同一保險事故，重複請領。

第 21 條 被保險人符合身心障礙年金給付、身心障礙基本保證年金、老年年金給付、老年基本保證年金及遺屬年金給付條件時，僅得擇一請領。

第 22 條 保險人為審核保險給付或中央主管機關為審議爭議案件認有必要者，得要求被保險人、受益人或醫療機構提供與本保險有關之文件，被保險人、受益人及醫療機構不得拒絕。

第 23 條 被保險人或受益人請領保險給付，應依規定檢附相關資料及證明文件。未檢附者，保險人應限期令其補正。

第 24 條 被保險人或其遺屬請領年金給付時，保險人得予以查證，並得於查證期間停止發給，經查證符合給付條件者，應補發查證期間之給付，並依規定繼續發給。

領取年金給付者不符合給付條件或死亡時，本人或其法定繼承人應自事
實發生之日起三十日內，檢具相關文件資料，通知保險人，自事實發生
之次月起停止發給年金給付。

領取年金給付者死亡，應發給之年金給付未及撥入其帳戶時，得由其法
定繼承人檢附申請人死亡戶籍謄本及法定繼承人戶籍謄本請領之；法定
繼承人有二人以上時，得檢附共同委任書及切結書，由其中一人請領。

領取年金給付者或其法定繼承人未依第一項及第二項規定通知保險人致
溢領年金給付者，保險人應以書面命溢領人於三十日內繳還；保險人並
得自匯發年金給付帳戶餘額中追回溢領之年金給付。

第 25 條　被保險人得申請減領保險給付；其申請，一年以一次為限。

前項減領保險給付之期間至少一年，一經申請減領，不得請求補發；相
關減領保險給付之辦法，由保險人擬訂，報請中央主管機關核定發布。

第 26 條　被保險人、受益人或其他利害關係人，故意造成保險事故者，除喪葬給
付外，保險人不予保險給付。

因被保險人或其父母、子女、配偶故意犯罪行為，致發生保險事故者，
除未涉案之當序受益人外，不予保險給付。

因戰爭變亂，致發生保險事故者，不予保險給付。

第 27 條　不具加保資格而參加本保險者，保險人應撤銷該被保險人之資格，並退
還所繳之保險費；其有領取保險給付者，保險人應以書面限期命其返還。

不符請領條件而溢領或誤領保險給付者，其溢領或誤領之保險給付，保
險人應以書面限期命其返還。

第 28 條　領取保險給付之請求權，自得請領之日起，因五年間不行使而消滅。

第二節　老年年金給付

第 29 條　被保險人或曾參加本保險者，於年滿六十五歲時，得請領老年年金給付。

第 30 條　請領老年年金給付，依下列方式擇優計給：

一、月投保金額乘以其保險年資，再乘以百分之零點六五所得之數額加
新臺幣三千元。

二、月投保金額乘以其保險年資，再乘以百分之一點三所得之數額。

有下列情形之一者，不得選擇前項第一款之計給方式：

一、有欠繳保險費期間不計入保險年資情事。

二、發生保險事故前一年期間，有保險費未繳納情形。

三、領取相關社會福利津貼。

四、已領取相關社會保險老年給付。但第七條第一項第二款規定之被保
　　險人僅領取勞工保險老年給付者，不在此限。

依第一項第一款規定請領老年年金給付者，其數額與第二款計算所得數
額之差額，由中央主管機關負擔。

老年年金給付，自符合條件之當月起按月發給至死亡當月止。

依第三十三條規定請領身心障礙年金給付者，於年滿六十五歲時，得改
請領老年年金給付，其請領身心障礙年金前之保險年資，得併入本條之
保險年資計算。

第　31　條　本法施行時年滿六十五歲國民，在國內設有戶籍，且於最近三年內每年
　　　　　　居住超過一百八十三日，而無下列各款情事之一者，視同本法被保險人，
　　　　　　得請領老年基本保證年金，每人每月新臺幣三千元至死亡為止，不適用
　　　　　　本章第三節至第五節有關保險給付之規定，亦不受第二章被保險人及保
　　　　　　險效力及第三章保險費規定之限制：

一、經政府全額補助收容安置。

二、領取軍人退休俸（終身生活補助費）、政務人員、公教人員、公營
　　事業人員月退休（職）金或一次退休（職、伍）金。但原住民領取
　　一次退休（職、伍）金者，不在此限。

三、領取社會福利津貼。

四、稅捐稽徵機關核定之最近一年度個人綜合所得總額合計新臺幣五十
　　萬元以上。

五、個人所有之土地及房屋價值合計新臺幣五百萬元以上。

六、入獄服刑、因案羈押或拘禁。

前項第五款土地之價值，以公告土地現值計算；房屋之價值，以評定標準價格計算。但有下列情形之一者，應扣除之：

一、土地之部分或全部被依法編為公共設施保留地，且因政府財務或其他不可歸責於地主之因素而尚未徵收及補償者。

二、屬個人所有且實際居住唯一之房屋者。但其土地公告現值及房屋評定標準價格合計得扣除額度以新臺幣四百萬元為限。

本法施行時年滿六十五歲之老年農民，其已領取老年農民福利津貼或符合下列各款資格條件之一者，得請領老年基本保證年金每人每月新臺幣三千元及差額金每人每月新臺幣三千元至死亡為止，不再發給老年農民福利津貼；所需經費，由中央農業主管機關按年度編列預算支應：

一、申領時為農民健康保險被保險人，加保年資合計達六個月以上，且未領取相關社會保險老年給付。

二、已領取相關社會保險老年給付之農民健康保險被保險人，於八十七年十一月十一日老年農民福利津貼暫行條例修正公布前已加入農民健康保險，且加保年資合計達六個月以上。

三、已領取勞工保險老年給付之漁會甲類會員，於八十七年十一月十一日老年農民福利津貼暫行條例修正公布前已加入勞工保險之漁會甲類會員，且會員年資合計達六個月以上。

同一期間兼具前項老年基本保證年金與差額金及領取社會福利津貼之資格條件者，僅得擇一申領之。

老年農民福利津貼暫行條例於本法施行後，不再適用。

第 32 條　被保險人符合本保險及勞工保險老年給付請領資格者，得向任一保險人同時請領，並由受請求之保險人按其各該保險之年資，依規定分別計算後合併發給；屬他保險應負擔之部分，由其保險人撥還。

前項被保險人於各該保險之年資，未達請領老年年金給付之年限條件，而併計他保險之年資後已符合者，亦得請領老年年金給付；其為第七條第一項第二款之被保險人者，如已領取他保險老年年金給付，於本保險

之老年年金給付，不得選擇第三十條第一項第一款之給付方式。

第一項老年給付之合併發給、保險人間應負擔部分之撥還及其他相關事項之辦法，由中央主管機關會同勞工保險中央主管機關定之。

第三節　身心障礙年金給付

第　33　條　有下列情形之一者，得依規定請領身心障礙年金給付：

一、被保險人於本保險期間遭受傷害或罹患疾病，經治療終止，症狀固定，再行治療仍不能期待其治療效果，並經中央衛生主管機關評鑑合格之醫院診斷為重度以上身心障礙，且經評估無工作能力者。

二、被保險人於本保險期間所患傷病經治療一年以上尚未痊癒，如身心遺存重度以上障礙，並經合格醫院診斷為永不能復原，且經評估無工作能力者。

經診斷為重度以上身心障礙且經評估無工作能力者，如同時符合相關社會保險請領規定，僅得擇一請領。

第一項重度以上身心障礙且經評估無工作能力之障礙種類、障礙項目、障礙狀態、治療期間等審定基準與請領身心障礙年金之應備書件等相關規定之辦法，由中央主管機關會同中央衛生主管機關定之。

第　34　條　身心障礙年金給付，依其保險年資計算，每滿一年，按其月投保金額發給百分之一點三之月給付金額。

依前項規定計算所得數額如低於基本保障新臺幣四千元，且無下列各款情形者，得按月發給基本保障至死亡為止：

一、有欠繳保險費期間不計入保險年資情事。

二、發生保險事故前一年期間，該期間之保險費有應繳納而未繳納情形。

三、領取相關社會福利津貼。

依前項規定請領基本保障者，其依第一項計算所得數額與基本保障之差額，由中央主管機關負擔。

被保險人具有勞工保險年資者，得於第一項之保險年資予以併計；其所需金額，由勞工保險保險人撥還。

第 35 條 被保險人於參加本保險前，已符合第三十三條規定之重度以上身心障礙
且經評估無工作能力者，並於請領身心障礙基本保證年金前三年內，每
年居住國內超過一百八十三日，且無下列各款情事之一者，於參加本保
險有效期間，得請領身心障礙基本保證年金，每人每月新臺幣四千元：
一、因重度以上身心障礙領取相關社會保險身心障礙年金或一次金。
二、有第三十一條第一項第一款、第三款至第六款情形之一。
依前項規定請領身心障礙基本保證年金者，不得再請領身心障礙年金給
付。但其於年滿六十五歲時，得改領老年年金給付。

第 36 條 前條第一項身心障礙基本保證年金及第三十一條第一項老年基本保證年
金所需經費，由中央主管機關按年度編列預算支應。

第 37 條 領取身心障礙年金給付或身心障礙基本保證年金者，除經審定無須查核
者外，保險人得每五年查核其身心障礙程度。必要時，並得要求其提出
身心障礙診斷書證明，所需複檢費用，由本保險之保險基金負擔。
未依前項規定檢附相關文件送保險人查核者，其年金給付應暫時停止發
給。
被保險人領取身心障礙年金給付或身心障礙基本保證年金後，障礙程度
減輕至不符合第三十三條規定者，自合格醫院出具之身心障礙診斷書所
載身心障礙日期之次月起停止發給年金給付。

第 38 條 保險人於審核身心障礙年金給付或身心障礙基本保證年金，或中央主管
機關為審議保險爭議事項，認為有複檢必要時，得另行指定醫院或醫師
複檢，其費用由本保險之保險基金支付。

第四節 喪葬給付

第 39 條 被保險人死亡，按其月投保金額一次發給五個月喪葬給付。
前項喪葬給付由支出殯葬費之人領取之，並以一人請領為限。保險人核
定前如另有他人提出請領，保險人應通知各申請人協議其中一人代表請
領；未能協議者，保險人應平均發給各申請人。

第五節 遺屬年金給付

第 40 條　被保險人死亡，或領取身心障礙或老年年金給付者死亡時，遺有配偶、
　　　　　子女、父母、祖父母、孫子女或兄弟、姊妹者，其遺屬得請領遺屬年金
　　　　　給付。

前項遺屬年金給付條件如下：

一、配偶應年滿五十五歲且婚姻關係存續一年以上。但有下列情形之一
　　者，不在此限：
　　㈠無謀生能力。
　　㈡扶養第三款規定之子女者。

二、配偶應年滿四十五歲且婚姻關係存續一年以上，且每月工作收入未
　　超過其領取遺屬年金給付時之月投保金額。

三、子女應符合下列條件之一。但養子女須有收養關係六個月以上：
　　㈠未成年。
　　㈡無謀生能力。
　　㈢二十五歲以下，在學，且每月工作收入未超過其領取遺屬年金給
　　　付時之月投保金額。

四、父母及祖父母應年滿五十五歲，且每月工作收入未超過其領取遺屬
　　年金給付時之月投保金額。

五、孫子女應受被保險人扶養，並符合下列條件之一：
　　㈠未成年。
　　㈡無謀生能力。
　　㈢二十五歲以下，在學，且每月工作收入未超過其領取遺屬年金給
　　　付時之月投保金額。

六、兄弟、姊妹應受被保險人扶養，並符合下列條件之一：
　　㈠未成年。
　　㈡無謀生能力。
　　㈢年滿五十五歲，且每月工作收入未超過其領取遺屬年金給付時之
　　　月投保金額。

前項所稱無謀生能力之範圍，由中央主管機關定之。

第　41　條　依前條規定受領遺屬年金給付之順序如下：

一、配偶及子女。

二、父母。

三、祖父母。

四、孫子女。

五、兄弟、姊妹。

前項所定當序受領遺屬年金對象存在時，後順序之遺屬不得請領。當序遺屬於請領後死亡或喪失請領條件時，亦同。

第　42　條　遺屬年金給付標準如下：

一、被保險人死亡：依被保險人之保險年資合計每滿一年，按其月投保金額發給百分之一點三之月給付金額。

二、領取身心障礙年金或老年年金給付期間死亡：按被保險人身心障礙年金或老年年金金額之半數發給。

依前項規定計算之年金金額不足新臺幣三千元者，按新臺幣三千元發給。

同一順序之遺屬有二人以上時，每多一人加發遺屬年金給付標準之百分之二十五，最多計至百分之五十。

依第二項規定改按新臺幣三千元計算遺屬年金給付者，其原依第一項及前項規定計算所得數額與實際領取年金給付之差額，由中央主管機關負擔。

第　43　條　遺屬具有受領二種以上遺屬年金給付之資格時，應擇一請領。

同一順序受領遺屬年金給付之遺屬有二人以上時，並準用第三十九條第二項之規定。

第　44　條　遺屬於領取遺屬年金給付期間，有下列情形之一時，應停止發給：

一、配偶再婚。

二、扶養子女之未滿五十五歲配偶，於其子女不符合第四十條規定請領條件時。

三、配偶、子女、父母、祖父母、孫子女、兄弟、姐妹，於不符合第四十
　　條規定請領條件時。

四、入獄服刑、因案羈押或拘禁。

五、失蹤。

◆ 第五章　保險基金及經費

第　45　條　政府為辦理本保險，應設國民年金保險基金（以下簡稱本基金），其來
源如下：

一、設立時中央政府一次撥入之款項。

二、保險費收入。

三、中央主管機關依法負擔及中央政府責任準備款項。

四、利息及罰鍰收入。

五、基金孳息及運用之收益。

六、其他收入。

第　46　條　保險人為辦理本保險所需之人事及行政管理經費，以當年度應收保險費
總額百分之三點五為上限，由中央主管機關負擔。

第　47　條　中央主管機關依本法規定應補助之保險費及應負擔之款項，除第三十六
條規定之基本保證年金應由中央主管機關編列預算支應外，依序由下列
來源籌措支應；其有結餘時，應作為以後年度中央政府責任準備：

一、供國民年金之用之公益彩券盈餘。

二、調增營業稅徵收率百分之一；其實施範圍及期間，由行政院以命令
　　定之。

依前項規定籌措之公益彩券盈餘及營業稅，由本基金以保險費、中央主
管機關依法負擔款項及中央政府責任準備直接撥入辦理，並作為第四十
五條第一款款項融通之用。

中央主管機關應補助之保險費及應負擔之款項，如依第一項規定籌措財
源因應後，仍有不足，亦無法由中央政府責任準備支應時，應由中央主

管機關編列預算撥補。

第 48 條 本基金除本法所定用途外，僅得投資運用，不得移作他用或處分；其管理、運用及監督等事項之辦法，由中央主管機關擬訂，報請行政院核定之。

本基金之運用，經中央主管機關通過，保險人得委託金融機構辦理。委託運用方式、範圍、經費及其他應遵行事項之辦法，由保險人擬訂，報請中央主管機關核定發布。

本基金之收支、運用情形及其積存數額，應由保險人報請中央主管機關按年公告之。

第 49 條 本保險之財務，由政府負最後支付責任。

◆ 第六章　罰則

第 50 條 以詐欺或其他不正當行為領取保險給付者，除應予追回外，並按其領取之保險給付處以二倍罰鍰。

應負連帶繳納義務之被保險人配偶未依第十五條第二項規定繳納保險費及其利息，經保險人以書面限期命其繳納屆期仍未繳納者，處新臺幣三千元以上一萬五千元以下罰鍰。但無謀生能力者，不在此限。

前項所稱無謀生能力之範圍，準用第四十條第三項之規定。

第 51 條 本法所定之罰鍰，由保險人處罰之。

◆ 第七章　附則

第 52 條 本法施行時依第七條第一項第三款規定參加本保險且年滿三十八歲未滿六十五歲之農民，於年滿六十五歲時，如為本法被保險人，且符合下列各款資格條件之一者，得依本法規定請領差額金每人每月新臺幣三千元至死亡為止：

一、申領時參加本保險及農民健康保險年資併計達六個月以上，且未領取相關社會保險老年給付。

二、已領取相關社會保險老年給付，且於八十七年十一月十一日老年農
　　民福利津貼暫行條例修正公布前已加入農民健康保險，參加本保險
　　及農民健康保險年資併計達六個月以上。

本法施行時年滿三十八歲未滿六十五歲，且於八十七年十一月十一日老
年農民福利津貼暫行條例修正公布前，已加入勞工保險之漁會甲類會員，
於年滿六十五歲時，爲已領取勞工保險老年給付之漁會甲類會員，且會
員年資合計達六個月以上者，得準用前項規定請領差額金每人每月新臺
幣三千元至死亡爲止。

前二項所需經費，由中央農業主管機關按年度編列預算支應。

符合第一項或第二項資格條件，同一期間兼具領取社會福利津貼之資格
條件者，僅得擇一申領。

第　53　條　年滿五十五歲之原住民，在國內設有戶籍，且無下列各款情事者，於本
　　　　　　法施行後，得請領每人每月新臺幣三千元至年滿六十五歲前一個月爲止，
　　　　　　所需經費由中央原住民族事務主管機關按年度編列預算支應：

一、現職軍公教（職）及公、民營事業人員。

二、領取政務人員、公教人員、公營事業人員月退休（職）金或軍人退
　　休俸（終身生活補助費）。

三、已領取身心障礙者生活補助或榮民就養給付。

四、有第三十一條第一項第一款、第四款至第六款情形之一。

依前項規定請領每人每月新臺幣三千元之年齡限制，於本法施行後，應
配合原住民平均餘命與全體國民平均餘命差距之縮短而逐步提高最低請
領年齡至六十五歲；其最低請領年齡之調高，由中央原住民族事務主管
機關每五年檢討一次，並報請行政院核定之。

原住民敬老福利生活津貼暫行條例於本法施行後，不再適用。

第　54　條　曾參加農民健康保險之本保險被保險人，於計算其身心障礙年金給付或
　　　　　　遺屬年金給付時，得併計其農民健康保險年資。

依前項規定併計之農民健康保險年資所需經費，由中央主管機關負擔。

第 55 條 領取本法相關給付之權利，不得作為扣押、讓與、抵銷或供擔保之標的。
但被保險人曾溢領或誤領之給付，保險人得自其現金給付或發還之保險
費中扣抵。

第 56 條 戶政主管機關及入出國主管機關應按月將六十五歲以上國民之戶籍及入
出國等相關異動資料，於次月第三個工作日以前送保險人。

直轄市、縣（市）主管機關應按月將接受政府全額補助收容安置、領取
低收入老人生活津貼、中低收入老人生活津貼、身心障礙者生活補助名
冊及其他相關媒體異動資料，於次月第三個工作日以前送保險人。

保險人為辦理本保險業務所需之必要資料，中央主管機關或保險人得洽
請相關機關提供之，各該機關不得拒絕。

保險人依規定所取得之資料，應盡善良管理人之注意義務，確實辦理資
訊安全稽核作業，其保有、處理及利用，並應遵循電腦處理個人資料保
護法之規定。

第 57 條 本保險之一切帳冊、單據及業務收支，均免課稅捐。

第 58 條 本法施行細則，由中央主管機關定之。

第 59 條 本法自中華民國九十七年十月一日起施行。

附錄八 老人福利相關法規

◆ 壹、法規命令

1. 老人福利法
2. 老人福利法施行細則
3. 老人福利機構設立標準修正條文
4. 私立老人福利機構設立許可及管理辦法
4-1. 老人福利機構設立許可辦法
4-2. 老人福利機構設立許可辦法（英譯）
5. 老人長期照護機構設立標準及許可辦法
6. 私立老人福利機構接管辦法
6-1. 公告修正『私立老人福利機構接管辦法第一條、第二條、第六條條文』
7. 老人福利機構評鑑及獎勵辦法
8. 中低收入老人生活津貼發給辦法
9. 內政部老人福利促進委員會組織規程
10. 直轄市（縣）市老人福利促進委員會組織規程
11. 老人參加全民健康保險無力負擔費用補助辦法
12. 敬老福利生活津貼暫行條例
13. 綜合管理要點條文令頒修正 0940713502 號令
14. 中低收入老人特別照顧津貼發給辦法
15. 老人福利機構投保公共意外責任保險保險範圍及保險金額規定

16. 老人福利服務專業人員資格及訓練辦法

17. 老人健康檢查保健服務及追蹤服務準則

18. 內政部補助或委託辦理老人服務及照顧法

19. 內政部老人福利推動小組設置要點

◆ 貳、行政規則

1. 老人福利專業人員資格要點

2. 老人健康檢查及保健服務項目及方式

3. 安養定型化契約（含定有期限及未定期限）

4. 加強推展居家服務實施方案暨教育訓練課程內容

5. 加強老人安養服務方案

6. 非都市土地申請變更作為社會福利設施使用其事業計畫審查作業要點

7. 失能老人及身心障礙者補助使用居家服務計畫

8. 照顧服務員訓練實施計畫

9. 照顧服務員結業證明書格式／補訓課程表／訓練課程表

10. 內政部各老人之家及彰化老人養護中心公費院民死亡喪葬及遺留財物處理要點

11. 內政部老人之家院民生活輔導實施要點

12. 內政部老人之家院民私有貴重財物保管注意事項

13. 內政部所屬老人福利機構辦理收容業務實施要點

14. 內政部老人之家辦理自費安養業務實施要點

15. 內政部所屬社政機關受贈捐款及捐物處理作業規定

16. 內政部社會福利基金進用契約臨時人員管理要點

17. 私立老人福利機構評鑑實施要點

18. 直轄市、縣（市）發給中低收入老人特別照顧津貼自治條例範例

19. 申請興闢社會福利設施免受山坡地開發建築面積不得少於十公頃限制案

20. 老人住宅綜合管理要點

21-1 促進民間參與老人住宅建設推動方案（核定本）

21-2 促進民間參與老人住宅建設推動方案中英文版譯版

22. 老人住宅基本設施及設備規劃設計規範（令頒）

23. 建築技術規則增訂老人住宅專章（令頒）

24. 安養定型化契約應記載及不得記載事項

25. 內政部○○老人之家（養護中心）辦理老人日間及臨時照顧實施計畫範本（草案）

26. 居家服務提供單位營運管理規範

27. 照顧福利服務及產業發展方案第二期計畫

28. 建立社區照顧關懷據點實施計畫

29. 養護（長期照護）定型化契約範本

30. 老人福利機構失智症老人照顧專區試辦計畫

31. 失智症老人團體家屋試辦計畫

◆ 參、其他

1. 老人服務手冊

2. 老人福利機構與護理之家功能比較表

3. 全國老人福利機構必需性設施設備需求調查計畫成果報告

4. 老人福利機構設施設備嚐手冊

資料來源：老人福利法規彙編。內政部社會司（2007）。2007 年 10 月 31 日，取自 http://sowf. moi.gov.tw/04/02/02.htm

國家圖書館出版品預行編目資料

社會福利概論：以老人福利為導向 / 黃旐濤等
　著. -- 二版. -- 臺北市：心理, 2008.01
　　面；　公分. --（社會工作；26）
　含參考書目
　ISBN　978-986-191-102-1（平裝）

1. 老人福利　2.社會福利　3.社會工作

548.15　　　　　　　　　　　　　　96024345

社會工作26　　社會福利概論：以老人福利為導向（第二版）

作　　　者：黃旐濤、戴章洲、黃梓松、辛振三、徐慶發、官有垣、黃志隆
責任編輯：郭佳玲
總　編　輯：林敬堯
發　行　人：洪有義
出　版　者：心理出版社股份有限公司
社　　　址：台北市和平東路一段 180 號 7 樓
總　　　機：(02) 23671490　　傳　　真：(02) 23671457
郵　　　撥：19293172　心理出版社股份有限公司
電子信箱：psychoco@ms15.hinet.net
網　　　址：www.psy.com.tw
駐美代表：Lisa Wu　　tel: 973 546-5845　　fax: 973 546-7651
登　記　證：局版北市業字第 1372 號
電腦排版：辰皓國際出版製作有限公司
印　刷　者：東縉彩色印刷有限公司
初版一刷：2006 年 9 月
二版一刷：2008 年 1 月
二版二刷：2009 年 2 月

定價：新台幣 450 元　　■有著作權‧侵害必究■
ISBN　978-986-191-102-1

讀者意見回函卡

No. _____　　　　　　　　　　　填寫日期：　年　月　日

感謝您購買本公司出版品。為提升我們的服務品質，請惠填以下資料寄回本社【或傳真(02)2367-1457】提供我們出書、修訂及辦活動之參考。您將不定期收到本公司最新出版及活動訊息。謝謝您！

姓名：＿＿＿＿＿＿＿＿＿＿　性別：1□男　2□女

職業：1□教師 2□學生 3□上班族 4□家庭主婦 5□自由業 6□其他＿＿＿

學歷：1□博士 2□碩士 3□大學 4□專科 5□高中 6□國中 7□國中以下

服務單位：＿＿＿＿＿＿＿＿　部門：＿＿＿＿＿　職稱：＿＿＿＿＿

服務地址：＿＿＿＿＿＿＿＿＿＿　電話：＿＿＿＿　傳真：＿＿＿

住家地址：＿＿＿＿＿＿＿＿＿＿　電話：＿＿＿＿　傳真：＿＿＿

電子郵件地址：＿＿＿＿＿＿＿＿＿＿＿＿＿＿＿

書名：＿＿＿＿＿＿＿＿＿＿＿＿＿＿＿＿＿＿＿＿

一、您認為本書的優點：（可複選）

　❶□內容 ❷□文筆 ❸□校對 ❹□編排 ❺□封面 ❻□其他＿＿＿

二、您認為本書需再加強的地方：（可複選）

　❶□內容 ❷□文筆 ❸□校對 ❹□編排 ❺□封面 ❻□其他＿＿＿

三、您購買本書的消息來源：（請單選）

　❶□本公司 ❷□逛書局⇒＿＿＿＿書局 ❸□老師或親友介紹

　❹□書展⇒＿＿＿書展 ❺□心理心雜誌 ❻□書評 ❼其他＿＿＿＿

四、您希望我們舉辦何種活動：（可複選）

　❶□作者演講 ❷□研習會 ❸□研討會 ❹□書展 ❺□其他＿＿＿

五、您購買本書的原因：（可複選）

　❶□對主題感興趣 ❷□上課教材⇒課程名稱＿＿＿＿＿＿＿＿＿

　❸□舉辦活動　❹□其他＿＿＿＿＿＿＿　　　（請翻頁繼續）

<table>
<tr><td>廣　告　回　信</td></tr>
<tr><td>台北郵局登記證</td></tr>
<tr><td>台北廣字第 940 號</td></tr>
</table>

（免貼郵票）

 心理出版社 股份有限公司

台北市 106 和平東路一段 180 號 7 樓

TEL: (02) 2367-1490
FAX: (02) 2367-1457
EMAIL:psychoco@ms15.hinet.net

沿線對折訂好後寄回

六、您希望我們多出版何種類型的書籍

❶□心理 ❷□輔導 ❸□教育 ❹□社工 ❺□測驗 ❻□其他

七、如果您是老師，是否有撰寫教科書的計劃：□有□無

書名／課程：＿＿＿＿＿＿＿＿＿＿＿＿＿＿＿＿＿＿

八、您教授／修習的課程：

上學期：＿＿＿＿＿＿＿＿＿＿＿＿＿＿＿＿＿＿

下學期：＿＿＿＿＿＿＿＿＿＿＿＿＿＿＿＿＿＿

進修班：＿＿＿＿＿＿＿＿＿＿＿＿＿＿＿＿＿＿

暑　假：＿＿＿＿＿＿＿＿＿＿＿＿＿＿＿＿＿＿

寒　假：＿＿＿＿＿＿＿＿＿＿＿＿＿＿＿＿＿＿

學分班：＿＿＿＿＿＿＿＿＿＿＿＿＿＿＿＿＿＿

九、您的其他意見

＿＿＿＿＿＿＿＿＿＿＿＿＿＿＿＿＿＿＿＿＿＿＿＿

謝謝您的指教！　　　　　　　　　　　　　　31026